麻生太吉日記

第二巻

麻生太吉日記編纂委員会［編］

九州大学出版会

題字：麻生太吉

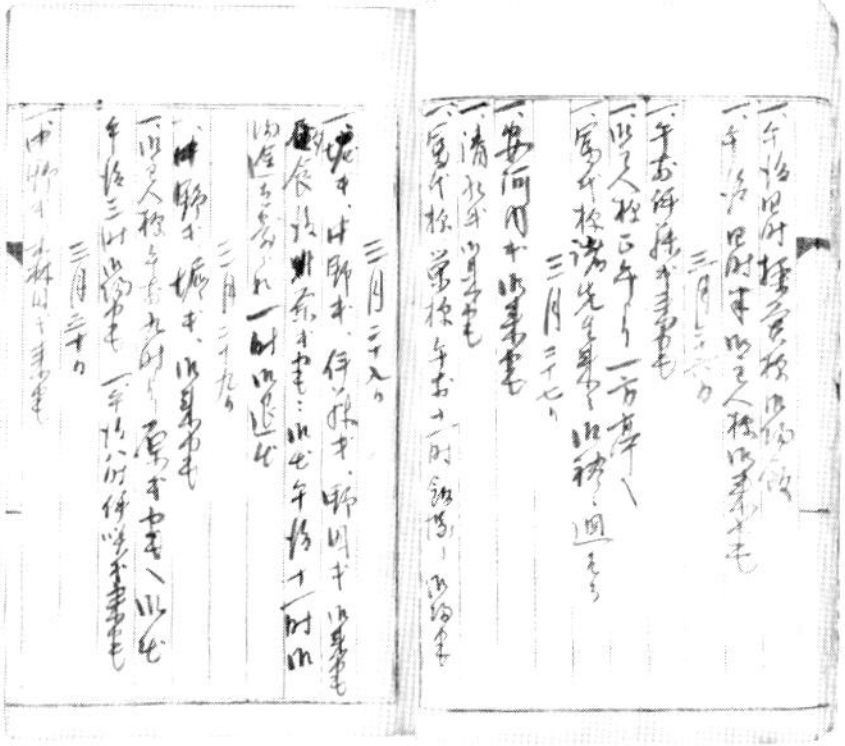

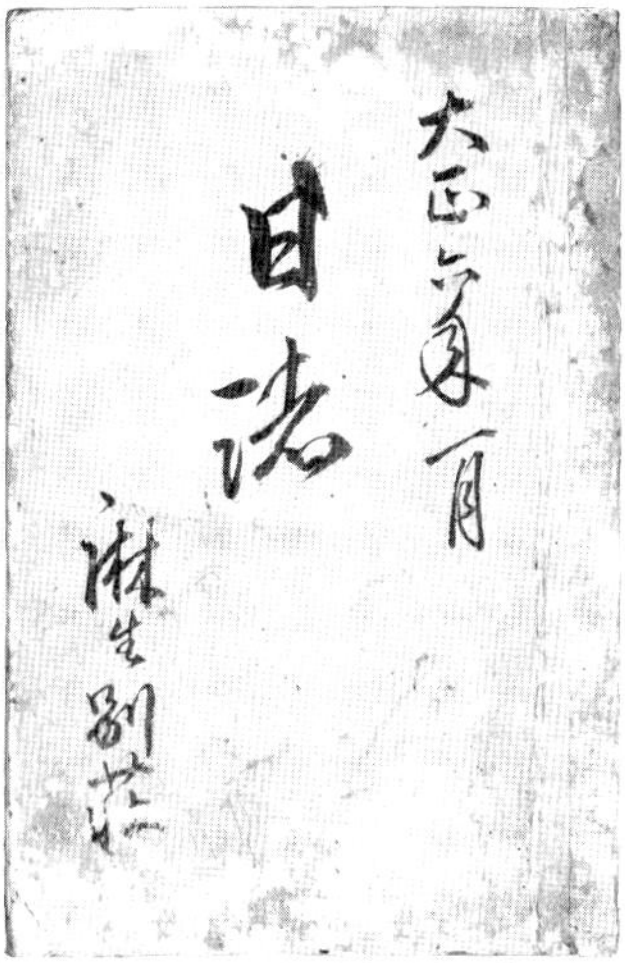
大正六年一月
日誌
麻生別荘

麻生家『日誌』（浜の町別邸）

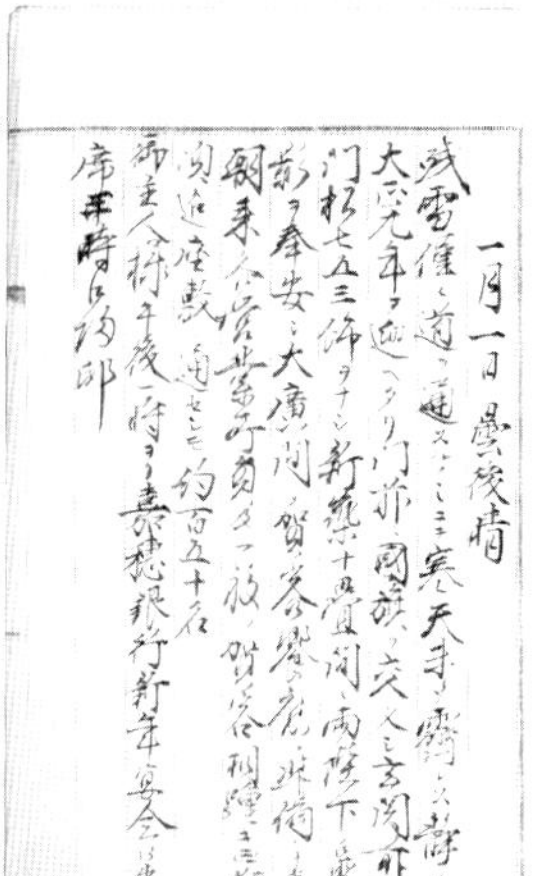

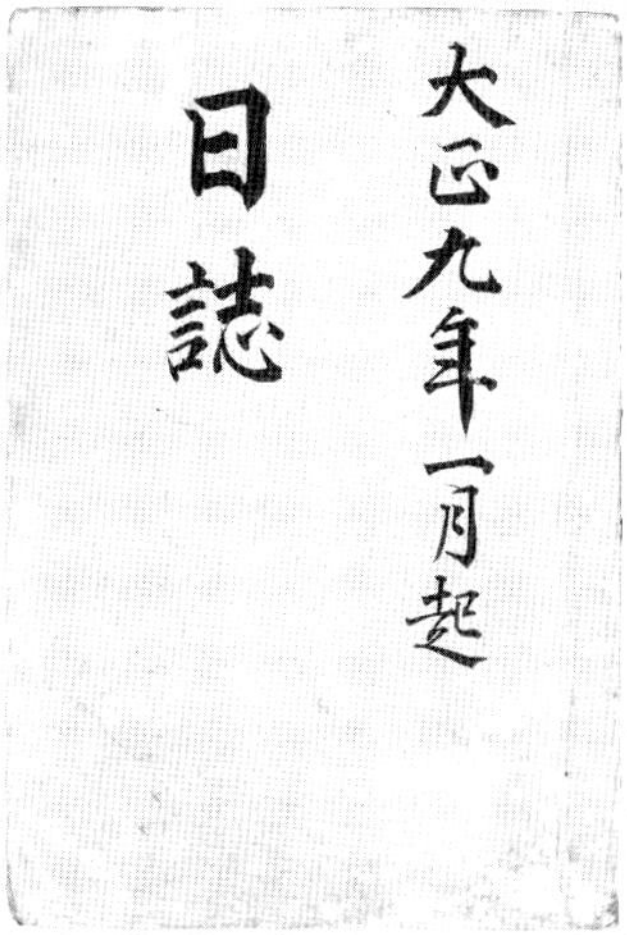
大正九年一月起
日誌

麻生家『日誌』

芳雄炭鉱山内坑全景
出典）『筑豊石炭鉱業組合月報』第 13 巻 第 159 号（1917 年 9 月）

芳雄炭鉱上三緒坑全景
出典）『筑豊石炭鉱業組合月報』第 13 巻 第 159 号（1917 年 9 月）

前列　麻生太吉（左），和田豊治（右）
後列　村上巧児

女子畑発電所全景（大分県日田郡中川村）

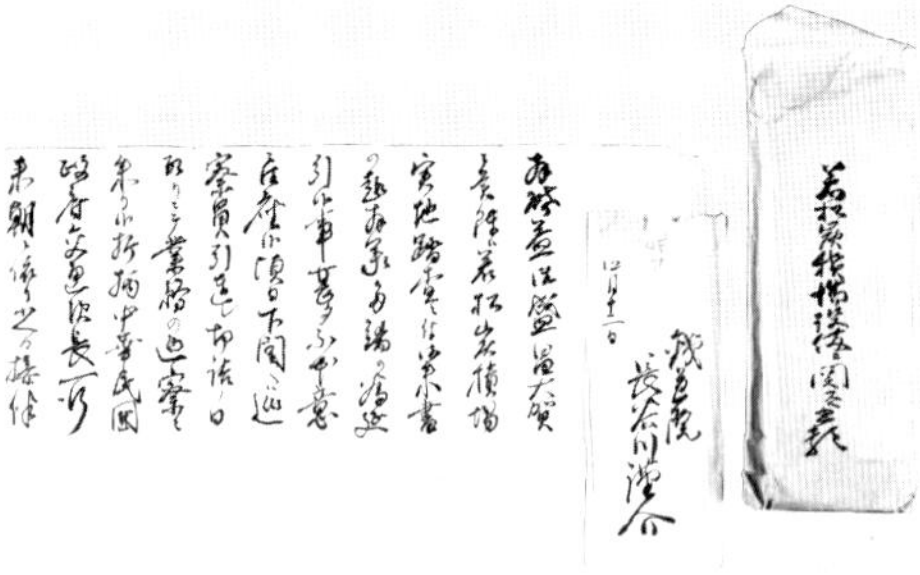

若松炭積場設備ニ関スル書類
麻生太吉宛書翰　鉄道院技監長谷川謹介
（1917年4月12日付）

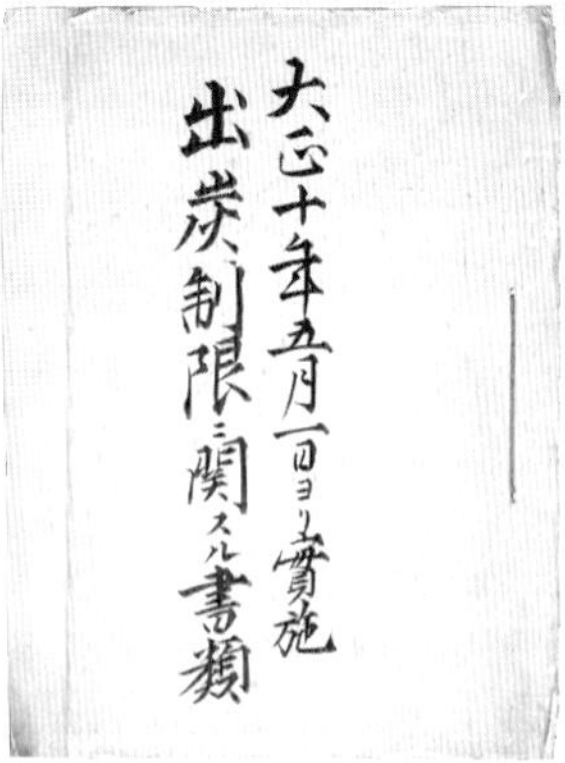

出炭制限ニ関スル書類
（1921年）

九水元九鉄合併ニ付調査書類
（1922年）

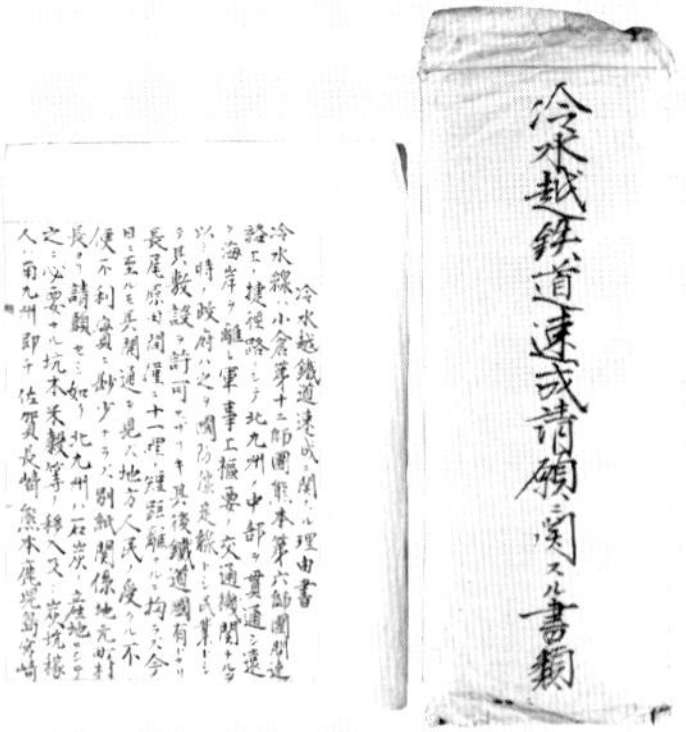

冷水越鉄道速成請願ニ関スル書類
（1919年）

麻生太吉宛書翰　安川敬一郎
（1922年6月28日付）

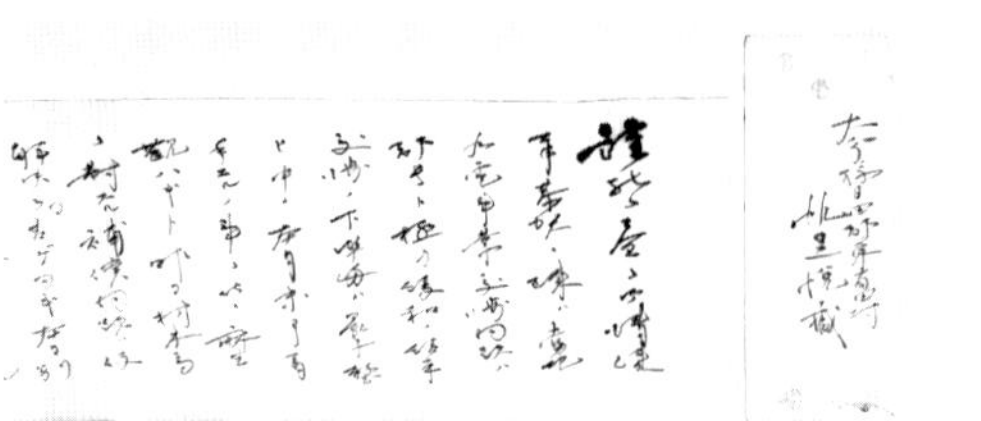

麻生太吉宛書翰　帆足悦蔵
（1918年4月6日付）

目次

凡　例

一　漢字は原則として新字体を使用した。異体字・略字等も原則として新字体に変えた。
（朩→等・㒵→異・迠→迄・乞→乞・无→無・桒→桑・啚→図・逺→違・㝡→最・戋→銭・扣→控・筭→算）等。

人名・地名については、原史料の使用漢字を残したものもある。

個人的慣用誤字は正したものもある。

二　片カナと平カナは原史料の通りとした。
ただし、変体カナのうち　而・江は残し、文字サイズを小さくした。

また合字、𪜈はトキ、ヿはコト、ゟはよりに変えた。

三　繰り返し記号（踊り字）のうち、〻は々とし、々・ゝ・ゞ・ヽ・ヾは原文通りとした。

四　校訂者の本文中の注記は［　　］に入れて示した。
・欄外記述は［欄外］と注記して適切なところに置いた。本文の続きであることが明らかな場合は本文に続けた。
・代筆者の記述は［増野夷熊代筆］［吉浦勝熊代筆］と明示して適切なところに注記した。
・人名で姓や名のみが記されている場合、理解しやすいように［　］して姓や名を補注したものがある。

五　地名の注記は当時の地名を示し、煩雑を避けるため福岡県の場合は県名を、飯塚町の場合は嘉穂郡を原則として省略した。

六　敬意を表するための欠字平出は省略した。

七　読解不能の文字は□で示し、重書で読解不能の場合は▨で示した。原史料が空白とされている場合はおよその字数をはかり空けて［空白］と傍注した。

八　挿入文字と挿入箇所および重書や抹消は日記という史料の性格を考慮して明示しなかった。

九　記載月日の前後や誤記については、正しい年月日のところに置き、曜日を省略した。また記載のない日を所載しなかった。

十　読みやすくするため読点と並列点を付した。

＊　解読は東定宣昌・吉木智栄が行い、新鞍拓生・香月靖晴が補介し、全体を田中直樹が統轄した。

麻生太吉日記　第二巻

一九一七（大正六）年

〔一月予記表〕

4　開店

7　福村[1]ニ而県庁宴会

8　一方亭[2]ニ而工《〔鉱〕》務署[3]宴会

一月一日　月曜

神仏遥拝ス

午前十時、事務員一同本家[4]ニ而新年宴会ヲ催ス

新年ノ挨拶及事務上尽力ノ挨拶、経営ニ付テハ経財《〔マヽ〕》的ニ一致協力シテ尽力致、及坑業ハ販売迄独立ノ覚悟ニ而尽力方口演ス、別ニ筆記アリ

午後一時嘉穂銀行[5]新年宴会ニ列ス、一統ニ心得方申向ケタリ

綿且《〔勝〕》[6]ニ立寄、一時間遊、夫より六時自働車ニ而出福、浜の町[7]ニ泊ス、田山《〔クマ〕》[8]・原《〔庫次郎カ〕》[9]両人同車ス

一月二日　火曜

浜の町ニ天野《〔寸〕》[10]来リ、坑区ノ件ニ付懇談ス、山崎《〔誠八〕》[11]帰省中ニ付六七日頃出福ヲ約ス

黒瀬《〔元吉〕》[12]より三十六円買物ヲナス

午後一時より自働車ニ而帰宅ス

五嶋[13]行見合之義天野より電話ス

一月三日　水曜

在宿

一月四日　木曜

午前十時本店[14]ニ而開店ノ祝盃ヲ挙ケタリ

午前十二時十八分ニ而吉隈坑[15]ニ行ク、大塚・松岡〔芳右衛門〕[16]両人同車ス

午後三時四十五分発ニ而臼井駅[17]より帰宅ス

1　福村＝福村家とも、料亭（福岡市東中洲）
2　一方亭＝料亭（福岡市外東公園）
3　鉱務署＝農商務省鉱山局福岡鉱務署、一八九一年福岡鉱山監督署設置、一九一三年改称、のち福岡鉱山監督局
4　本家＝麻生本家（飯塚町栢森）
5　嘉穂銀行＝一八九六年開業（飯塚町）、太吉頭取
6　綿勝＝旅館、寺坂勝右エ門（飯塚町向町）
7　浜の町＝麻生家浜の町別邸（福岡市浜の町）
8　田山クマ＝麻生家浜の町別邸管理人兼華道茶道家庭教師、元小学校教師
9　原庫次郎＝九州電灯鉄道株式会社取締役（福岡市浜の町）、元貝島鉱業津波黒坑所長
10　天野寸＝坑区斡旋業
11　山崎誠八＝麻生商店主事補鉱務、のち鉱務部長、元高松炭坑（遠賀郡水巻村ほか）
12　黒瀬元吉＝古物商（福岡市上新川端町）
13　五島＝地名、長崎県南松浦郡
14　本店＝麻生商店本店（飯塚町立岩）
15　吉隈坑＝麻生商店吉隈鉱業所（嘉穂郡穂波村ほか）、一坑（下臼井）、二坑（下臼井二坑）、三坑（五尺坑）、四坑からなり、この年四月愛宕一、二坑を開坑、第一巻付図参照
16　松岡芳右衛門＝麻生商店本店庶務部
17　臼井駅＝筑豊本線（嘉穂郡碓井村）

吉隈坑ニテ五尺坑排水ニツキ打合ナシタリ、御法川［小三郎］[1]君ハ先キニ着セリナリ

一月五日　金曜

製工所[2]ニ行キ、又本店ニ出務、下臼井五尺坑排水ノ件ニ付打合ヲナシタリ

一月六日　土曜

午前十一時飯塚発ニ而出福ス

天野・美和［作次郎］[3]両君相見へ、坑区買収ノ件ニ付打合、山崎出福之事ヲ電話ス

堀［三太郎］[4]氏より一方亭ニテ招待アリ、出席ス、午後十二時帰宅ス

一金五十円、一方亭召使へ遣ス

一月七日　日曜

一堀氏ヲ春吉[5]ノ別宅ニ訪問シ、行違ニ相成、黒瀬方ニ立寄、直チニ帰宅シ、集丸坑区[6]東側買収ニ関スル打合ヲナシタリ

一午前十一時過キヨリ一方亭ニ行キ、伊藤［傳右衛門］・中野［徳次郎］[7]ト会合シ、午後五時福村屋［家］ニ而知事［谷口留五郎］[8]一行新年宴会ニ列ス

一午後十一時過キ福村［家脱］より帰宅ス、安川［敬一郎］[9]氏等遊ヒタリ

一月八日　月曜

一午前伊藤君訪問シ、赤坂坑区[10]不毛［フケ］[11]ノ分中野君ト交換ノ手続キニ付懇談ス

一一方亭ニ行キ遊、午後六時より坑務署［福岡鉱務署］援［招］待会ニ列シタリ

一午後十一時過キ帰宅ス、浜子［後藤ハマ］[12]へ金百二十円相渡ス

一管理局長［大道良太］[13]相談ニ伊吹［政次郎］[14]出頭ナサシメタルモ、無止事故ニ而他日更ニ招待スルコトニセリ

一月九日　火曜

一午前野田〔勇〕[15]署長訪問アリタ、製鉄所ノ件ニ付会談ス

一美和君相見へ、坑区ノ件ニ付打合ヲナス

一梅谷〔清一〕[16]氏相見へ、合併問題及九水〔九州水力電気〕ノ件ニ付打合ヲナス

1 御法川小三郎＝麻生商店鉱務部長、のち山下鉱業株式会社鉱山部

2 製工所＝麻生商店、一八九四年設立（飯塚町立岩）、機械製造・コークス製造・精米業、のち機械製造修理に特化して芳雄製工所と称す

3 美和作次郎＝玄洋社、のち玄洋社長

4 堀三太郎＝第一巻解説参照

5 春吉＝地名、筑紫郡住吉町

6 集丸坑区＝嘉穂郡桂川村

7 伊藤傳右衛門・中野徳次郎＝第一巻解説参照

8 谷口留五郎＝福岡県知事

9 安川敬一郎＝第一巻解説参照

10 赤坂坑区＝嘉穂郡庄内村

11 フケ＝断層や深部・粗悪炭などにより採掘困難な石炭層

12 後藤ハマ＝桑原エンとともに馬賊芸者の祖

13 大道良太＝鉄道院九州鉄道管理局長

14 伊吹政次郎＝筑豊石炭鉱業組合幹事

15 野田勇＝福岡鉱務署長

16 梅谷清一＝九州水力電気株式会社常務取締役

一黒瀬同供中間町[1]ニ行キ幅物ヲ見テ、黒瀬ノ宅ニヨリタリ
一黒瀬ニ金弐十円相渡、此外三十円先日相渡シ置キタリ
一山崎〔誠八〕君坑区買入ノ手順ヲナシタリ、又一銭三リンニテ約定ス

一月十日　水曜

午前九時ノ鎎〔汽〕車ニ而帰宅、直ニ嘉穂銀行重役会ニ列ス、及博済会社[2]重役会ヲ開キ評決ス、午後四時過トナリ、綿且〔勝〕ニ立寄、午後八時帰宅

三百円、重役手当、嘉穂銀行
百円、同博済会社　両口受取

一月十一日　木曜

大雪降リニ而在宿、大森〔林太郎〕[3]来リ、吉隈撰炭器機ノ件ニツキ打合ス
二百六円、黒瀬目六口吉浦〔勝熊〕[4]より受取
出納ノ部ニ惣而勘定ヲナス

一月十二日　金曜

本店出務
午後二時より嘉穂銀行重役会ヲ臨時開会シ、常務取締役ノ件ヲ取止タリ
午後七時過キ松月楼[5]ニ行キ漆原〔榛原直次郎カ〕[6]へ面会ス、松月女中ニ十五円遣ス、漆〔原脱カ〕へ百円遣ス

一月十三日　土曜

午前在宿
午後十二時十八分発ニ而吉隈ニ行キ、平山坑区[7]不毛〔フケ〕ノ実地ヲ踏査ス、堀〔三太郎〕氏事務員鳥田氏相見ヘタリ

御法川・大森・大塚〔万助〕[8]等積入場ノ件ニ付実地ニツキ打合、午後六時四十分ニ而帰宅ス

一月十四日　日曜

午前十時嘉穂銀行惣会ニ出席シ、済後綿且〔勝〕ニ而昼飯ヲナシ本店ニ引返シ、午後四時自働車ニ而浜の町ニ来リタリ

堀氏ニ電話シ、福村屋〔家〕ニ行キ堀氏ノ招待ヲ受ケタリ、福村屋女中ニ五十円遣ス

　金八百八十円、大正五年下期賞与金受取

金五十円、西園〔磯松〕[9]ニ臨時賞与金遣シタリ

赤間嘉之吉[10]君ニ製鉄所払下ケ之会談シ、書類モ送布〔ママ〕ス

一月十五日　月曜

午前堀氏相見へ、平山坑区不毛ノ処凡十万坪位買入ノ相談方依頼ス

飯塚木村ト申者来リ、資本ノ相談ヲナシタリ

1　中間町＝地名、福岡市博多
2　博済会社＝博済無尽株式会社（飯塚町）、太吉社長、博済貯金株式会社として一九一三年設立（嘉穂郡大隈町）、一九一五年改称
3　大森林太郎＝麻生商店製工所、のち株式会社麻生商店豆田鉱業所長、採鉱係長等
4　吉浦勝熊＝麻生商店主事補庶務、麻生家執事、一八九八年入店
5　松月楼＝料亭（飯塚町新川町、中小路町ともいう）
6　榛原直次郎＝表装具商（東京市日本橋区通一丁目）
7　平山坑区＝堀三太郎経営平山炭坑（嘉穂郡碓井村・桂川村）
8　大塚万助＝麻生商店、のち上三緒鉱業所長
9　西園磯松＝嘉穂銀行課長、のち同銀行本店支配人
10　赤間嘉之吉＝大正鉱業株式会社監査役、元伊藤（傳右衛門）商店支配人、この年四月衆議院議員当選

一方亭ニ行キ午後七時過キ帰リ、堀氏ヲ招待ス
天野君香椎[1]付近ノ坑区図持参セリ、太郎〔麻生〕[2]ニ渡ス

一月十六日　火曜

午前浜の町〔へ脱〕山崎相見へ、坑区ノ件ニ付打合ナシタリ
午後二時列車ニ而大道〔良太〕局長招待会ニ列ス、山陽ホテル[3]
午後十時急行ニ而浜の町ニ帰リ、門司ニ而中井〔俊蔵〕[4]氏見送リアリタ

一月十七日　水曜

浜の町滞在

一月十八日　木曜

午後一時自働車ニ而帰宅ス
一〔空白〕

一月十九日　金曜

午前八時自働車ニ而底井野藤田〔次吉〕[5]氏ヲ訪問シ、佐七郎〔藤田〕[6]不始末ニ付藤田氏ニ相談シ、是迄負債金ノ仕払ノ承諾ヲ受ケ、十ケ年間本家ニ従事ノ事ヲ約シ、万一実行出来ザルトキハ財産全部消滅ノ誓約証差入候事ニナリ、午前二時頃相片付候ニ付其旨書面ヲ受取、一泊ス、有吉三郎[7]・中西〔壮三郎〕[8]及藤田氏ノ姉子モ立会セラレタリ

一月二十日　土曜

底井野藤田氏ヲ午前八時ニ自働車ニ而江櫃〔海老津〕[9]付近ニ行キ、仮橋之為メ遠賀川ニ引返シ、折尾より急行列車ニ而十二時半福岡ニ着ス、浜の町ニ泊ル
午後四時一方亭ニ行キ大道氏招待会ニ列ス、午後十時帰ル

一月二十一日　日曜

午前八時半松嶋屋旅館[10]大道局長ヲ訪問シ、若松積入場之件ニ付従来之道行ヲ懇談シ、将来ハ局長ヲ以其筋之取次方依頼スル旨申向ケ置候、局長将来利益ニ重キ置キ設備事ヲ申答アリタ
十時二十分久留米行ヲ見送リ帰リタリ
伊藤君〔傳右衛門〕へ赤坂坑区ノ六ツケ敷ニ付取消ノ事ヲ電話シ、十一時自働車ニ而帰宅ス、三時より出店シ、吉隈坑積入場之事ニ付打合タリ

一月二十二日　月曜

午前本店出務、吉隈坑撰炭器機及雑種炭積入▨〔方カ〕ニ付打合タリ
午後十二時半より嘉穂銀行重役会ニ出席シ、退職給之件ニ付打合及幹事〔監〕撰挙ノ義打合処、小数〔ママ〕ニ而他日ニセリ

1　香椎＝地名、糟屋郡香椎村
2　麻生太郎＝太吉三男、麻生商店、翌年株式会社麻生商店取締役
3　山陽ホテル＝一九〇二年開業（下関市下関駅横）
4　中井俊蔵＝鉄道院九州鉄道管理局
5　藤田次吉＝太吉親族、笹屋、酒造業（遠賀郡底井野村）
6　藤田佐七郎＝藤田別家（遠賀郡底井野村）
7　有吉三郎＝太吉弟麻生太七岳父、元麻生商店豆田坑事務長
8　中西壮三郎＝太吉親族
9　海老津＝地名、遠賀郡岡垣村
10　松島屋旅館＝福岡市中島町

一月二十三日　火曜

旧正月一日ニ而、吉浦上京スルコトニシテ東京行ノ用意シテ書類整理ス
午後三時飯塚駅ニ而上京ノ途ニツク

二月十二日　月曜

一別府駅午後二時四十分発ニ而帰途ニツキ、小倉迄門司川崎氏ト同車ス、又小倉よりハ直方迄峠〔延吉〕[1]氏ト同車ス
午後八時三十分飯塚駅着ス

二月十三日　火曜

一午前本店出務、吉隈坑本坑排水上ニツキ打合ヲナス
一午後本宅ニ而書類ノ整理ヲナシ、安川〔敬一郎〕・野田〔卯太郎〕[2]ノ両氏ニ出状ス

二月十四日　水曜

午前本店ニ出務、坑業上ニ付打合ヲナス
午前十一時飯塚駅発ニ而吉塚駅より下車シ、米子〔麻生ヨネ〕[3]病気見舞ヲナシ、又三宅〔速〕[4]博士ニも面会ス
鐡〔汽〕車中三菱会社ノ寺本〔金太郎〕[5]氏ニ面会ス、又松本〔健次郎〕[6]氏御内室〔秀子〕ト同車ス

二月十五日　木曜

河波内〔河内卯兵衛〕・岩永〔左八〕・溝部〔信孝〕・三占〔三苫寛一郎〕・太田勘〔勘太郎〕[7]ノ五氏訪問アリ、博多協会[8]・福岡公友会[9]代表セラレ、安川〔敬一郎〕氏市ノ候補者[10]ニ推挙ノ相談アリタ、安川氏ニ打電シ進行ノ事打合ナシタリ（杉山〔茂丸〕[11]氏滞福、博多元老連ニ注意アリタル由河波内君より話シアリタ
日々新聞斉藤〔斎田耕陽カ〕[12]君訪問ス
伊吹政次郎組合[13]ノ要件ニ而来ル、打合

松本健次郎氏ト若松積入場ノ件ニ付打合
冨安〔保太郎〕[14]来リ、打合
午後四時ノ急行ニ而帰宅ス
鎎〔汽〕車中、川原茂介〔輔〕[15]・安川清三郎[16]氏ト同車ス

1 峠延吉＝貝島鉱業株式会社取締役
2 野田卯太郎＝衆議院議員、元福岡県会議員、翌年逓信大臣
3 麻生ヨネ＝太吉三女、麻生義之介妻
4 三宅速＝九州帝国大学医科大学教授
5 寺本金太郎＝三菱合資会社若松支店主事、のち牧山骸炭製造所長
6 松本健次郎＝安川敬一郎次男、明治鉱業株式合資会社副社長、若松築港株式会社取締役、のち石炭鉱業聯合会長、本巻解説参照
7 河内卯兵衛・岩永左八・太田勘太郎＝福岡市会議員　溝部信孝・三苫寛一郎＝元福岡市会議員
8 博多協会＝政友会系団体（福岡市）一九〇六年設立、事務責任者堀鉄太郎
9 福岡公友会＝政友会系団体（福岡市）
10 第十三回衆議院議員選挙（四月二十日）福岡市区候補者
11 杉山茂丸＝在野の政治家、玄洋社
12 斎田耕陽＝福岡日日新聞外交部長
13 組合＝筑豊石炭鉱業組合、一八八五年結成、太吉総長
14 冨安保太郎＝衆議院議員、のち貴族院議員、元福岡県会議員
15 川原茂輔＝衆議院議員、元佐賀県会議員
16 安川清三郎＝安川敬一郎三男、明治鉱業株式合資会社無限責任社員、のち明治鉱業株式会社長

二月十六日　金曜

午前本店出務、綱分[1]地所及其他営業上ニ付打合ナス
午後二時半嘉穂銀行ニ行キ、博済〔共カ〕会社ノ件藤井清蔵〔誠造〕[2]ト、及博済重役麻生両人[3]・有田〔広〕[4]・倉知〔倉智伊之助〕[5]ト打合ナス
一十八日岩崎〔重紀〕[6]・藤井三人ト嘉穂銀行階上ニテ集合ノ申合ヲナス
午後三時過キ本店ニ立寄、用向ヲナシタリ

二月十七日　土曜

午前九時博済会社重役会ニ出席、認可ノ件ニ付直方岩崎某〔重紀〕出願買収ニ係ル件評議ス
右会後嘉穂銀行重役会ヲ開キ、九水株買入ノ件評決ス
綿且〔勝〕ニ行キ、午後八時半帰宅ス

二月十八日　日曜

午前在宿
午前十一時嘉穂銀行二階ニ而藤井清蔵・岩崎重紀ノ両氏ト会合シ、会社認可願ニツキ大蔵省命令之通協義スル為メ集合セシ、県庁ニ廿一日出庁シ協定スルコトニセリ、昼飯ヲナス
栄座[7]ノ件ニ付和田三吾〔賛〕[8]・伊藤〔茂松カ〕[9]外一人参リタルモ、順序上対話ヲ諭絶ス
御法川来リ、粕屋坑区五万円トシ、三万円現金、弐万円ハ抵当ヲナシ二ケ年無利子ト申向ケタリ
赤間嘉之吉君来リ、二時間余ノ会談ス、候補者トシテ充分希望アリ、順序ヲ以進行ノコトヲ注意ス、又郡ノ会合ノ上ニ而自分等ノ必要ノ時ハ何時ニテモ出席ノ事ヲ申向ケタリ
午後七時飯塚発ニ而出福、浜の町ニ十一時過キ着ス
〔欄外〕黒瀬買物、金四百九十円、吉浦ニ渡ス

二月十九日　月曜

午前十一時福村家ニ而吉田磯吉君[10]ト会見ス、捨石ノ件ニ付中[仲]裁致シタキ旨申入アリ、右ニツキ其ノ意味ヲ評議ナシ、再会スルコトニテ昼飯ヲナシ相別レタリ

梅谷君相見へ、地下線問題[11]・大牟田問題[12]、其進行上ニ付打合

二十一日出福ヲ二十日操[繰]上ケ之件、藤井及野見山[米吉][13]・倉知[智]等ニ通話ス

　金五十円、田山ニ渡ス

大分水電[14]より、廿一日夕知事招待スルニ付出席ノ義申来リタリ

1　綱分＝地名、嘉穂郡庄内村
2　藤井誠造＝無尽共済貯金株式会社長、貸家業（飯塚町宮ノ下町）
3　麻生太七＝太吉弟、嘉穂銀行取締役、麻生商店理事　麻生惣兵衛＝嘉穂銀行取締役
4　有田広＝嘉穂銀行取締役、元監査役
5　倉智伊之助＝嘉穂銀行本店支配人
6　岩崎重紀＝鞍手搾乳株式会社長
7　栄座＝株式会社飯塚栄座、演劇場（飯塚町西町）、一九一一年設立、元養老館、のち筑豊劇場
8　和田賛吾＝株式会社飯塚栄座取締役
9　伊藤茂松＝株式会社飯塚栄座監査役
10　吉田磯吉＝衆議院議員
11　地下線問題＝九州水力電気は一九一二年博多電気軌道を合併し、同社の福岡市全域の地下線による電気供給権を継承、これが九水と九州電灯鉄道の競争と合併交渉の発端
12　大牟田問題＝電気化学工業株式会社大牟田工場（一九一六年設立）への電力販売契約締結問題
13　野見山米吉＝太吉妹婿、麻生商店理事兼店長、嘉穂銀行監査役
14　大分水力電気株式会社＝一九一一年開業、前年三月九州水力電気株式会社と合併

二月二十日　火曜

中野〔徳次郎〕・伊藤〔傳右衛門〕両氏相見ヘタリ

午後五時住友銀行支店長より招待アリ、一方亭ニ出席ス

午後十一時過キ帰宅ス

二月二十一日　水曜

一伊藤〔伊東祐彦〕[1]博士義多賀〔麻生義太賀〕[2]病気診察アリタ

一森田正路[3]君相見ヘタリ、党費百円同人ニ仕払タリ

一伊吹〔政次郎〕幹事来訪タリ、廿六日ノ会儀件打合

一午後三時半自働車ニ而帰途ニツク

二月二十二日　木曜

午前本店出務

一午後二時嘉穂銀行重役会ニ出席

一午後六時より綿且〔勝〕ニ立寄、午後八時半帰宅ス

二月二十三日　金曜

午前八時四十分飯塚発ニ而吉隈坑ニ行キ、坑業上ニ付打合ヲナシ、午後三時三十六分ニ而帰宅ス

下臼井ニ而林田〔晋〕[4]出坑ス、又三井三池出張所ノ店員煽石積ノ件ニ付出坑アリタ

午後五時五十分本店出務、吉隈坑ノ件ニ付大塚・山崎等打合ス

二月二十四日　土曜

一福岡より藤沢〔良吉〕[5]君電話ニ而、温泉鉄道[6]特許券利益之事ハ、告発スルヨリ罪科ノ証明スル様答明〔弁カ〕書ニ認メ、責任ナキ

様スス〔ママ〕方利益ナリト電話ニ而返事ス
一午前八時四十分ニテ吉隈坑ニ行キ、坑業ノ打合ヲナス
一帰途一本木[7]井堰ニ立寄タリ
一武田〔星輝カ〕[8]家内参リタルニ付、廿七日武田出浮候様照合ノ事申向ケタリ
一五十円遣ス

二月二十五日　日曜

午前十時より自働車ニ而出福ス
午後一時より九水会儀ニ出席ス
午後三時一方亭ニ行キ太田清蔵[9]氏ニ面会、安川〔敬一郎〕氏より伝達ノ件聞取、廿七日集会ノ打合ヲナス
午後六時床次〔竹二郎〕[10]氏招待会ニ列ス

1　伊東祐彦＝九州帝国大学医科大学教授
2　麻生義太賀＝太吉孫、後年株式会社麻生商店監査役
3　森田正路＝政友会福岡支部、元福岡県会議員、この年四月衆議院議員
4　林田晋＝麻生商店商務部長
5　藤沢良吉＝別府温泉鉄道株式会社（未開業）専務取締役、のち大分県別府市会議員
6　温泉鉄道＝別府温泉鉄道株式会社、一九一一年発起（大分県別府町、未開業）、太吉大株主、元温泉巡遊鉄道、温泉廻遊鉄道とも
7　一本木＝地名、飯塚町上三緒
8　武田星輝＝麻生商店、一九一六年入店
9　太田清蔵＝徴兵保険会社専務取締役、蓬莱生命保険会社社長、元衆議院議員
10　床次竹二郎＝衆議院議員、恩賜財団済生会理事、元鉄道院総裁

午後十一時過キ帰宅ス

二月二十六日　月曜

午前六時四十分博多駅発ニ而直方常議会〔員脱〕[1]ニ列ス

午後一時三十八分直方発ニ而本宅ニ帰ル

本店ニ立寄、吉隈坑山運炭上ニ付打合ヲナシタリ

二月二十七日　火曜

午前七時二十分飯塚駅発ニ而出福ス

十一時頃太田君外十三人相見へ、東京ニ而安川氏より中野〔正剛〕[2]君推挙之内談アリタル旨太田清蔵君より懇談アリタルモ、撰挙人ノ意向中野君ニテハ纏リ兼候ニ付、安川氏ニ承諾ヲ求メラレルコトニナリタ

午後五時より一方亭ニ行キ、午後十二時頃帰宅ス

二月二十八日　水曜

一緒方道平[3]外三人相見へ、聖福寺[4]寄付金ノ挨拶アリタ

一進藤〔喜平太〕[5]氏より、安川氏推挙之件頭山〔満〕[6]氏ニ電信アリタル咄ヲ聞キタリ

一安川氏相見へ昼飯ヲナス、候補者ノ件ニ付談合ス

一太田清蔵・中野徳次郎君も相見へ、廿七日会ノ顚末報ス

一小河内〔河内卯兵衛カ〕・太田太〔大〕次郎[7]其外十人余相見へ、安川氏ニ正式ニ候補者ノコトヲ相談アリ、其ノ結果、秘蜜会ヲ開キ諸否ノ如何ニ不拘候補者ノ推挙ノコトヲ協定アリタ、中野・自分モ同意ス

一来ル七日安川氏より正式ニ諾否ノ返事アルコトニナリタ

三月一日　木曜

一安川氏訪問シ、候補者辞退ハ市ノ希望ト絶縁スルコトニナリ、深ク将来ノ事ニ付考慮セラレ候様注意シ、其ノ上ニ而返答ノコトヲ談話ス、折柄中野徳次郎君も来リタリ

一中野正剛君訪問アリタ

一進藤喜平太氏ヲ訪問シ、廿八日集会ノ成行ヲ報シ、御考慮アル様希望ス

一午後五時より一方亭ニ行キタリ、午後十二時帰ル

三月二日　金曜

一堀〔三太郎〕氏ヲ別邸ニ訪問シ、臼井坑区[8]九万六千坪ノ分五万円迄ハ買収ノ相談ス

一安川氏訪問シ、小河内君相見へ面会ス

一午後四時より一方亭ニ行キ、安川氏一同午後十二時過キ帰宅ス

1　常議員会＝筑豊石炭鉱業組合常議員会
2　中野正剛＝東方時論社長兼主筆、元朝日新聞記者、のち衆議院議員
3　緒方道平＝福岡県農工銀行頭取、博多土居銀行相談役、元福岡県書記官
4　聖福寺＝臨済宗妙心寺派寺院、一一九五年栄西創立日本最初の禅寺（福岡市御供所町）
5　進藤喜平太＝玄洋社長、元衆議院議員
6　頭山満＝玄洋社、在野の政治家
7　太田大次郎＝福岡市会議員、福岡貯蓄銀行取締役、九州瓦斯株式会社取締役
8　臼井坑区＝平山炭坑（嘉穂郡碓井村）

三月三日　土曜

一午前八時頃中野正剛君相見へ、候補者ノ件ニ付種々談話セリ

一河波内〔河内卯兵衛〕君相見へ、安川氏面会ノ顚末報告アリタ

一森田君相見へ、候補者ノ件ニ付談話シ、又組合より寄付金照合状認メ替ヲ乞タリ

一黒瀬〔保〕[1]医師ノ入札品見物ニ行キ、森崎屋[2]・和田屋[3]等共進亭[4]ニ行キ昼飯ス

一中西四郎平君[5]遠賀坑区買収方申入アリ、四日本家ニ而面会ヲ約ス

一午後四時半自働車ニ而帰宅ス

三月四日　日曜

午前八時飯塚駅〔ママ〕ニ而吉隈坑ニ行キ、午後三時臼井駅発ニ而帰途ニツク

一本店ニハ中西君相見へ、遠賀糠塚[6]近傍坑区買入ニツキ談合ス

一吉隈坑ハ塊炭ヲ輸送スルコトニ評決ス、右ニ付販売方モ其ノ方針ニ若松出張所[7]ト打合スルコト

三月五日　月曜

一仲小路〔廉〕[8]大臣招待会ノ件ニ付、谷口〔留五郎〕知事ト電話ス、五日返事ノ筈ナリ

一本店ニ出務シテ事業上ニ付打合セ、又遠賀坑区買収ノ件ニ付中西君ト協義ス、筆記ハ本店ニアリ、山崎君吉隈坑より帰宅ヲ乞、打合タリ

三月六日　火曜

一午前在宿

一午後十二時十分より綱分坑ニ行キ、採掘上ニ付様子ヲ聞キ、含有炭多少残リテも早く採掘スルコトニ打合ス、又電気ホンプ据付ニ而工事ヲ急クコト等打合ス

一午後四時博済会社重役会ニ出席ス、午後十時帰ル、藤崎［嶋カ］[9]君ニ金弐十円取替

三月七日　水曜

午前十時自働車ニ而出福ス
安川氏より電話アリ、午後六時過キ太田清蔵君ト面会ノ筈ナリ
午後六時自働車ニ而安川・中野一同一方亭ニ行キタリ、松本［健次郎］氏ノ主張ニツキ候補者辞退ノ希望申出アリタ
　三百七十二円九十五銭　黒瀬払仕約金、吉浦より受取勘定ス

三月八日　木曜

太田清蔵君相見へ、中野君一同安川氏辞退ニ付打合、九日朝有志者松本氏訪問セラル、コトニナリタ
進藤氏訪問アリ、安川ノ成行ヲ話シ、進行ノ模様ニヨリ尚尽力ノ相談ス
中野正剛君相見へ、東京ニ而面会ノ旨相咄、将来ノ事打合ナシタリ

1　黒瀬保＝医師（福岡市蔵本町）、福岡市医師会長
2　森崎屋＝太吉親族、木村順太郎、酒造業（飯塚町本町）、飯塚町会議員、翌年株式会社麻生商店監査役
3　和田屋＝和田六太郎、呉服商兼醬油醸造業（飯塚町本町）、飯塚町会議員
4　共進亭＝西洋料亭（福岡市西中洲）
5　中西四郎平＝太吉親族、坑区斡旋業、遠賀郡芦屋町会議員
6　糠塚＝地名、遠賀郡岡垣村
7　若松出張所＝麻生商店若松出張所（若松市海岸通）
8　仲小路廉＝農商務大臣
9　藤島伊八郎＝博済無尽株式会社取締役兼大隈支店支配人

中沢［勇雄］[1]君相見へ、築港［若松］会社[2]ノ件ニ付打合ナス

三月九日　金曜

午前十時五十分博多発ニ而九鉄管理局ニ出頭、太道［大道良太］氏ニ面会シ、若松積入場設立ノ件懇談ス

質［貨］車積量増加ニ付懇談アリタ

門司四時ニ而福岡ニ向ケ帰ル、途中戸畑駅より太田氏等同道、安川氏ノ一件聞取タリ

中野君ニ電話、又松本健次郎氏へ電話シ、模様ヲ聞キ、中野正剛君カ意向ヲモ聞取タリ

［欄外］河内氏ト電話ニ而打合、帰福ノ事ヲ約シタリ

三月十日　土曜

進藤氏ヲ訪問シ、九洲日報[3]記事ニ付松本氏意向相変リタルニ付、安川氏ト交渉中ノ記載ノ事ヲ懇談ス、佐野［賀］経吉[4]君も相見へ居タリ

佐賀君来訪、銅山ノ件及産婆之件ニ付□意ス

午後五時冨安・堀両氏相見へ、堀氏ト仲小路大臣歓迎会ニ列ス

冨安君ト中野正剛氏ノ安川君援助ノ件ニ付打合ス

［欄外］鉱山局長［崎川才四郎］ヲ午前九時博多停車場ニ而見送リタリ

三月十一日　日曜

午前十時より仙石貢[5]氏ヲ栄屋旅館[6]ニ訪問シ、政界ノ件ニ付種々懇談シ、一方亭ニ昼飯ノ招待ヲナシタリ

堀・中野等ノ諸氏ト午後十時過キ帰宅ス

　金五十円ト弐十円遣ス

中野君へ金十円取替

山際〔永吾〕[7]氏ニ弔電ス

三月十二日　月曜

河内〔卯兵衛〕・太田勘太郎・太田大次郎ノ三氏相見へ、安川君途中より太田清蔵氏上京ニセラル、様松本健次郎君へ照合ニツキ、小生へ上京ノ内談アリ、太田清蔵君より打電次第上京ヲ諾ス、又福岡博多より上京ノ事も内談アリ、賛成ス

重岡篤[8]君相見へ、肥前坑区ノ件ニ付談合ス

太田太兵衛[9]君相見へ、中野正剛君推挙運動セシコトヲ聞キタリ

午後三時より自働車ニ而帰宅ス

一野田卯太郎君ニ安川氏立候補ノ件ニ付打電、及手紙ヲ出ス

三月十三日　火曜

一本店出務、吉隈坑区付近ノ小坑区買収ニ付野見山〔米吉〕等打合ヲナス

1　中沢勇雄＝若松築港株式会社支配人、のち取締役
2　若松築港株式会社＝一八八九年若松築港会社設立、一八九三年株式会社、太吉取締役
3　九州日報＝一八八七年玄洋社機関紙「福陵新報」として創刊、一八九八年改題
4　佐賀経吉＝鉱業家、玄洋社
5　仙石貢＝鉄道院総裁、元九州鉄道株式会社社長、のち鉄道大臣・南満洲鉄道株式会社総裁
6　栄屋旅館＝福岡市橋口町
7　山際永吾＝地質学者ライマンの弟子、元入山採炭株式会社取締役、元鉱山局技師、三月八日死去
8　重岡篤＝福岡市会議員
9　太田太兵衛＝福岡市会議員、博多海陸運輸株式会社社長、博多魚類商組合長、元福岡県会議員、のち福岡県会議員

一瓜生〔長右衛門〕[1]来リ、佐与[2]清四郎〔白土〕[3]より懇談ノコトヲ聞キタリ
一綱分坑区（有安[4]ノ坑口より底石採掘設計ノコトヲ本店ニテ注意ス
一午前十二時飯塚駅発ニ而下ノ関ニ行キ、農相〔仲小路廉〕〔ママ〕待招会ニ列ス（挨拶ノ旨意ハ別書ニアリ）
一午後十時門司駅発ニ而帰途ニツキ、午前〇時三十分博多駅ニ着ス、鏃〔汽〕車中片山博士〔正夫〕[5]（電機）同車ス（片山氏ハ東京白金町ニ住居セラル）

三月十四日　水曜

一棚橋氏〔琢之助〕[6]相見へ、九水ノ件ニ付談合
一熊本局長〔逓信脱〕ニ松永〔安左衛門〕[7]ノ上京セザルコト
一壱万六千五百キロ電化会社ノ件ハ、配当ハ▨□〔壱様カ〕トスルカ、又ハ会社組織ヲナスコト
一上京必要アレハ何時ニテモ上京スルコト
一新事業ハ別ニ科ヲ置クコト
一電灯整理ハ三度ニスルコト
〆
一鉱整〔務〕署高崎氏〔勝文〕[8]ニ面会、佐与清四郎〔白土〕より希望ノ要点聞取タリ
一午後四時自働車ニ而帰宅ス

三月十五日　木曜

午前在宅、帳簿及手紙ノ整理ス
午後四時本店ニ行キタリ
福間〔久一郎〕[9]ニ一本木井堰ノ件取調方命ス

相羽君〔虎雄〕[10]へ上三緒坑南側採掘之件ニ付打合ス

三月十六日　金曜

午前八時吉隈坑ニ行キ打合セリ

自働車ニ而岩崎・口春[11]ニ立寄、午後五時過キ帰宅ス

三月十七日　土曜

午前八時五十分直方ニテ坑業組合惣会ニ列ス、惣会無事済ミタ

常議〔員脱〕会引継キ開会

一聯合軍寄付金[12]五千円可決

1 瓜生長右衛門＝嘉穂電灯株式会社取締役、飯塚町会議員、元麻生商店理事兼鉱務長、元福岡県会議員、のち飯塚市会議員
2 佐与＝地名、嘉穂郡頴田村
3 白土清四郎＝坑区所有者、元鳥羽炭坑経営者
4 有安＝地名、嘉穂郡庄内村
5 片山正夫＝東北帝国大学理科大学兼東京高等工業学校教授、のち東京帝国大学教授
6 棚橋琢之助＝九州水力電気株式会社専務取締役
7 松永安左衛門＝九州電灯鉄道株式会社常務取締役、この年四月より衆議院議員
8 高崎勝文＝福岡鉱務署長心得
9 福間久一郎＝麻生商店本店庶務係
10 相羽虎雄＝麻生商店上三緒鉱業所長、元藤棚第二鉱業所長、いったん退店後のち鉱務部長
11 岩崎＝野見山米吉家（嘉穂郡稲築村岩崎）　口春＝永富家（嘉穂郡稲築村口春）
12 聯合軍寄付金＝第一次世界大戦英仏露聯合国傷病兵罹災者慰問会寄付金

一炭車改造ハ他日再開ノ上評決スルコトニナリタ
一林〔芳太郎〕[1]未亡人ニ金五百円ヲ送ルコトニシテ、貝嶋〔栄四郎〕[2]・安川・麻生三百円、中の〔徳次郎〕・伊藤〔傳右衛門〕百円、堀〔三太郎〕四十円、岩崎〔久米吉〕[3]・三好〔徳松〕[4]
ニテ六十円、寸志スルコトニナリタ、組合幹事より其事申向ケルコト

直方十二時発ニ而出福

森田氏相見へ、嘉穂・鞍手・遠賀立候補堀氏[5]ニ坑業者一同ト有志者ト集合、尚堀氏ニ承諾ノ相談スル〔ママ〕コトノ依頼アリタ

一野見山〔米吉〕ニ中村氏坑区[6]及吉隈不毛〔フケ〕坑区[7]ノ件打合ス

〔欄外〕嘉穂立候補ノ件ニ而、東京中野徳次郎ニ電信ス

三月十八日　日曜

午前十二時過キ野田卯太郎君帰県ニ付福村屋〔家〕ニ昼飯ヲナス

野田氏着博ヲ停車場ニ迎ヒタリ

福村屋ニテ午後十一時過キ迄滞在セリ

三月十九日　月曜

午後四時團〔琢磨〕[8]氏一行ヲ停車場ニ待受、直チニ一方亭ニ行キ招待ヲナス

午後十二時過キ帰宅ス

三月二十日　火曜

午前九時より栄屋團氏ヲ訪問シ、安川氏ト福村屋ニ而会見ス、野田・團ノ四氏ト昼飯ヲナス

午後六時より一方亭ノ三井銀行招待会ニ列シ、午後十二時過キ帰ル

安川氏承諾ヲ得ズ、推挙ノ義内田〔良平〕[9]君も発義アリ、團・野田ト協義ス

三月二十一日　水曜

午前石井〔大造〕神理教会大教正訪問致候、名誉賛成員ノ懇談セシモ、他日返事ノ事ヲ申向ケタリ

井手〔佐三郎〕[10]市長相見へ、福岡市立候補者ノ件ニ付野田君推挙ノ内談アリシモ、見合之義申向ケタリ

栄屋ニ野田・團両氏ヲ訪問、停車場ニ團氏ヲ見送リタリ

一方亭ニテ午後八時迄会合シ、安川氏等ナリ

森田〔正路〕・青柳〔郁次郎〕[11]両氏相見へ、嘉穂ハ単独行動ヲナスニ付堀氏勧誘自然消滅ノ旨申向ケアリタ

團氏ト、安川氏ノ件ハ電報東京ヨリ参リ次第立候補ノ打合ヲナスコトニ打合ス

三月二十二日　木曜

嘉穂岸田〔牛五郎〕[12]外五人相見へ、企救郡ト協定区ニスルニ付賛成ノ義相談アリタルモ、堀氏勧誘等ノ事情アリ、不同意ノミ

1　林芳太郎＝元筑豊興業鉄道会社発起人、元福岡県会議員
2　貝島栄四郎＝貝島鉱業株式会社長
3　岩崎久米吉＝岩崎炭鉱・大隈炭鉱（遠賀郡長津村）・起行小松炭鉱（田川郡後藤寺町）経営者、元遠賀郡長津村会議員
4　三好徳松＝高松炭鉱・三好炭鉱（遠賀郡水巻村他）・金谷炭鉱（田川郡金田町）経営者
5　衆議院議員選挙候補者
6　中村氏坑区＝株式会社中村組経営平山炭坑（嘉穂郡碓井村・桂川村）
7　フケ坑区＝断層や深部・粗悪炭などによる採掘困難な石炭層の含有鉱区、斤先掘（下請採掘）が行われた
8　團琢磨＝三井合名会社理事長、北海道炭礦汽船株式会社会長、この年六月日本工業倶楽部理事長
9　内田良平＝黒竜会主幹、玄洋社
10　井手佐三郎＝福岡市長、元長崎県事務官
11　青柳郁次郎＝福岡県会議員、のち衆議院議員
12　岸田牛五郎＝福岡県会議員、佐藤（慶太郎）商店

ナラス且〔勝〕手次第ノ遣リ方ハ将来郡地ノ事ハ関係セザル旨申渡シタリ

〔欄外〕別ニ順序書アリ

森田氏・青柳・岡部〔種実〕[1]氏等相見ヘタリ、同様ノ□〔意カ〕味ヲ以関係セザルコトヲ申向ケ置キタリ

堀氏ト電話ス

一午後三時自働車ニ而帰宅ス

野田君ト電話ス

進藤氏ト安川氏ノ件電話ス

一方亭ニ頼ミ、佐賀経吉君ニ安川氏ノ件電話ス

一河内卯兵衛君ニ廿四日迄候補発表ノ事注意ス

一郡長〔川島澹明〕[2]より廿七八両日間ニ面会ノ電話アリタ

三月二十三日　金曜

一本店出頭

一嘉穂銀行ニ出頭ス

一篠崎〔団之助〕・田生〔正次〕[3]両氏相見へ、嘉穂郡ノ事挨拶アリタルモ、何等権利上ニヨル事ニテ他ニ関係ナシト答ヱタリ

一中野〔徳次郎〕・伊藤〔傳右衛門〕ト協義シ、遠賀・鞍手・嘉穂ト協定区域トシ、鞍手堀氏ニ押而相談スルコトニ協義ス

三月二十四日　土曜

山口恒太郎[4]・篠崎団之介〔助〕相見へ、嘉穂ノ区域ハ現在之侭ニシ遠賀・鞍手ヲ一区域トスルニ付、中野・伊藤ト一同

出福ノ件内談アリ、中野・伊藤ノ両氏ニ電話シ、午後一時過キ自働車ニ而出福ス

一方亭ニ行キ、野田・森田・堀・中野・伊藤ニ晩喰ヲ出ス

三月二十六日　月曜

佐賀常［経］吉君相見ヘタリ

伊藤傳右衛門君相見ヘタリ

松永安左衛門君相見ヘタリ

一方亭ニ行キ、野田・山口等遠賀・鞍手ノ件ニ付打合ス

三月二十七日　火曜

奥［七郎］[5]村君相見ヘタリ、安川辞退之無止事情ヲ陳シ、従来ノ厚意ヲ謝ス

安河内代吉[6]相見ヘ、地所相談シ、約定ノ通ニ而引受ノ相談ス

野見山より電話ス

一方亭ニ行キ、遠賀・鞍手之件ニ付打合ヲナス、山口君相見ヘタリ

三月二十八日　水曜

森田正路君訪問ス

安河内地所ノ件ニ付電話ス

1 岡部種実＝福岡県会議員、元遠賀郡底井野村長
2 川島淵明＝嘉穂郡長
3 篠崎団之助・田生正次＝元福岡県会議員
4 山口恒太郎＝九州電灯鉄道株式会社取締役、元福岡日日新聞主筆、この年四月より衆議院議員
5 奥村七郎＝株式会社博多米穀取引所理事長、弁護士、元博多商工会議所会頭
6 安河内代吉＝太吉親族、のち桂川郵便局長代理

粕屋坑区[1]ノ件御法川へ電話ス
天野君坑区ノ件ニ付相見ヘタリ
野田・堀・中野相見ヘ、候補者之件ニ付打合、晩食ヲナシ、夫より貝嶋嘉蔵[2]氏ヲ一同訪問シ、中野ヲ押スカ堀氏ヲ押スカニツキ考慮スルコトニテ、嘉穂ヲ呼寄セルコトニナリタ、帰途堀氏ハ元ノ区域ニテ赤間〔嘉之吉〕ヲ押テハ如何トノ意見ヲアリタ
中の君ニ金百円ト七十円ト融通ス

三月二十九日　木曜

一原氏〔庫次郎カ〕方ニ行キ、候補者ノ件ニツキ打合ス
〔欄外〕後
一昨夜ノ継キ堀氏ヲ押スニツキ決心ヲ催サレタリニ付、同意ノコトヲ発表ス
〔欄外〕前
一安川氏ノ候補ノ異見ヲ提出セシモ成立セズ
一遠賀・鞍手より堀氏ヲ候補ニ推挙ニ付尽力ノ申入アリ、承諾ス
一伊吹君訪問シ打合　金壱百円、林氏〔芳太郎〕ノ寄付伊吹ニ遣ス
一中野より電話アリ、嘉穂ハ今夜出福スルコトニナリタ、集合ハ明朝ノ事ナラントノ事ニテアリタ
一〔空白〕
一築港会社重役会欠席ニ付、希望ヲ中沢君ニ電話ス
一安河内ノ件ニ付野見山ニ電話ス

三月三十日　金曜

一午前原氏方ニ会合ス
一堀氏辞任ノ申出アリ、山口〔恒太郎〕君ヲ立候補トスルコトニナリタ
一福村屋〔家〕ニ落合、山口君承諾シ、一段落相片付タリ
一福村屋ノ仕払ハ自分より出金ノ事ヲ申付置キタリ
一方亭〔ママ〕ニ三井〔元之助〕[3]社長より晩食ノ招待ヲ受ケタルモ断リタリ

三月三十一日　土曜

午前八時五十五分博多駅ニ三井氏見送リニ行キタルモ、御出ナキ故栄屋ニ訪問ス、不在ナリシ
野田氏相見ヘタリ、撰挙ノ件ニ付打合ス
中野より昨夜来ノ顚末ヲ嘉穂ノ篠崎・小山〔小出太右衛門カ〕[4]ニ申渡シニナリ、何れも帰郡スル旨電話アリタ
堀氏ニ電話セシモ不在ナリシ
午後三時自働車ニ而帰宅ス

四月一日　日曜

午前八時五十五分ニ而吉隈坑ニ行キ、午後三時三十七分下臼井発ニ而帰宅、直チニ一本木井堰ニ立寄タリ

1　糟屋坑区＝糟屋山田坑区（糟屋郡山田村）
2　貝島嘉造＝貝島鉱業株式会社監査役
3　三井元之助＝三井鉱山株式会社社長
4　小出太右衛門＝嘉穂郡頴田村長

粕屋山田坑区一坪二銭五厘ニ而買収スルコトニ天野[寸]ト咄合ス

四月二日　月曜

午前本店ニ出務ス

午後一時嘉穂銀行重役会ニ列ス

岸田[生五郎]君より赤間推挙状ニ連署ノ申向ケアリタルモ、飯塚生田綿[田生正次カ]且[勝]ニ而断タリ

右ノ件ニ付中野・伊藤ノ両氏ニモ電話シ、岸田ノ相談断タルニ付連署ノ方申入タリ

四月三日　火曜

上三緒坑・赤坂坑ヲ経而上三緒ノ一坑付近ノ採掘ノ模様ヲ調査シ、帰途山越ニテ山内坑ニ行キ、坑山ノ有様ヲ見タリ

四月四日　水曜

一西野[園]磯松ヲ呼寄、銀行規定草案ノ件ヲ申付ケタリ

一午後本店出務、種々打合、事業上肝要廉付帳ニ記載アリ

四月五日　木曜

午前八時五十分ニ而直方町坑業組合常議員会ニ列ス

赤間嘉ノ[之]吉君小竹[1]より直方迄同車ス

午後壱時三十八分直方発ニ而帰途ニツク

森崎屋・中西[四郎平]及麻生屋[2]相見へ、麻生や[屋]家内不始末ニ付打合ヲナシ、晩喰ヲナシ、午後八時頃帰宅セラル

中根[寿][3]君より電話アリ、原氏より之相談ハ謝絶、野田・森田両人ノ分ハ出金ノ承諾アリタ

四月六日　金曜

午前在宿

中西・森崎屋・麻生屋相見へ、家内ノ件ハ猶予シ、始末書ヲ徴シ、子供等ニ保証ノ責アル証書ヲ差入サセルコトニセリ

午後七時半製工所より巡視ス

四月七日　土曜

一午前雨天ニ而在宿

一麻生屋家内不都合ノ行為ヲナシタルニ付、森嶋〔崎〕屋及中西ノ両氏相見へ、本人并ニ子供保証ヲナシ、詫状ヲ差入タリ（現証預リタリ）

一金弐百五十円、当時中西及森崎やニ取替

倉知〔倉智伊之助〕支配人辞任ノ内意アリ、麻惣〔麻生惣兵衛〕[4]君より秘蜜ニ談話アリタ

一赤間〔嘉之吉〕ノ撰挙事務所ニ行キ注意ナシタリ

一後藤〔新平〕[5]・大道〔良太〕・長谷川〔謹介〕[6]ノ三氏ニ若松積入場ノ件ニ付出状ス（出状控ニ記載アル）

1　小竹＝小竹駅、筑豊本線（鞍手郡勝野村）
2　麻生屋＝太吉弟麻生太七、麻生商店理事、嘉穂銀行取締役、嘉穂電灯株式会社取締役
3　中根寿＝貝島鉱業株式会社取締役
4　麻生惣兵衛＝嘉穂銀行取締役、元飯塚町会議員
5　後藤新平＝内務大臣兼鉄道院総裁
6　長谷川謹介＝鉄道院技監

四月八日　日曜

午前本店ニ出務、御法川ト粕屋坑区、綱分坑より宮ノ浦坑[1]採掘ノ打合ヲナシ

午前十二時飯塚発ニ而吉隈坑ニ行キ、午後六時四十五分発ニ而帰宅ス、鎎〔汽〕車中中村氏ノ事務員及赤間・阿部〔安部熊之輔〕[2]前代議士ト乗車アリタ

帰途自働車ニ而綿且〔勝〕[3]ヲ経而帰ル

四月九日　月曜

午前本店出務

吉隈貯炭ノ件、及赤坂坑巻器機并ニコークス場事業上ニ付打合ヲナシタリ

伊藤・中野両君ニ電話スルモ別府行不在ニツキ、篠原〔孫六カ〕[4]君ニ赤間推挙件注意ス

午後四時五十分自働車ニ而出福ス

四月十日　火曜

天野君来リ、粕屋坑区ノ咄合ヲナシタリ

松崎氏〔三十郎〕[5]ニ京都行ノ相談シ、承諾アリ、金壱百円渡ス

四月十一日　水曜

午前堀尾君相見へ、大分銅坑[6]ノ件ニ付面会ス

午後十時自働車ニ而帰宅ス

上田君〔穏敬〕[7]呼寄、大分銅坑買収ニ付筆記ヲ渡シ、金三百円渡ス

四月十二日　木曜

堀三太郎氏ニ、中村君坑区分割譲受相談ニ関スル件電話ヲ以相談ス

麻生屋ニ大分銅坑ノ件電話ス
堀氏ニ図面ト一同出状ス、野田・團両氏へ電報ス
金三百円上田渡シノ分吉浦〔勝熊〕より受取、上田ノ受取証吉浦ニ渡ス
午前八時四十五分ニ而別府ニ典太〔麻生〕[8]等一同行ク

四月十三日　金曜

午前山水園[9]ニ行キ、実地ノ模様ヲ踏査シ、折柄麻観〔麻生観八〕[10]氏より電話ニ而別荘[11]ニ返リ、松田〔源治〕[12]君運動費ノ相談アリ、弐千円承諾ス
伊藤〔傳右衛門〕君ヲ訪問シ、昼飯ヲナシ、中山旅館[13]ニ行キ遊ヒ、午後九時帰ル

1　宮ノ浦坑＝麻生商店（嘉穂郡庄内村）
2　安部熊之輔＝小倉鉄道株式会社取締役、元衆議院議員、元福岡県会議員
3　綿勝＝旅館（飯塚町向町）、赤間嘉之吉候補選挙事務所
4　篠原孫六＝嘉穂銀行取締役、中野（徳次郎）商店、のち株式会社中野商店取締役
5　松崎三十郎＝弁護士（福岡市天神町）
6　大分銅坑＝宇藤木銅山（大分県南海部郡明治村）
7　上田穏敬＝麻生商店庶務部長、一八九五年入店
8　麻生典太＝太吉孫、のち株式会社麻生商店常務取締役
9　山水園＝麻生家別荘（大分県別府町）、小宮茂太郎が開園した庭園を太吉購入
10　麻生観八＝九州水力電気株式会社監査役、大分紡績株式会社監査役、酒造業（大分県玖珠郡東飯田村）、本巻解説参照
11　別荘＝麻生家田の湯別荘（大分県別府町）
12　松田源治＝大分県選出衆議院議員、のち拓務大臣、文部大臣
13　中山旅館＝大分県別府町上ノ田湯

中山女中ニ金十円遣ス

四月十四日　土曜

午前七時三十九分発ニ而別府ヲ出発、行橋[1]ニ而典太一行ト分カレ、福岡ニ午後十二時三十九分着ス、別府駅ニ而松田氏ニ面会ス

天野君来リ、山田坑区弐銭五厘迄買収ノ話合ス、又日向銅山ノ件ハ山崎〔誠八〕聞合件申答タリ

中野・堀両氏ニ電話ス、中野君ハ赤間君之件ニ付注意ス

別府ニ、十円母、十円家内、二十円米〔麻生ヨネ〕、〆四十円遣ス、鑵〔汽〕車中十円払

四月十五日　日曜

午後二時自働車ニ而帰宅ス

黒瀬より買物ナシタリ

四月十六日　月曜

午前嘉穂銀行ニ博済会社ノ件ニツキ打合ナシタリ

本店ニ出務シ、坑業上ニ付打合ヲナシタリ

電機〔ママ〕ホンプ増設ニツキ打合ス、又御法川実地踏査ノ宇美坑区[2]ノ件ニ付打合セリ

〔欄外〕トモ　（トキ）

四月十七日　火曜

午前本店

直方より貝嶋嘉蔵君代理渡辺〔林太郎カ〕[3]、堀氏代理佐藤・栗田ノ三氏撰挙ノ件ニ付相見ヘ、野見山ニ連サレ松月〔ママ〕ニ而昼飯ヲ出ス

十二時十九分ニ而吉隈ニ行キタリ
三時三十九分ニ而帰リ、綿且〔勝〕ニ立寄タリ
四月十八日　水曜
午前八時五十分飯塚発ニ而若松石炭坑業組合事務所ニ行キ、沈没炭[4]ノ件ニ付問屋組合[5]ノ委員ト一同打合セタリ、四
万円迄ノ範囲ニ而問屋組合ニ一任ス
午後二時十九分若松発ニ而午後四時帰宅ス
四月十九日　木曜
赤坂坑ニ自働車ニ而行キタリ
中野君ト撰挙ノ件ニ付堀氏ノ電話ヲ打合ス
篠崎君ト撰挙ノ件ニ付鞍手ノ関係打合、電信ハ別ニアリ
中西君相見へ、宇美坑区ノ打合ヲナシタリ
底井野笹屋[6]ノ件ニ付打合セリ

1　行橋＝地名、京都郡行橋町、柏木家所在地
2　宇美坑区＝桂桃一所有坑区カ（糟屋郡宇美村）、のち株式会社麻生商店取得
3　渡辺林太郎＝貝島鉱業株式会社内事部長
4　沈没炭＝荷役作業の際海中に沈没した石炭
5　問屋組合＝若松石炭商同業組合、一八七五年石炭問屋組合として設立、一八九六年若松石炭業組合、一九〇〇年若松港石炭業組合を経て、さらに一九〇一年に改称
6　笹屋＝藤田次吉家、酒造業（遠賀郡底井野村）

四月二十日　金曜

一午前本店ニ立寄、綿且〔勝〕ニ而中野・伊藤・赤間・岸田〔牛五郎〕等集会シ、堀君より相談ノ件打合、到底運兼候ニ付、中の・伊藤三人ニ而二十票迄ノ範囲ニ而出来得ル限リ尽力之義返答スルコトニ申合セリ
投票所ニ行キ投票セリ
嘉穂銀行重役会ニ列シ、会後博済ノ件報告ス
天道〔嘉穂銀行〕支配人青柳〔栄次郎〕君雇入、又小野山〔伝〕[1]氏ハ本店ニ転勤ヲ命スルコトニ打合ス

四月二十一日　土曜

三菱鴨生坑[2]ニ坑内火災アリ、御法川及相羽・大塚等ニ見舞ノ件電話ス
瓜生〔長右衛門〕来リ、伊万里坑区村井[3]ノ方変更ノ始末聞取タリ、又将来ノ事ニ付注意ス

四月二十二日　日曜

午前八時五十分発ニ而、門司管理局長面会ノ為メ倶楽部〔門司〕[4]ニ而大道〔良太〕局長ニ面会ス
　若松積入場設備ニ付坑業者より出金スルコトニ付、程度申出可キ内談アリタ
同地午後一時五十分発ニ而福岡ニ行キタリ
飯塚駅よりハ麻生屋、直方よりハ堀氏、中間よりハ岩崎〔久米吉〕氏ト同車ス
瓜生午前七時半ニ来リ、白土清四郎より相談ノ件申入タリ

四月二十三日　月曜

森田氏相見ヘタリ
金子〔堅太郎〕[5]子爵及團〔琢磨〕氏御夫人訪問ス
安川氏黒田〔長成〕公爵別邸[6]ニ而面会シ、浜の町ニ相見ヘタリ

野田卯太郎君相見ヘタリ
瓜生長右衛門訪問ス
松崎〔永〕安左衛門氏相見ヘタリ
堀氏相見ヘタリ
藤田〔貞平〕7君金弐万七千円持参シ、堀氏ニ渡シ、吉隈坑区ヲ同氏名前ヘ切替ヲ乞タリ
交換出来ネバ三万五千円出金スルコト
壱方亭ニ午後四時より安川・中野ノ諸氏ト行キ、午後九時帰宅ス

四月二十四日　火曜

午前重岡〔篤〕君ニ肥前坑区ニ付金七百円遣スニ付異義ノ有無相答ヘ、若シ何ニ苦状〔ママ〕ケ間敷事有之候ハヽ、断然売却ヲ見合、其侭ニスルコトニ電話ス
午前十時五十分より自働車ニ而帰ル

1　小野山伝＝嘉穂銀行天道支店支配人
2　三菱鴨生坑＝三菱鯰田五坑（嘉穂郡稲築村）
3　村井＝村井鉱業向山炭坑（佐賀県西松浦郡西山代村）
4　門司倶楽部＝筑豊石炭鉱業組合・門司石炭商組合・西部銀行集会所・九州鉄道によって一九〇三年に設立された社交機関
5　金子堅太郎＝枢密顧問官、元農商務大臣・司法大臣
6　黒田公爵別邸＝福岡市浜の町
7　藤田貞平＝麻生商店本店主事補会計

本店ニ行キ、忠隈[1]・吉隈間ノ含有石炭調査ノ件ヲ御法川ニ申談ス
荒木《[典次郎]》[2]君葬式ニ会列ス
金百十二円小切手田山《[クマ]》ニ渡ス、此内五十円ハ上田渡ノ受取証受取、残金六十二円田山かし

四月二十五日　水曜

午前本店
午後博済会社重役会ニ列ス
綿且《[勝]》ニ行キ、午後九時帰宅ス
一西公園[3]倉田恒蔵ナル人坑区ノ世話ヲ申込セリ

四月二十六日　木曜

午前本店
吉浦より、弐百六十三円五十銭黒瀬買物代及上田振替（浜の町田山《[クマ]》より渡セシ分）ノ分五十円、共ニ受取タリ
午後自働車ニ而博多ニ行ク

四月二十七日　金曜

午前十二時一方亭ニテ金子子爵・團夫人ヲ招待ス
午後十時迄中野君相見へ、一方亭ニテ遊ヒタリ

四月二十八日　土曜

午前五時発博多ヨリ下ノ関ニ長谷川《[謙介]》[4]技監ヲ出迎、門司十時四十分急行ニ而福岡ニ返《[ママ]》リタリ
午後六時より一方亭ニテ長谷川技監ノ一行ヲ招待ス
堀氏ヲ福村屋《[家]》ニ訪ヒ、平山坑区ノ相談セリ

百五十五円黒瀬渡ス

四月二十九日　日曜

午前九時博多発ニ而長谷川技監一行ト若松積入場ノ実地踏査ヲ乞、若松発午後二時二十分ニ而直方駅迄同車ス

四月三十日　月曜

午前七時十五分発ニ而、若松築港会社ニ而重役会及惣会ニ列ス

賞与金分配ハ、十二万五千円ノ内弐万円ハ社長、四万円ハ重役ニ分配シ、六万五千円ノ内壱万円中沢〔勇雄〕外、五万五千円ヲ退職積立ト現在分配ニスルコトニ決ス

貝嶋より重役相談アリシモ、三井ノ関係ニテ暫時見合ノコトヲ相答タリ

粕屋坑区、弐万円現金ト弐万五千円ノ一ケ年延期ニテ売却ノコトヲ諾ス

五月一日　火曜

午前八時発ニ而直方坑業組合会議ニ出席ス

直方駅午後一時三十五分発ニテ帰宅ス

白土正種[5]・小出太右衛門ノ両氏相見へ、白土清四郎坑区ノ件ニ付懇談アリタ

1　忠隈＝地名、嘉穂郡穂波村
2　荒木典次郎＝麻生商店上三緒坑医師
3　西公園＝福岡市西公園
4　長谷川謹介＝鉄道院技監
5　白土正種＝厳島神社（嘉穂郡頴田村）宮司

峠《〔延吉〕》君より、貝嶋ノ希望タル築港会社ノ重役ハ、鮎川《〔義介〕》[1]氏ハ止メ直接貝嶋ニ希望スルコトヲ白石《〔直治〕》[2]ニ電信スル旨電話アリタ

五月二日　水曜

午前本店出務
久原坑区[3]営業上ニ付取調方御法川ニ談シ、尚藤田帳簿整理ニ出張セシメルコトニセリ
義之介《〔麻生〕》[4]来店、販売上ニ付打合ス
午後在宿、書類整理ス
京都ノ仏師《〔京極文蔵〕》来リ、正恩寺[5]ノ仕事打合ナシタリ
午後七時二十分ニテ自働車ニ而上田ト同車、出福ス
堀氏ニ直方及福岡ニ電話ス

五月三日　木曜

午前天野氏来リ、山田坑区ノ件咄合ス
上田ト津波黒坑区[6]売渡ノ件ニ付松崎《〔三十郎〕》氏ニモ研究ヲ乞タリ
堀氏より電話アリ、午後一時半来訪ノ旨通知アリタ
午後二時堀氏相見へ、中村坑区[7]之方ハ大略相纏リ可申ニ付、中嶋《〔徳松〕》[8]より相談之不毛《〔フケ〕》坑区之件ニ付考慮スル様申向ケアリタルニ付、図面等調造シ再会之事ニ咄合ス
午後三時より九水重役会ニ出席ス、重役用件沢山アリタ、発電所許可ノ件、電灯料直《〔値〕》下ケニ付尚研究ノ件
〔欄外〕午後一方亭ニ行キ、中野君一同タリ、八□《〔四カ〕》迄勝利ヲ得タリ

五月四日　金曜

堀氏訪問ス、田中［徳次郎カ］氏[9]相見ヘ居タリ

中村ノ件ハ後刻一方亭ニ而会合ヲ約ス

午後一時一方亭ニ行キタリ

堀・中野両氏相見ヘタリ

　金五十円、中の君ニかし

　　十五円ト三十五円ト両度ナリ、〆

午後七時過キ帰宅ス、直チニ自働車ニ而本宅ニ帰ル

五月五日　土曜

午前本店出務、久原坑山・笹［佐々］村ノ芝関係坑区[10]ニツキ方針ヲ打合ス

1　鮎川義介＝戸畑鋳物株式会社社長、のち株式会社木津川製作所社長、久原鉱業所長
2　白石直治＝若松築港株式会社取締役会長
3　久原坑区＝麻生商店久原鉱業所（佐賀県西松浦郡西山代村）
4　麻生義之介＝太吉女婿、麻生商店若松出張所長、のち株式会社麻生商店常務取締役
5　正恩寺＝麻生家菩提寺（飯塚町川島）
6　津波黒坑区＝太吉名儀石炭坑区（糟屋郡勢門村）、この年倉賀野荘治に売却
7　中村坑区＝中村壮一郎坑区（嘉穂郡穂波村）
8　中島徳松＝炭鉱経営者、一九一八年三月中島鉱業株式会社を設立、社長
9　田中徳次郎＝九州電灯鉄道株式会社常務取締役、この年十二月九州産業株式会社（のち九州産業鉄道）社長
10　芝関係坑区＝芝義太郎経営末永炭坑（長崎県北松浦郡佐々村）カ

製工所ノ倉庫及営繕ヲ本店ニ移スコトヲ打合ス
午後吉隈坑ニ行キ、山崎君ト桟橋及ヱンドレス道路[1]等ニ付打合ヲナス
故荒木〔典次郎〕医師ノ件ニ関、上三緒坑医ノ件藤森〔善平〕[2]及森崎屋相見ヘ相談アリタ
黒瀬より買物目六六枚吉浦ニ渡ス

五月六日　日曜

午前八時自働車ニ而家内一同出福ス
終日浜の町ニ在宿シテ倉庫ノ整理ヲナス
大分銅山行ノ件ニ付石川〔広成〕[3]及太郎〔麻生〕ノ両人ニ電話ス

五月七日　月曜

午後四時博多駅発ニ而別府ニ行キ、大分紡績会社[4]重役会ノ為メ

五月八日　火曜

午前八時別府・大分ニ行キ、紡績会社ノ重役会ノ室ニテ上野山〔重太夫〕[5]君ト談合ス
一廻遊鉄道[6]ノ線路、九水ノ技手実測ノ件
一水利権出願ノ件　一久原〔房之助〕[7]氏ト協義ノ件（可成発電力ヲ少ナクスルコト）
十二時ヨリ紡績重役会開会アリタ
午後二時二十八分西大分発ニ而中野〔徳次郎〕君ト一同帰途ニツク、折尾より赤間嘉之吉君ト同車ス

五月九日　水曜

午前八時四十分飯塚駅ニ而直方常議会〔員脱〕ニ出席ス
松本〔健次郎〕君ト上京ノ件打合ス

直方十一時四十分発ニ而吉隈坑ニ行キ、打合ナス

五月十日　木曜

本店出務

一白土清四郎関係有井坑区[8]ノ件ニ付御法川ニ申付タリ

一久原坑山経営ノ件及製塩会社[9]ノ件ニ付打合ス

一小出太右衛門・白土正尚〔種〕[10]・白土清四郎相見へ、御法川立会、有井坑区ノ件ノ会談ス、筆記ハ庶務科ニアリ

一若松築港会社中沢〔勇雄〕支配人より上京ノ件電話アリタ

一飯塚木村〔順太郎〕[11]・和田〔和田六太郎〕屋等ノ一行、安田〔耕作〕[12]・川波〔半三郎〕[13]等ノ一行、花見ニ来遊アリタ

1　エンドレス＝炭車運搬用の環状索道
2　藤森善平＝飯塚町長、元飯塚警察署長、のち福岡県会議員
3　石川広成＝麻生商店主事補本店商務部、この月十日久原鉱業所長心得となり転任、一八九六年入店
4　大分紡績株式会社＝一九一二年設立（大分市）、太吉前年一九一六年より取締役
5　上野山重太夫＝九州水力電気株式会社常務取締役
6　廻遊鉄道＝別府温泉鉄道株式会社（未開業）、元別府温泉回遊鉄道
7　久原房之助＝久原鉱業株式会社社長、元藤田組取締役、のち衆議院議員
8　有井＝地名、嘉穂郡庄内村
9　製塩会社＝伊万里製塩株式会社
10　白土正尚は正種父、元戸長・嘉穂郡頴田村長・嘉穂郡会議員、一九〇六年死去
11　木村順太郎＝森崎屋、酒造業、飯塚町会議員
12　安田耕作＝嘉穂銀行監査役
13　川波半三郎＝嘉穂銀行監査役、元飯塚町長

一午後三時より嘉穂銀行及博済会社ノ重役会ニ出席ス

一棚橋氏より明日出福ノ電話アリタ

五月十一日　金曜

午前十時ヨリ出福シ九水会社ニ出頭、梅谷［清一］君及検［監］査役木村［平右衛門］・江藤［甚三郎］・森［千蔵］氏等一同会談ス、電灯料引下ケ問題

一午後七時より九州座[1]ニ行キ、午後九時帰宅ス

五月十二日　土曜

午前八時九水会社へ出頭、棚橋・中野・梅谷ト、電灯料引下ケハ当分延期ノ義東京重役[2]ニ申入ル為メ上京ノ件ヲ申向ケアリタ、若松ハ五十八銭迄引下ケヲ秘蜜ニ通シ、其ノ下ケ料ハ内分ニテ返スコト

谷口［留五郎］知事ニ面会、若松築港会社より出願ノ埋立地所ノ相談セリ、久原関係ノ始末聞取タリ

午後二時より自働車ニ而田山［クマ］さんト帰途ニツク

五月十三日　日曜

午前西野［長五郎］[3]死去ニ付悔ニ行キ、仏前ニテ次男へ西野生前ノ依頼ヲ落涙ヲナシ懇篤申含メタル処、将来一層死父ノ旨意ヲ厳守スルコトヲ申向ケ候間、直チニ其ノ事ヲ霊前ニ報告ナシタリ、此時ハ店員及親藉［ママ］家族等皆居合セリ

綱分坑事務所ニ行キ、高嶋［市次郎］[4]ト打合ヲナシタリ

午後十二時十八分発ニ而吉隈坑ニ行キ、山崎［誠八］・谷口［源吉］[5]両人ニ面談ス、筆記肝要廉付ニアリ、午後六時四十九分発ニ而帰ル

太郎及吉末［三郎］[6]君大分より帰着ス

五月十四日　月曜

昨夜盗難ニ罹リ金三百四十円ヲ取ラレタリ

午後二時西野葬式ニ行キタリ
平恒坑区[7]ノ件ニ付、七ベタ[8]以上ハ中嶋〔徳松〕、以下ハ鈴木[9]関係ニ付、瓜生〔長右衛門〕へも申伝へ同意ス

五月十五日　火曜

午前貴田〔猷、カ〕[10]・下田両氏相見へ、山口屋[11]より家敷〔ママ〕ノ事ニツキ相談セシモ、買入当時ノ書類不明ニ付当分其侭ニスルコトニ返事ス
本店ニ出頭、有井白土〔清四郎〕坑区ノ件ニ付書類草案ス
午後三時五十分飯塚発ニ而上京ノ途ニツク
大道〔良太〕局長・堀三太郎ノ両氏ニ書留ニ而出状ス

1　九州座＝九州劇場（福岡市東中洲）の通称名、一九一二年設立
2　東京重役＝九州水力電気株式会社東京在住重役
3　西野長五郎＝伊之吉こと、元麻生商店主事補芳雄山内坑務課長、一八八八年入店
4　高島市次郎＝麻生商店綱分鉱業所課長、翌年所長
5　谷口源吉＝麻生商店吉隈鉱業所課長
6　吉末三郎＝麻生商店豆田鉱業所長、のち参事
7　平恒坑区＝中島徳松経営大徳炭鉱（嘉穂郡穂波村）
8　七ベタ＝石炭層の名称
9　鈴木＝合名会社鈴木商店
10　貴田猷一＝元飯塚町収入役、元同助役
11　山口屋＝呉服店（飯塚町本町）

五月二十七日　日曜

午後五時博多より自働車ニ而、東京廿六日朝出発、帰宅ス
吉隈坑及赤松〔坂カ〕坑ニ電話ス
團氏相見ヘタルニ付、自働車山野[1]及後藤寺[2]ニ遣ス

五月二十八日　月曜

午前中西四郎平君相見へ、遠賀坑区壱万五千円ニ而売却ノ旨申入アリタルモ、午後本店ニ行キ評義シテ返事スルコトニセリ
共済会社[3]ノ藤井清蔵〔誠造〕[4]君ニ電話ニ而、大蔵省ニ而堀口〔貫道〕[5]氏ニ面会ノコトヲ申向ケタリ
安川氏より出福ノ電話アリ、又團氏自働車ニ而出福ノ事電話アリ、飯塚橋之処ニ待受、午後二時半より同車、出福ス、栄屋迄来リ同家ニ而会談ス、鴨生坑区[6]凡六万坪斗リ売却ノ義内談アリタ
〔欄外〕金壱千円、銀行預金ヲ嘉麻川橋ニ而使より受取タリ

五月二十九日　火曜

午前十二時博多停車場ニ出迎タリ、三井〔元之助〕社長・益田〔孝〕[7]氏等ノ一行
一方亭ニ行キ、夫より平岡〔良助〕・中野〔徳次郎〕[8]両家ニ益田・團ノ両氏出浮カレ御供ス
午後五時一方亭ニ引返ス
一團・益田・安川・中野氏ト会合、敗、九百七十本余
一福村楼〔家〕より福井〔菊三郎〕[9]氏ノ招待ニ相成タルモ、團・益田両氏より引留ラレ欠席ス
〔欄外〕一方亭ニテ四十五円引替ス

五月三十日　水曜

午前福井氏ヲ栄屋ニ訪問ス
團氏相見へ、浜の町ニ而昼飯ヲ出ス
團氏一行ヲ博多十二時三十八分発ニ而見送リタリ
小林〔正直〕[10]其他ノ来賓ヲ一方亭ニ送リタリ
九水会社ニ行キ川嶋〔七郎〕[11]君ニ面会シ、左記ノ談話ス
一将来発電力、一資本金、一利益、一現壱株ニ壱株以上ノ増株ハ、クレムヤム〔プレミヤム〕付ニテ募集スルカ割当ニスル利害研究、一負債金高

1　山野＝地名、嘉穂郡稲築村、三井山野鉱業所所在地
2　後藤寺＝地名、田川郡後藤寺町、三井田川鉱業所所在地
3　共済会社＝無尽共済貯金株式会社（飯塚町宮ノ下町）、元共済貯金株式会社（田川郡後藤寺町、一九一二年設立）この年六月本店を直方町に移し共済無尽株式会社と改称、のち共福無尽株式会社
4　藤井誠造＝無尽共済貯金株式会社社長、貸家業（飯塚町宮ノ下町）
5　堀口貫道＝大蔵省銀行局
6　鴨生坑区＝嘉穂郡稲築村
7　益田孝＝三井合名会社相談役、三池炭山創業記念碑（大牟田市）除幕式のため来福
8　平岡良助＝鉱業家（福岡市天神町）　中野徳次郎＝第一巻解説参照（福岡市大名町別邸）
9　福井菊三郎＝三井物産常務取締役、太吉次男故麻生鶴十郎アメリカ留学中の世話役
10　小林正直＝三井物産石炭部長兼門司支店長
11　川嶋七郎＝九州水力電気株式会社大分営業所会計係

右調査書至急調製ノコト
一午後五時より太右衛門《〔麻生〕》[1]一同自働車ニ而帰宅ス
五月三十一日　木曜
午前八時五十分飯塚駅発ニ而吉隈坑ニ行キ、打合ヲナシタリ
午後六時四十八分臼井駅発ニ而帰宅ス
六月一日　金曜
一午前八時五十分飯塚発ニ而九洲鉄道管理局ニ出頭シ、大道《〔良太〕》局長より運賃直上ケ之件内談アリタ、安川清三郎氏モ
一同ナリシ
一午後一時五十分門司発ニテ帰宅ス
一午前八時五十分飯塚発鎎《〔汽〕》車ニ直方駅より松本健次郎氏ト同車ス
幸袋工作所[2]・九洲コークス《〔ママ〕》会社[3]ノ件内談ス
六月二日　土曜
午前七時飯塚発ニ而大吉楼[4]ニ行キ、福井氏ヲ訪問ス
福井氏ヲ大吉楼ニ而招待ス、多郎《〔麻生太郎〕》・野見山《〔米吉〕》両人来ル
午後益田孝氏来着ニ而晩喰ヲ出ス
大吉楼ニ一泊ス
六月三日　日曜
午前下ノ関大吉楼ニ而朝飯ヲナシ、益田氏病気ニツキ出発見合ノ模様トナリ、午前十時四十五分門司発ニ而急行ニ
乗リ、十二時四十二分博多駅ニ着ス、夫より浜の町ニ来ル

團氏一方亭ニ相見ヘ居ルモ、来客ニ而浜の町ニ待合ス
下ノ関古竹堂[5]ニ而買物百五十円ヲナシタリ
大吉楼ニ女中ニ十五円ト十円、外ニ十五円、合計四十円払ヒタリ

六月四日　月曜

午前九時より一方亭ニ團氏ヲ訪問ス、松永〔安左衛門〕其他多数相見ヘ居タリ
昼飯ヲ團氏ニ出ス、中野・峠、其他吉□〔弘カ〕[6]・村上〔巧児〕[7]等ナリ
午後四時七分博多発ノ急行迄一方亭ニテ遊ヒ、停車場ニ見送リタリ
午後五時五十分ニ而自働車ニ而帰宅ス

六月五日　火曜

午前八時五十分発ニ而直方常議会〔員脱〕ニ列ス、運賃下ケノ件及田川学校寄附ノ件[8]ナリ、工手学校ノ組立ニ着手スルコトニナリタ

1　麻生太右衛門＝太吉長男
2　合資会社幸袋工作所＝一八九六年設立（嘉穂郡大谷村）、業務担当社員伊藤傳右衛門・松本健次郎・麻生太吉・中野徳次郎
3　九州コーク株式会社＝一八九七年設立（遠賀郡戸畑町）、社長赤尾元一、太吉取締役
4　大吉楼＝旅館（下関市阿弥陀寺町）
5　古竹堂＝古美術商、岸本休治（下関市阿弥陀寺町）
6　吉弘素郎＝三井物産元若松出張所長
7　村上巧児＝九州水力電気株式会社営業部長、のち同社常務取締役、九州電気軌道株式会社社長、本巻解説参照
8　田川中学校・田川高等女学校の維持基金及び田川郡の工手学校設立基金

午後一時三十八分発ニ而帰宅ス
本店ニ立寄、野見山ト会談ス
　小林正直氏よりプール[1]組織ノ件
　鴨生坑区ノ内六万坪三井より相談ノ件
　松崎〔三十郎〕氏退隠〔ママ〕ニツキ慰労金送布〔ママ〕ノ件
佐伯〔梅治〕[2]及古川〔専之助〕[3]ノ両氏相見へ宿泊ス、坑山ノ件ニツキ販売方相咄シタリ

六月六日　水曜
下痢症ニ罹リ、尤経〔軽〕症、在宿ス
麻生太〔多〕次郎[4]来リ欠落地所ノ件ニ付会談ス、筆記ハ、三ケ年ノ延期スルコトハ無之、復旧工事ナスコトハ第二項ニ明瞭ナレハ、三ケ年間内ニ請求ノ権利アリ旨申向ケタル処納得シタリ、右筆記済次第高低ノ実測ニ着手スルコト

六月七日　木曜
午前十一時半自働車ニ而浜の町ニ着ス
小林正直君門司午後四時発ニ而出福、一方亭ニテ待合ス
佐伯・古川ノ両氏ニ、三井関係ニ付暫時名儀ヲ出スコトニ遠慮スル[5]コトニツキ、懇謝ナシ置キタリ

六月八日　金曜
午前棚橋君相見へ、九水会社事務取扱上ニ付人操上ニ付懇談ス
午前十時五十分博多駅発ニ而直方委員会[6]ニ列ス
折尾より田辺〔勝太郎カ〕[7]氏等同車ス
午後四時三十六分直方駅発ニ而出福ス

明日招待セシ三井男爵〔八郎右衛門〕[8]晩食ニ応スル旨電話アリタ

六月九日　土曜

午前在宿ス

午後四時堺〔栄〕屋ニ三井男爵ヲ訪問ス

午後五時一方亭ニ行キ、中野・堀氏ニ面会ス

三井男一行ヲ招待ス（壱方亭午後十一時散会アリタ）

六月十日　日曜

午前九時三井男爵ヲ博多駅ニ而見送リタリ

午前十時より自働車ニ而帰宅ス

芳雄製工所[9]ニ行キ、打合ヲナス

1　プール＝三井物産が一九一一年組織した石炭販売制度、当初三井鉱山・貝島鉱業・麻生商店が加入

2　佐伯梅治＝佐伯商店主（大阪市）、麻生商店の石炭販売店、元麻生商店若松出張所長、のち同大阪出張所長

3　古川専之助＝麻生商店主事補若松出張所、のち大阪出張所相談役

4　麻生多次郎＝太吉親族（新宅）、元福岡県会議員、元飯塚町長

5　麻生石炭大阪販売店に麻生の名称を使用すること、麻生商店はプール制脱退準備のため佐伯商店（大阪市）を置く

6　直方委員会＝筑豊石炭鉱業組合石炭鉄道運賃改正ニ関スル委員会

7　田辺勝太郎＝筑豊石炭鉱業組合常議員（古河鉱業）、のち古河鉱業株式会社取締役

8　三井八郎右衛門＝三井合名会社社長

9　芳雄製工所＝麻生商店芳雄製工所（飯塚町立岩）、元製工所、一八九四年設立

農園[1]ニ行キ、帰ル

六月十一日　月曜

午前一本木井堰ニ行キ、方針ヲ申付タリ

赤坂坑・綱分坑ニ行キ、帰途▨〔烏カ〕尾峠[2]改〔開〕鑿道路ニ行詰ニ行キ、帰宅ス

午後二時より銀行重役会ニ列シ、引続博済重役会ヲ済マシ、午後八時迄銀行職員事務取扱心得ヲ西園〔磯松〕ヲシテ作製ナサシム

中沢〔勇雄〕氏より電話ニ而十二日午後二時浜の町ニ面会ヲ約ス

六月十二日　火曜

午前在宿

銀行西園ニ電話ス（事務取扱心得草案ノ件）

午前九時三十分より自働車ニ而浜の町ニ十一時半ニ着ス

山田〔駒之輔〕[3]医師ニ診察ヲ乞タリ

国永〔正臣〕[4]医師ノ手術ヲ乞タリ

田山〔クマ〕へ金十円、礼金申付置キタリ

上野山〔重太夫〕君相見へ、九水整理ノ順序ニツキ打合、尚同君異見ニツキ不同意ナル旨懇〔篤〕得説明セリ

川嶋〔七郎〕君相見へ、決算ニツキ異見ヲ申向ケ置キタリ

六月十三日　水曜

上野山ニ電話シ、将来ノ予算ハ一割二分、決算ハ残余ノ多キ方希望スル旨申向ケ置キタリ

梅谷・棚橋両氏ハ病気ナリシ

午前十一時五十分ノ鏃〔汽〕陣〔車〕ニ而帰宅ス
本店ニ出務、打合ヲナシ、廉書野見山ニ遣ス

六月十四日　木曜

製工所ニ行キ、整理方法、太郎同道、大森〔林太郎〕・大塚〔万助〕・永末〔利光〕5等立会打合セリ
一本木〔井堰〕ニ行キ西側ノ石組ヲナシ、工事ヲ一段落中止スルコト、福間〔久一郎〕・麻生屋両人ニ電話ス
一午後三時五十分ニ而上京ス

七月十七日　火曜

一午前八時自働車ニ而福岡より帰リタリ、典太一同帰ル
一嘉穂銀行ニ出頭、決算書ノ悪敷処ヲ訂正ナシタリ
一午後書類、及東京滞在中及留主中ノ関係、調査ス

七月十八日　水曜

嘉穂銀行惣会ニ列ス、百八十円有田〔広〕氏渡ス
一綿且〔勝〕ニテ午後六時迄遊ヒタリ

1 農園＝麻生商店山内農場（飯塚町立岩）、一九〇八年（一九一〇年とも）設立、石炭廃鉱地試験農場
2 烏尾峠＝飯塚町と田川郡後藤寺町を結ぶ田川郡糸田村と嘉穂郡頴田村間の峠、この月開通
3 山田駒之輔＝医師（福岡市上名島町）
4 国永正臣＝国永ドクトル歯科（福岡市天神町）、九州歯科医学校長
5 永末利光＝利一郎改名、太吉親族、麻生商店製工所兼営繕

七月十九日　木曜

午前八時半ニ而大分ニ行ク

一停車場ニ而藤森〔善平〕氏ト一本木井堰ノ件ニ付会談ス

一行橋より米山・古川ノ九洲〔鉄道院〕管理局員ト同車ス

一午後四時より大分新京楼[1]ニ而招待会ニ列ス、午後十一時過別府ニ返〔ママ〕ル

七月二十日　金曜

別府ニ而九水会議ヲナス、長野〔善五郎〕[2]・麻生〔親八〕・梅谷・上野山・棚橋ト会ス、昼飯ヲナス

一九水地下線譲受ニ付三ケ年間委托スルコト

一合併ニ付希望要件

〆

一藤沢〔良吉〕君来リ、隣地買入及鉄道之件内談ス

七月二十一日　土曜

午前七時別府より十二時四十分博多着、別府よりハ棚橋、小倉よりハ松本・田中・浜崎〔定吉カ〕[3]氏等同車ス

午後二時半一方亭ニ行キ、坑業組合常議会〔員脱〕ヲ済《ス》マシ、大道局長ノ招待会ニ列ス

午後十一時過キ帰ル

金弐十円、勝太郎〔松丸〕[4]渡

七月二十二日　日曜

午前安川氏より電話アリ、滞在ス

一方亭ニ而昼飯ヲナス

瓜生〔長右衛門〕来リ、肥前坑区[5]ノ件ニ付聞取タリ
午後四時より安川・堀一同一方亭ニテ、午後十時過キ帰ル
安川氏より、理化学試検所[6]寄付金之件、及聖福寺川岸工事寄付ノ件ニ付内談アリタ

七月二十三日　月曜

午前三宅〔速〕博士ニ梅谷君診察之件ニ付電話シ、大学病院ニ梅谷君ト同供診察ヲ乞候処、別段病症ナキモ服〔腹〕部ノ試検ノ為メ屏〔屎〕ノ検査ノ注意アリタリ、午前十一時帰宅ス
沼田〔槌蔵カ〕[7]君相見へ、若松築港会社地所買入ノ内談アリタ
　金三百円、伊藤傳右衛門氏より受取
午後五時十五分自働車ニ而黒瀬一同帰ル

七月二十四日　火曜

午前八時五十分ニテ吉隈坑ニ行キ、十時五十分臼井駅発ニ而帰リ、義太賀等津屋崎[8]ニ行キ飯塚駅ニ而見送リタリ

1 新京楼＝料亭（大分市桜町）
2 長野善五郎＝九州水力電気株式会社取締役、大分紡績株式会社長、二十三銀行頭取
3 浜崎定吉＝住友銀行元博多支店長
4 松丸勝太郎＝麻生家別荘山水園（別府町）管理人
5 肥前坑区＝瓜生長右衛門経営立岩炭坑（佐賀県西松浦郡西山代村）
6 理化学試検所＝財団法人理化学研究所、この年設立、所長菊池大麓
7 沼田槌蔵＝この年十一月沼田製鋳所設立（若松市）、元堀三太郎経営第一熊田炭坑（嘉穂郡熊田村）鉱業人
8 津屋崎＝地名、宗像郡津屋崎町、麻生家津屋崎別荘所在地

藤森君相見へ、朝喰ヲナス

七月二十五日　水曜

堀三太郎氏相見へ、平恒坑区ノ件ニ付相談アリタ、鉱手学校設▨〔立カ〕及瓜生関係ノ会談アリタ

博済会社ノ惣会ニ列ス

一本木石井堰〔ママ〕実地ニ臨ミ、福間ニ申付タリ

伊吹〔政次郎〕・田中〔豊三〕[1]両君相見へ、運賃問題ノ願書認メタリ

七月二十六日　木曜

大隈[2]松尾屋ノ件ニ付松岡〔作次郎〕外二人相見へ、銀行ノ口ハ高山[3]ニ引受一切片付タルニ付、謝意ヲ表スルトテ相見ヘタリ

午前在宿

午後中野徳次郎君見舞タリ、合併問題[4]ニツキ打合ス

午後七時半より自働車ニ而太賀吉〔麻生〕[5]等博多ニ来リタリ

本店ニ出頭、平恒坑区ノ関〔係脱〕図并ニ別府宅地ノ件ニ付打合ス

御法川ヲ呼、久原坑山ノ件ニ付打合ス

瓜生長右衛門来リ、肥前坑区ノ件ニ付岸本関係聞取タルモ、要領ヲ得ズ

七月二十七日　金曜

梅谷君相見へ、電灯統一ノ件ニ付、熊本〔逓信脱〕管理局長午後四時博多駅通過ニ付面会延期ノ件、及大山・湯山[6]等ノ設計
ニツキ出金ニ関スル件

田中某来訪セシモ面会断タリ（飯塚人ナリ）

一藤田〔次吉〕・中西相見へ、電話アリタ、一泊セラル

一多〔太〕賀吉等津屋崎ニ自働車ニ而行キタリ
黒瀬ニ金七十円并ニ八円ヲ仕払、目六二枚受取

七月二十八日　土曜

中西・藤田両氏相見へ、藤田氏新宅[7]ノ件ニ付内談アリタ、午前十一時帰宅セラル
一切藤田氏ニ返シ、此際負債一切相片付、麻生商店ニ勤務セラル、コト
午後六時半より自働車ニ而帰宅ス

七月二十九日　日曜

在宅ス
一平恒坑区ノ件ニ付野見山ト電話ス、及九洲コークス〔ママ〕始末[8]ニツキ注意ス

七月三十日　月曜

午前十時半自働車ニ而家内ト出福ス

1　田中豊三＝筑豊石炭鉱業組合庶務主席書記
2　大隈＝地名、嘉穂郡大隈町
3　高山＝吉田九右衛門家、酒造業（嘉穂郡飯塚町上三緒高山）
4　合併問題＝九州水力電気株式会社と九州電灯鉄道株式会社合併問題
5　麻生太賀吉＝太吉孫、のち株式会社麻生商店社長
6　大山・湯山＝九州水力電気株式会社水力発電所
7　藤田氏新宅＝藤田佐七郎家（遠賀郡底井野村）
8　九州コーク株式会社（遠賀郡戸畑町）この年十月清算、太吉取締役

東洋製鉄[1]株之件ニ付久留米菊竹嘉市氏[2]ニ電話シ、五百株申込アリ、尚創立事務所ニモ打電ス
佐賀中野致明氏[3]ハ大森ニ移転アリタ
松永氏より明朝来訪電話アリタ

七月三十一日　火曜

博多毎日[4]社員三輪[十代二][5]君相見へ、金三百円寄付ス
午後六時自働車ニ而本宅ニ帰ル

八月一日　水曜

直方常議員会ニ列ス
午前十一時過直方駅ニ[ママ]而帰宅
嘉穂銀行重役会ニ列ス

八月二日　木曜

自働車ニ而午後二時出福、九鉄[6]本社ニ行キ、松永[安左衛門]・田中[徳次郎]・伊丹[弥太郎][7]ノ三氏及中野君[徳次郎]ト地下線ノ件ニ付会談ス
一方亭ニ中野及自分ニテ田中・松本[永カ]・伊丹・堀ノ四氏ヲ招待ス
一午後十一時過キ帰宅ス

八月三日　金曜

午前十二時吉田磯吉・堀三太郎ノ両氏ヲ福村屋[家]ニ昼飯ヲ招待ス
午前九時堀氏相見へ、吉田君[磯吉カ]より請求之申向ケアリ、又瓜生[長右衛門]関係ノ肥前坑区ノ件モ聞キ取タリ
五万円村井[吉兵衛][8]借入金ヲ払替、名義書換ノ事モ承諾アリタ、又岸本ト折半ノ約定シ、及投入セシ資本二万円ヲ岸本承諾シ、掘方スル迄ニ六千円ノ入用金モ貸付スルコトニセリト、親切ナル咄シアリタ

壱方亭ニ行キ、堀・中野・田中ト会合ス
　金九十円、お梅ニ渡ス、（浜菊渡ノ分
　同五十円、お梅・お菊[9]祝義
［欄外］十二円ハ三井ノ時ノ祝義取かへナリ
　八月四日　土曜
午前十時自働車ニ而本家ニ帰宅
一本店出務
一製工所ニ行キタリ
一豆田吉末［三郎］氏方ニ悔ミニ行キタリ（自働車ナリ）
　八月五日　日曜
午前十二時自働車ニ而底井野笹屋ニ行キ、佐七郎不身持ニツキ親藉［ママ］会儀ノ上、分与セシ予約ノモノハ惣而笹屋ニ返

1　東洋製鉄株式会社＝この年一九一七年十一月設立、太吉取締役
2　菊竹嘉市＝久留米商工会議所会頭、金文堂書店経営
3　中野致明＝元九州電灯鉄道株式会社取締役、元広滝水電株式会社取締役、元佐賀商業会議所会頭、この年八月死去
4　博多毎日＝博多毎日新聞（福岡市博多片土居町）、一九一四年創立一九二一年廃刊、中立系新聞、通称赤新聞
5　三輪十代二＝博多毎日新聞営業部長
6　九鉄＝九州電灯鉄道株式会社、一九一二年六月博多電灯軌道と九州電気の合併により成立（福岡市）
7　伊丹弥太郎＝九州電灯鉄道株式会社長
8　村井吉兵衛＝向山炭坑（佐賀県西松浦郡西山代村）経営者、村井銀行頭取、元煙草王
9　お梅・お菊＝料亭一方亭（福岡市外東公園）女中

シ、炭坑ニ従事シ、改身ノ上ハ親藉之一同相談ノ場合ハ、仮令藤田氏死亡跡ト雖モ已前ノ分与セラル、コトヲ藤田氏より証言アリタ、立会人麻生屋・中西・朝原・室屋五人立会ノ上ナリ

午後七時より赤間越[1]ニ而自働車ニ而出福、途中城山ニテ山辷リ之為通路狭ク、人夫ヲ雇立切広メ、午後十一時浜の町ニ着ス

八月六日　月曜

午前八時ヨリ地下線問題ニ付打合ノ筈ナリシモ、松永君他出アリ、午後五時一方亭ニテ会会〔ママ〕ノ電話アリタ

堀氏相見へ、平恒坑区交換問題ニ付会談ス

午後五時ニ至ルモ通知来ラザルニツキ、田中〔徳次郎〕君ニ電話シ、中野・田中・伊丹ト自働車ニ而一方亭ニ行キ、地下線引渡、投資格ニ一割ノ補償ナス意味ヲ確報ス、為念棚橋君ニ資本額確カメルコトニテ散会ス

八月七日　火曜

棚橋君ニ地下線ノ資本額ニ付電信ス、同時麻観〔麻生観八〕君ニも電報ス

午前六時四十分博多[2]駅発ニ而門司管理局ニ行キ、大道局長ニ面会ス、若松積入場ノ件ハ願書及新手上京陳情ニ付同意アリタ

午前十一時三十五分門司駅発ニ而帰途ニツク

本店出務、筑後炭田ノ件ニ付相羽〔虎雄〕君ト打合ナス

八月八日　水曜

午前出店

藤田左〔佐〕七郎君相見へ、森崎屋・中西〔四郎平〕両氏及本店重役一同立会シ、将来品行上ニツキ同人親シク申諭シタリ

一粕屋坑区壱万五千円ニテ買収セリ、不毛〔フケ〕ノ分ハ此ノ割合ノ外ニ三百円増加スルコトニセリ

一午後四時飯塚駅発ニ而吉隈坑ニ行キ、山崎・谷口ト打合ス
一平恒坑山交換ニ関スル書類堀氏ニ為持遣ス
一堀氏ハ八十万坪ハ過当ナラントノ見込ニ而、直接関係アル八万五千余坪ニ減スルコトニセリ

八月九日　木曜

午前本店出務
平恒坑区交換ニツキ調査書ヲ製シ、野見山、堀氏ニ為持遣ス
綱分・赤坂・上三緒ニ出坑ス、帰途一本木井堰ニ立寄タリ

八月十日　金曜

午前花村久助氏[3]相見へ、山野坑区[4]壱万四千五百円ニテ買入スルコトニセリ、外ニ五百円花村ニ遣ス、上層尺無シ[5]ハ買収外ナリ

八月十一日　土曜

上京ノ予定ナリシモ、下痢ノ為メ出発延引シ療養セリ
相羽〔虎雄〕・花村〔久兵衛〕[6]等相見へ、上三緒坑電機ホンプノ件ニ付打合ナシタリ

1　赤間越＝城山峠、遠賀郡岡垣村と宗像郡吉武村を結ぶ峠
2　管理局＝鉄道院九州鉄道管理局
3　花村久助＝かつて太吉と笹原炭坑共同経営、元飯塚町会議員
4　山野坑区＝嘉穂郡稲築村
5　尺無シ＝石炭層の名称
6　花村久兵衛＝株式会社麻生商店上三緒鉱業所機械課長、嘉穂電灯株式会社主任技術者

八月十二日　日曜

伊吹君相見へ、積入場設備ノ件ニ付願書持参アリ、門司港設立云々ヲ消〔削カ〕リ出願ノ義申談シタリ、又田川学校ノ件モ打合ス

金五百円、上京ニ付吉浦より受取

八月十五日　水曜

八月十六日　木曜

午後十二時半東京より帰着ス

眼鏡之件ニ付下ノ関駅長ニ電話ニ而取調方相談ス

坑業組合伊吹来リ、勝野坑山[1]坑夫休業ニ関スル顛末ニ付打合ナシタリ

八月十七日　金曜

午前西中洲[2]堀別荘ニ訪問、吉隈坑区中嶋封一段落相片付タル事ニツキ挨拶ス

一午前十二時一方亭ニ而中根〔寿〕・堀・伊藤ノ三氏ト会合シ、坑夫使役上ニ付内談ス

一午後八時頃浜の町ニ帰ル

八月十八日　土曜

午前浜の町ニ日田帆足〔悦蔵〕[3]君相見へ、大山川[4]ノ電力発電所ノ件ニ付地元ノ事情会談アリタ

午前九時博多駅発ニ而帰途ニツク、九水ノ村上〔巧児〕君・貝嶋ノ中根君ハ直方駅、伊藤傳右衛門君ハ福間駅より中間駅迄、

直方駅より野見山ト同車ス

若松築港会社本田〔本庄鹿五郎カ〕[5]技師相見へ、九管局長ト浚渫船ノ一件、及東洋製鉄埋立地ノ件ニツキ会談ス、午後三時半ニ而帰宅セラル

八月十九日　日曜

一午前在宿

一占部太平〔重光〕[6]君相見へ、埋立地ノ件[7]ニツキ内談アリタルモ、此際断然中止可然ト意見申向ケ置キタリ

一午後一時半忠隈迄人力ニ乗リ、同地より歩行シテ吉隈坑ニ行キ、山崎・谷口両君ト打合ナシタリ

一吉隈午後七時発ニ而帰宅ス

八月二十日　月曜

一午前八時五十分飯塚駅発ニ而出福、直方駅迄野見山、小竹より博多迄明治ノ白土〔善太郎〕[8]ト同車ス

一下ノ関宮崎議〔儀〕一[9]君より進〔侵〕掘ノ件ニ付電話アリタ

一鉱務署目黒氏〔末之丞〕[10]ニ自宅ニ訪ヒ、宮崎進掘一件ニ付内談ス（元阿部坑区[11]住友権利者ナリ）

1　勝野坑山＝古河西部鉱業所目尾炭鉱（鞍手郡勝野村）
2　西中洲＝地名、福岡市、堀三太郎別荘は正確には筑紫郡住吉町春吉
3　帆足悦蔵＝大分県会議員、大分県参事会員
4　大山川＝筑後川水系（大分県日田郡）、津江川・杖立川（熊本県）が大分県日田郡で合流すると大山川となる
5　本庄鹿五郎＝若松築港株式会社技師、工事係長
6　占部重光＝一九一五年太平を改名、津屋崎活洲株式会社長、醬油醸造業（宗像郡津屋崎町）
7　津屋崎湾（宗像郡津屋崎町）埋立
8　白土善太郎＝明治鉱業株式合資会社支配人兼第一・二・三坑長
9　宮崎儀一＝宮崎豊州炭鉱（田川郡安真木村・川崎村）経営者
10　目黒末之丞＝福岡鉱務署課長、技師
11　阿部坑区＝元阿部市兵衛所有坑区（飯塚町鯰田）

一宮崎儀一ノ代理者杉浦芳太郎君、浜の町ニ相見ヘタリ
一松嶋屋ニ中嶋［久万吉］[1]男爵訪問シ、大分内務部長［長延連］・井手［佐三郎］市長ト相見ヘタリ、野村久一郎[2]より宴会出席ヲ促サレ、出席ス
一福村屋［家］ニ大分内務部長連ノ九水より宴会ニ列ス

八月二十一日　火曜

一工化［科］大学服部［鹿次郎］[3]学長ヲ大学ニ訪問シ面会ナシ、中嶋男爵招待ニ付臨席ノ義案内シ、又工化先生方ニモ案内ノ義相托シタリ
一川越［壮介］内務部長ニ県庁ニ而面会ス
一谷口［留五郎］知事ニ面会ス
一麻生観八君ニ出状ス
一壱方亭ニ而午後六時招待シ、出席者浜の町ノ日記ニ記ス

八月二十二日　水曜

一午前九時中嶋男爵・長［延連］内務部長博多停車場ニ見送リタリ
一谷口知事ニ面会シ、洞海湾内ニ関スル東洋［製鉄］敷地ノ一件打合、責任ヲ以便利ヲ謀ルト言フ事ヲ明言アリタ
一九水会社ニ出頭、梅谷・村上ノ両氏より湯山・大山川ノ発電所一件聞取タリ
一午後四時急行ニ而帰宅ス、博多駅より折尾迄吉田磯吉君ト同車ス

八月二十三日　木曜

午前本店出務
十二時三十分飯塚駅発ニ而製鉄所ニ行キ、服部［漸］[4]氏ニ東洋製鉄敷地ノ件ニ付面会ス
電車ニ而直チニ引返シ、陣ノ原[5]ヲ実地踏査ス

鍰［汽］車中三井炭坑工学校々長[6]［神作浜吉］ト八幡迄同車、帰途ハ上田ト同車ス
九水電話ニ而上野山日田行ニ付、別府行ヲ見合タリ

八月二十四日　金曜

午前山内坑ニ行キ、第一坑電機ホンプ・第二坑電機ホンプ、其他納屋建設場所等実地ニツキ打合ナシ、又久原坑より坑夫雇入ニ付打合ス
午後本店出務、午後五時頃帰宅ス、延［誕］生日[7]ニツキ孫等一同打揃タリ

八月二十五日　土曜

午前本店出務、午後五時帰宅
製工所ニ立寄、納屋建設ニ付注意ス
久原坑々夫雇入ニ関シ御法川君ト申合ス
本家ニハ川原茂助［輔］君来ル、留主中ニ而帰宅セラル

1 中島久万吉＝日本工業倶楽部専務理事、元桂首相・西園寺首相秘書官、のち商工大臣
2 野村久一郎＝香椎海面埋築株式会社取締役、元若松築港株式会社取締役
3 工科大学＝九州帝国大学工科大学
4 服部漸＝製鉄所次長
5 陣ノ原＝地名、遠賀郡折尾村陣原
6 三井炭坑工学校＝三井工業学校、三年制甲種工業学校として一九〇八年設立（三池郡大牟田町稲荷）
7 太吉誕生日、安政四年旧暦七月七日生

八月二十六日　日曜

午前在宅
午後十二時三十分飯塚駅発ニ而、九鉄田中君面会ノ為メ折尾より八幡駅迄ニ至リ、地下線投資額、村上より受取タル金額ニ付他日間違ナキ様確報ノ約ヲナシ、帰宅ス
午後四時飯塚着、直チニ吉隈坑ニ行キ、山崎君ト坑業上ニ付打合ヲナシ、午後七時帰宅
佐賀経吉相見へ、御徳坑区瓜生〔長右衛門〕[1]維持出来ザルニツキ、学校移転費ヲ貸与ノ相談ノ末、堀氏〔三太郎〕ニ引受相談ノ事ニ変シ、実測図ヲ調査スルコトニセリ、瓜生モ来リ打合ス

八月二十七日　月曜

一在宿
一麻生屋・中西四郎平・相羽ノ三氏相見へ、各坑区出願ニツキ打合、夫々相羽君ノ名義ニテ出願セリ
一中西君ニハ金三百円宇美坑区ノ周旋料トシ、下層約定出来候時ハ、金弐百円ト金時計（自分所有ノ分）相遣ス約ナリ
一伊吹より電話アリ、二十八日直方会義〔ママ〕ニ出席ノ義承諾セリ
一瓜生御徳坑山ニ付図面持参セシモ甚タ要領ヲナサズ、堀氏ニ引受相談ノ事ヲ頼ミタリ
一堀氏ニ電話セシニ、明二十八日午後出福スルニツキ面会之事ヲ約ス
一多加吉〔麻生太賀吉〕負傷ノ電話アリ、伊藤君〔傳右衛門〕ノ自働車ヲ借受、午後二時ニ着ス
一下ノ関宮崎至急電信アリ、侵掘事件ニ付鉱務所〔署〕ニ懇願ノ事ヲ頼ミ来リタリ

八月二十八日　火曜

一宮崎勇君[2]相見へ、侵掘事件ニ付野田〔勇〕鉱務署長ヲ訪問ス

一目黒〔末之丞〕氏ヲ前項事件ニ付面会ス、二十九日鉱務署ニテ打合ヲ乞コトニナリタ

八月二十九日　水曜

坑〔鉱〕務署ニ出頭セリ、目黒氏ニ面会シ封鎖ノ件ニ付打合、四片[3]以上ハ見合スコトニナリ、其旨直チニ水野旅館[4]宮崎ニ通知ス

九水より電話アリ、上野山〔重太夫〕午後四時着ニ付待合呉レ候様申来リ

上野山相見へ、種々打合ナシタ、晩食ス

八月三十日　木曜

浜の町ニテ上田ト電話シ、竹田水電[5]株買入ニツキ打合セ、別府藤沢〔良吉〕ニ電報ス

佐賀経吉ト電話シ、御徳坑区五尺・三尺[6]採掘禁止ヲ解除スルニハ、地主カ又ハ関係者アルカ、午後四時瓜生着博

ナシタラ鉱務署調査シ打合セ、二時半より自働車ニ而帰宅ス

八月三十一日　金曜

午前在宿

佐賀経吉君来リ、御徳坑区ノ件ニ付直方堀氏ニ至急電話ヲナシ、引受方相談ナシ、佐賀経吉ヲ三時五十分飯塚駅発

1　御徳坑区＝鴻之巣炭坑（鞍手郡勝野村）
2　宮崎勇＝宮崎儀一の子（下関市名池山）
3　四片＝捲卸を中心として左右に掘進された上から四番目の坑道
4　水野旅館＝福岡市東中洲
5　竹田水電＝竹田水力電気株式会社（大分県竹田町）、一九〇〇年八月開業、一九四〇年一月九州電気株式会社（熊本市）に合併
6　五尺・三尺＝石炭層の名称

ニ而行ク

九月一日　土曜

在宿

午後二時嘉穂銀行重役会ニ列シ、午後六時帰宅

瓜生長右衛門来リ、御徳坑山ノ事ニツキ佐賀より電報ニ付会談セシモ要領ヲ得ズ、二日ニ佐賀ト打合ナスコトニセリ

九月二日　日曜

午前八時半より瓜生御徳坑山ノ一件ニ付自働車ニ而出福ス、瓜生ト佐賀ト行違ニナリ、午後四時会談ス

星野〔礼助〕[1]氏及目黒氏ニ電話ニ而御徳坑山ノ件ニ付異見ヲ乞タリ、採掘追徴金ハ過当ト見ルモ犯罪ハ充分ナリトノ異見ナリ

一宮崎勇・松浦ノ両氏相見ヘタリ

九月三日　月曜

鉱務署ニ野田署長ニ訪問、宮崎ノ件打合、吉田〔良春〕[2]氏相見ヘ打合、昼飯ヲナス、宮崎両人モ一同ナリ

野田署長相見ヘタリ

堀氏相見ヘ、御徳ノ坑山譲受ノ相談承諾ヲ乞タリ、佐賀・瓜生一同ナリ

福村屋〔家〕ニ案内ス、午後八時帰ル

九月四日　火曜

鉱務署野田署長及目黒氏ニ会談ス、堀氏も相見ヘタリ

一宮崎連弐度訪問アリタ

谷口知事ニも東洋製鉄所ノ件ニ付打合ス
笹屋相見へ、佐七郎ノ件ニ付打合ス、昼飯ヲナス
中西相見へ、坑区ノ件ニ付打合ス
午後四時自働車ニ而帰ル
永田仲子[3]病気ニ而来リタリ、山田〔駒之輔〕医師ノ診察ヲ乞タリ
一佐賀君二度訪問ス

九月十三日　木曜

午後四時博多駅発ニ而別府ニ出発ス、別荘滞在ス
鎎〔汽〕車中山口恒太郎・上野山・梅谷ノ諸氏ト同車ス
小倉より□氏ト同車、日出駅迄同車ス
午後九時着ス

九月十四日　金曜

午前九時半電車ニ而大分ニ行キ、九水会社ニ而梅谷・上野山ノ両氏ト打合ス
新妻〔駒五郎〕[4]知事面会、地元郡長・警察署長ニ内達ノ件、及右ニツキ県庁ノ援助ノ件

1　星野礼助＝弁護士（福岡市）
2　吉田良春＝住友若松炭業所支配人、筑豊石炭鉱業組合常議員、若松築港株式会社取締役、のち住友理事
3　永田仲子＝豊竹呂昇、女義太夫
4　新妻駒五郎＝大分県知事

今井〔三郎〕[1]辞任ノ件ニ付和田〔豊治〕[2]相談役ニ急電ス
新京楼ニ而宴会、午後九時四十八分ニ而𨫤〔汽〕車ニ而帰ル

九月十五日　土曜

今井技師辞任ノ件ニ付、和田相談役ニ至急電信ニ而考慮セラル、様申向ケタリ
同上ニ付書状ス
麻生観八君相見ヘ、日田郡有志者招待会ノ件ニ付懇談アリ、十七日日田ニ行ク事ニ申合ス

九月十六日　日曜

中西四郎平君相見ヘ、豊前坑区[3]ノ件ニ付懇談ス
麻生観八君相見ヘタリ
今井技師相見ヘ、辞任ノ件ニ付懇談ス
小野原弁護士藤沢良吉同供相見ヘ、巡遊鉄道[4]ノ件ニ付打合ス
野上・右田発電所[5]ノ件ニ付書状ス
午後七時別府発ニ而福岡ニ向ケ出発ス、𨫤〔汽〕車中大道局長ト小倉迄同車ス

九月十七日　月曜

午前十二時四十分博多駅着、直チニ自働車ニ而浜の町ニ着ス
野田鉱務署長ニ役所ニ出頭面会シ、廿一日迄宮崎〔儀一〕処分ノ件ニツキ延期ヲ懇談ス
御法川及相羽ト豊前坑区及遠賀坑区ノ件ニ付打合ス
午後一時半ヨリ自働車ニ而麻生観八氏ト同車、日田町松栄館[6]ニ泊ス
一〔市〕山亭[7]ニテ郡長・町長等宴会ス

九月十八日　火曜

郡[日田]役所ニ出頭、郡長ニ九水一件ニツキ親シク懇談ス
淡窓[広瀬][8]先生ノ図書館及工手品　列[空白、陳カ]所ニ郡長ト行キタリ、淡窓先生図書館ニ金壱百円、茶棚十二円ニ而買入タリ
四時亭[9]ニ於テ九水社員ヲ招待ス（昼飯）
後藤[龍蔵][10]・麻生[観八]・帆足[悦蔵]・町長等臨席ヲ乞タリ
敬[警]察部長[11]松栄館ニ一泊アリタ、一[市]山亭ニ於テ二時[次]会ヲ催シタリ、博多より罷六及老妓三名来リ

九月十九日　水曜

女子畑発電所[12]ヲ実視ス、麻生観八君同行ス

1　今井三郎＝九州水力電気株式会社技師長、のち常務取締役
2　和田豊治＝九州水力電気株式会社相談役、富士瓦斯紡績株式会社長、本巻解説参照
3　豊前坑区＝田川郡安真木村坑区カ
4　巡遊鉄道＝別府温泉鉄道株式会社（未開業）、元別府温泉回遊鉄道
5　野上発電所・右田発電所＝九州水力電気筑後川水系水力発電所（大分県玖珠郡野上村）、一九二〇年完成
6　松栄館＝旅館（大分県日田町豆田町）
7　市山亭＝料亭（大分県日田町豆田町）
8　広瀬淡窓＝江戸時代末期の儒学者、咸宜園主宰
9　四時亭＝料亭（大分県日田町隈町）
10　後藤龍蔵＝日田郡会議長
11　警察部長＝間野一大分県警察部長
12　女子畑発電所＝九州水力電気筑後川水系水力発電所（大分県日田郡中川村）、一九一三年完成

減水ノトキ調査ノ件
貯水池ニ関スル件及調査ノ件
右ニ付掛員ト打合ス
一郡長外二十四人一〔市〕山亭ニ午後六時より招待ス、野田卯太郎君モ同席ス

九月二十日　木曜

午前十一時半自働車ニ而博多老妓ト久留米廻リニテ弐時半着、共進亭ニ於テ昼飯ヲナシタリ
九水ニ行キ、上野山ト電話ス
道路寄付ハ地元ノ寄付ニ変リニテ承諾スルコト
物価高直〔値〕ニ、工事増加モ割合ニテ増加ノ獲〔覚〕悟スルコト
契約中協義ト云フ問題ハ、先方より申立ル迄ハ何等当方より不申出様注意ノコト
右ハ惣而自分モ責任ヲ負フ事迄申向ケタリ

九月二十一日　金曜

宮崎君相見ヘタリ
長谷川〔晋二郎〕弁護士相見へ、坑区代金受引ノ件ニ付談合ス
鉱務署ニ出頭、野田〔勇〕氏ニ面会、宮崎ニ関スル才判所書類▨〔奉カ〕呈ス
棚橋君ニ九水会社ニ而会談ス
午後六時一方亭ニテ下田〔守蔵カ〕[1]氏より招待ニツキ出席ス
朝来案内ニ下田氏相見へ、又伊藤〔傳右衛門〕君ニモ電話ス、中の〔徳次郎〕三人ナリシ

九月二十二日　土曜

鉱務署ヨリ電話ニ而、調査ノ結果拡張才判所ニ処分ヲ乞旨申向ケアリタ

星野弁護士及宮崎君相見ヘタリ

下沢善右衛門[2]・鶴田〔多門〕[3]・野村〔久一郎〕[4]・河内〔卯兵衛〕[5]ノ四氏相見ヘ、大分越[6]ノ鉄道ニツキ賛成ノ件相談アリタルニ付、左記ノ異見ヲ陳ス

　先年ハ地元ノ資本ヲ以計画スルハ時宜ニアラザルモ、今日ノ如ク工業ノ発展セシ以上ハ、最早福岡県トシテハ大分越ニ鉄道ヲ布設シ東部ニ連継シ、陸上ノ発展ヲ謀リ築港ノ隆盛ヲナスハ急務ナリ、中村〔精七郎〕[7]・山本〔豊吉カ〕[8]等ノ諸氏ニ十分株主タルコトヲ希望スル旨申向、尚鉄道ハ十分勾配等注意アル様申向ケ置キタリ

午後四時博多駅〔ママ〕ニ而帰ル

九月二十三日　日曜

午前在宿

1　下田守蔵＝三井銀行、元博多支店長、のち総元方
2　下沢善右衛門＝大分《だいぶ》軽便鉄道株式会社発起人、博多小間物商、元田川採炭会社重役
3　鶴田多門＝大分軽便鉄道株式会社発起人、両筑軌道株式会社取締役、九州工務所長（福岡市西中洲）
4　野村久一郎＝大分軽便鉄道株式会社発起人、元福岡県会議員、元若松築港株式会社取締役、元豊州鉄道株式会社取締役
5　河内卯兵衛＝大分《だいぶ》軽便鉄道株式会社発起人・創立委員
6　大分＝地名、嘉穂郡大分村
7　中村精七郎＝博多湾築港株式会社長、海運会社中村組社長
8　山本豊吉＝鳳炭坑・筑紫炭坑（遠賀郡水巻村）経営者

中西氏ニ豊前坑区及遠賀坑区ノ件ニ付電話ス、遠賀ハ弐万円ニテ承知セリト返話アリタ、豊前ハ六千円ト外ニ弐千円ヲ渡シ、南部ニ五尺炭含有セシ時ハ増金ナスコトハ不苦ト答ヱ置キタリ
九水ト電話シ、廿四日大分会出席スルコトニセリ
京都ガス会社重役三浦［一］[1]氏、佐伯［梅治］・古川［専之助］ノ両氏一同相見へ、坑山巡視セラル

九月二十四日　月曜

午前八時五十分飯塚駅発ニ而大分九水会社ニ重役会ニ臨ミタリ
一二万キロノ件ハ七厘五毛、一割四分ナラハ致方ナシ、又壱万六千キロハナルベク務ムベシノ文字ニ必主張セラルコトニ決ス
一日田郡地元協義ノ件ニ付有志者面会、及郡長・署長等面会シ、意向ノアル処ヲ上野見山［ママ］ニ注意ス、尚掛員モ夫々復旧又ハ加勢等ナシ、十分ノ手当方申含メタリ
〆
午後六時四十五分大分駅発ニ而別府ニ帰ル

九月二十五日　火曜

上野山へ電話シ、日田署長ノ件及委員贈与品手心スル様注意ス
麻生観八氏ト電話ス、一段落相片付タルニ付、今後ハ重要ノ件ノ時照合ヲ乞タリ
午後二時四十分別府駅発ニ而帰途ニツク
鑛［汽］車中棚橋・上野山両人ニ面会、日田郡ノ一件ニ付大山川ノ方ヲ先キニシテ女子畑ノ方ハ後廻シニスル様注意セリ
一金十円且太郎［松丸勝太郎］ニ渡、大道氏御夫人ニ送物代トシ渡ス

九月二十六日　水曜

午前八時四十五分ニ而吉隈坑ニ行キ、山崎・大森ト左ノ協議セリ

一塊炭・小塊現在ノ侭ニテ、塊炭ノベルトヲ縮少シ、塊炭ヲ送リ返シ、クラシヤニテ粉炭ニシテ、直接積入ナスコト

一築堤ノ侭ニテヱンドレスノ仮運転ヲナシ、土盛スルコト

一野見山受負口ノ不毛《フケ》ノ方ニホーリングヲスルコト

午後三時三十分ニテ帰宅ス

九月二十七日　木曜

一午前七時十分飯塚駅発ニ而築港［若松］会社重役会ニ出席ス

会議ノ問題種々有之候モ、久原［房之助］[2]氏交渉問題返書ヲ出スコト

貝嶋埋立問題ニツキ注意ス

一午後二時廿五分若松駅発ニ而帰宅ス

一稲田［龍吉］[3]・山田［駒之輔］両先生往診ヲ乞、自働車ニ而迎ヒ、午後九時帰福セラル、、高嶋［市次郎］自宅ニ而診察ヲ願タリ

九月二十八日　金曜

午前九時半より出福ス、十一時半浜の町ニ着ス

1　三浦一＝京都瓦斯株式会社（一九〇九年開業、京都市）取締役、元同社支配人

2　久原房之助＝久原鉱業株式会社長、元藤田組取締役、のち衆議院議員

3　稲田龍吉＝九州帝国大学医科大学教授、のち東京帝国大学教授

一方亭ニ行キ、安川・伊藤・中のト会合ス
午後十一時帰宅ス
浜の町ニハ佐伯[梅治]等ノ一行会合アリ、野見山一泊アリタ

九月二十九日　土曜

一支那人ノ事[1]ニ付、赤松梅吉・小野保三[2]外一人訪問アリ、上田面会シ、三菱・三井・古川[河]・住友ノ四家ニ内談アリ、又組合[3]ニ於テハ出来得ル限リ尽力スル旨、上田ヲ以答ヘタリ
一中西氏相見ヘ、遠賀坑区ハ三十八万坪ニナリ[ママ]迄ハ北側ノ坑区ヲ増加スルコトニシテ、壱万五千円ヲ仕払、五千円ハ許可後ニテ約定ナシタリ
一宮崎氏相見ヘタリ
一嘉穂銀行ニ取付ノ事ニツキ聞取タリ
一古沢[好雄カ][4]先生相見ヘ、鉱山ノ事ニ付内談アリタ
一堀氏ニ電話シ、中嶋交換決定ノ電話アリ、両三日中手続キノ事電話アリタ
一午後一時半自働車ニ而野見山ト帰途ニツク
一金百二十円黒瀬買物ニ渡ス
一瓜生長右衛門来リ、上京ノ用向報告ス

九月三十日　日曜

在宿
伊吹君相見ヘ、管理局より船入場使用ノ件ニ付答伸[ママ]書ヲ出スコトニ打合ス
吉末[三郎]君ヲ呼ヒ、支那鉱区ノ件ニ付打合ス

楽市坑区[5]ノ件ニツキ野見山ト打合ス

十月一日　月曜

一午前十時綿且〔勝〕ニ伊藤傳右衛門君相見へ、昼飯ヲナス（鶏ノ鍋焼キ、従来ナキ珍味ナリ）

一楽市坑区ノ件ニツキ麻惣〔麻生惣兵衛〕君相見へ、一旦取消シ呉レ度キトノ事故承諾セリ

一重役会ニ列シ、銀行ニ取付ノ始末ニツキ協議ス

一麻生惣兵衛君より楽市坑区炭脈尚調査呉レ候様申向ケアリタルニ付、電話ニ而交渉ヲナシ、明朝迄延期ト申事ニナリタ

十月二日　火曜

一相羽・岡田〔常吉カ〕[6]・原口相見へ、綱分坑下層採掘上ニツキ打合ヲナシタリ

午前八時半自働車ニ而出福ス

福村屋〔家〕ニテ野田〔卯太郎〕・吉原〔正隆〕[7]・猪股〔猪俣為治〕[8]ノ三氏ト昼飯ヲナス

1　中国人労働者を日本国内の鉱業に雇用すること
2　赤松梅吉＝山東省青島静岡町住　小野保三＝山東省張店栄町住
3　筑豊石炭鉱業組合、組合は福岡県への中国人労働者雇用陳情書提出を断わる
4　古沢好雄＝九州帝国大学医科大学講師
5　楽市坑区＝嘉穂郡穂波村
6　岡田常吉＝麻生商店山内坑主任兼人事、元藤棚事業方
7　吉原正隆＝衆議院議員
8　猪俣為治＝福岡日日新聞副社長、元主筆

加納〔久宜〕[1]子爵相見ヘタリ
　金三百円、吉浦氏より受取
　十月三日　水曜
午前九時加納子爵ヲ博多停車場ニ見送リタリ
午前十一時九鉄ノ浚〔竣〕工[2]式ニ出席ス
浜の町ニ滞在ス
午後六時より公会堂[3]ニ九鉄ノ宴会ニ出席ス
午後八時過キ帰宅ス
　十月四日　木曜
午前浜の町ニ滞在
梅谷君相見ヘタリ
宮崎君相見ヘタリ
感化院福岡学園団長戸田大叡氏及渡辺綱三郎[4]相見ヘタリ、五十名ノ組織ニテ予算通知ノ約ヲナシタリ、百名ハ又
賛成ト明言セリ
午前十一時半より自働車ニ而帰宅ス
水野旅館ニ帆足〔悦蔵〕氏訪問ス、打合ヲナシタリ
　十月五日　金曜
午前八時四十分吉隈坑ニ行キ、午前十時四十三分臼井駅発ニ而帰宅ス
一午後二時自働車ニ而女中同車、小林〔正直〕[5]氏送別会ニ列ス

十月六日　土曜

一方亭ニ行キ、小林外一人ト石炭販売上ニツキ打合ヲナス

一山地《［善七カ］》氏[6]ト午後三時半迄一方亭ニ而会喰シ、博多駅三時五十分ニ而門司ニ行キ、小林氏ヲ見送リ、午後十一時過キ帰宅ス

十月七日　日曜

午前九時自働車ニ而楽一《［市］》坑区調査ス

瓜生長右衛門同供セシモ、楽一より帰宅ス

谷口《［源吉］》外一人ト午後二時過キ迄貝嶋坑区ノ調査ス

午後三時三十分天道駅発ニ而長尾駅[7]ニ至リ、豆田坑山ニ行キ、午後五時長尾駅発ニ而帰宅ス、西側ノ□《［旧カ］》線より西側地所調査ノ事ヲ申付置キタリ

十月八日　月曜

午前本店出務

1　加納久宜＝麻生太郎・野田勢次郎岳父、十五銀行取締役、貴族院議員、元鹿児島県知事
2　九州電灯鉄道株式会社本社（福岡市天神町）新築竣工式
3　公会堂＝福岡県公会堂（福岡市西中洲）
4　渡辺綱三郎＝九州水力電気株式会社監査役、福岡市会議員
5　小林正直＝三井物産門司支店長、取締役就任により東京転勤
6　山地善七＝三井物産株式会社門司支店、この月東京転勤
7　天道駅＝長尾線（嘉穂郡穂波村）、長尾駅＝長尾線（嘉穂郡上穂波村）、のちの桂川駅

御法川ト、佐賀坑区□田某ノ分・長谷川［晋二］弁護士関係セシ分、打合ヲナス
吉末［三郎］君支那行打合ス
　中西君豊前坑区手数料三百円相払候様麻生や［屋］ニ申伝ヘタリ
十一時半緒方［道平］氏葬式[1]ニ列ス
棚橋君ニ地下線之至急埒明候様出状ス

　十一月十日　土曜

午前自働車ニ而福岡より帰宅
嘉穂銀行重役会ニ出席ス
午後八時帰宅ス
　金壱百円受取

　十一月十一日　日曜

午後三時自働車ニ而中野君ト一同出福ス
一方亭ニ堀・中野両君ト会合ス
　金弐百円受取

　十一月十二日　月曜

堀君相見ヘ、中嶋［徳松］ト坑区交換問題ニツキ間違セシ件ニ付吉田［磯吉］[2]君ニ面会ノ件、瓜生［長右衛門］御徳坑区ノ件ニ付親切ノ咄シアリ、又伊万里坑区ノ件モ同氏ノ見込聞キタリ
一地下線問題ニツキ一方亭ニテ松永・田中・中野ノ三氏ト会合シ、良川［豊川良平］[3]氏承諾ノ上調印スルコトナリシ故、再考スルコトセリ

一君嶋〔八郎〕[4]・川上〔浩二郎〕[5]・藤〔金作〕[6]・田代〔丈三郎〕[7]・松永〔安左衛門〕[8]〔ママ〕ノ六氏ヲ招待ス、実ハ藤君ノ主人ヲ譲受ケタリ

十一月十三日　火曜

午前十時自働車ニ而松永・川上・君嶋、途中より田代ノ諸氏ト香椎敷地及貯水池ヲ視察ス
香椎ニテ携帯ノ昼弁当ヲナス
午後四時九水重役会ニ列シ、地下線問題ハ今暫時中野君ト引受居ニテ尽力セル様注意アリタ
午後五時半川上・君嶋・松永・今泉〔健三〕[9]君ニ喰事ヲナス、実ハ松永君より主人ノ申向ケアリシモ自分主人トナリタ

十一月十四日　水曜

棚橋君相見へ、地下線譲渡ニ関シ九鉄ノ意向、及今井〔三郎〕君辞任、今川橋[10]以西ノ軌道ニ関シ川原〔茂輔〕君より申入ノ件、打合ス
宮崎議〔儀〕一君相見へ、見舞アリタ

1　緒方道平（福岡県農工銀行頭取）息葬儀
2　吉田磯吉＝中島徳松と盟を結び義兄弟、この年四月まで衆議院議員、のち再び衆議院議員
3　豊川良平＝貴族院議員、元三菱合資会社管事
4　君島八郎＝九州帝国大学工科大学教授
5　川上浩二郎＝工学博士、博多湾築港株式会社専務取締役、大分《だいぶ》軽便鉄道株式会社発起人、元農商務省技師、元台湾総督府技師
6　藤金作＝大分軽便鉄道株式会社発起人、元衆議院議員
7　田代丈三郎＝のち福岡県会議員
8　松永安左衛門＝大分軽便鉄道株式会社発起人、九州電灯鉄道株式会社常務取締役、衆議院議員
9　今泉健三＝福博地方発展期成会常任幹事、博多商業会議所書記長
10　今川橋＝樋井川に架かる橋（早良郡西新町と鳥飼村を結ぶ）

瓜生・佐賀両人相見ヘ、御徳及伊万里坑区始末ニツキ懇談ス
毎日〔博多〕新聞三輪〔十代二〕君相見ヘ、金弐百円寄付ス
久保太郎[1]君相見ヘ、聖福寺寄付金ノ挨拶アリタ
肥前坑区無償譲渡弐ケ所及売渡二ケ所、委任状及売渡譲渡証ニ調印ス
八幡製鉄所ニ電話候処、服部君ハ昨日上京ニナリタ、西野〔恵之助〕[2]君川卯[3]ニ止宿ノコト分リタ
川卯方ニ電話シ、西野常務ト打合、明日午後福岡着ノ約ヲナス

十一月十五日　木曜

伊藤傳右衛門君相見ヘタリ
午後六時西野君停車場ニ迎ヒ、一方亭ニ行キ食事ヲナシ、川上・君嶋ノ両博士ニ実地案内ノ相談ヲナシタリ
黒瀬より買物ナシタリ
　金三百円受取

十一月十六日　金曜

午前七時半より自働車ニ而西野・田崎〔三次〕[4]両君并ニ君嶋・川上ノ両博士ノ説明ヲ乞、香椎陸地より海面及谷口ノ貯水地〔池〕ノ実地踏査ヲ乞、午後十二時四十分香椎駅発ニ而帰京セラル（香椎ノ茶店ノ浦〔ママ〕座敷ニ而昼飯ナス）
堀氏相見ヘ、中嶋交換問題、三尺・五尺ヲ売渡呉レル様相談アリタ
北崎〔久之丞〕[5]君相見ヘ、香椎地所ノ件ニ付希望アリシモ、敷地ニハ心能ク応ジラル、様申向ケ置キタリ
一方亭ニ行キ黒崎・中上両氏ト喰事ス

十一月十七日　土曜

井手〔佐三郎〕市長ニ西野君実地視察ノ件電話ス

午前九時自働車ニ而帰宅ス
中沢勇雄・相羽雷介[6]両氏相見、相羽虎雄君ノ件ニ付内談アリタ
大森君来リ、吉隈水撰器機ノ件ニ付打合ス

十一月十八日　日曜

野見山・御法川・太郎ト会合ス
中嶋ノ坑区交換間違ニ付、三尺層ヲ無償ニ而中〔仲〕裁人ニ出シ相片付ルコトニ決セリ
午後二時自働車ニ而出福、浜の町ニテ山口恒太郎・藤金策〔作〕ノ両氏相見ヘ会談ス

十一月十九日　月曜

午前九時自働車ニ而浜の町より帰ル
午前在宿
午後五時より直方堀氏ヲ訪問ス（自働車ニ而、操子〔麻生ミサヲ〕[7]直方町迄同車ス）
中嶋坑区交換ニ付三尺層ヲ無償ニ而遣シ、一段落片付ケルコトヲ申入タリ、廿五日頃吉田君〔磯吉〕東京より帰県ニツ

1　久保太郎＝若松石炭商、若松築港株式会社監査役
2　西野恵之助＝東洋製鉄株式会社常務取締役
3　川卯＝旅館、支店（門司市）、本店（下関市）
4　田崎二三次＝東洋製鉄株式会社技師
5　北崎久之丞＝大分軽便鉄道株式会社発起人、紙与合名会社支配人
6　相羽雷介＝相羽虎雄（麻生商店上三緒鉱業所長）の父
7　麻生ミサヲ＝太吉長男太右衛門妻

キ、其上ニ而返事ノ筈ナリ
柳屋[1]ニ招待ヲ受ケ、午後八時帰宅ス

十一月二十日　火曜

午前九時自働車ニ而小竹駅迄行キ、鎎〔汽〕車ニ而八幡製鉄所ニ行キ、服部〔漸〕次長ニ面会ス
一香椎敷地ハ兼而適当ノ項目田崎君〔二三次〕ニ渡サレ居候ニ付、其ノ項目ニ適合スルカ否ヤ調査スルコト
一鎔鉱炉古物モ利用シテ五百屯ニナシタキコト
一敷地ノ踏査ハ可成見合せ度意向アルコト
〆
押川〔則吉〕[2]長官・福沢桃介氏[3]ニモ面会ス
折尾電車ニ而往復シ、三時五十分ニ而帰宅、相羽君ト同車ス

十一月二十一日　水曜

午前佐賀常〔経〕吉君来リ、瓜生御徳之坑区ニツキ堀氏ニ懇談之内談アリシモ、最早堀氏ニ申向ケ不出来ニ付、此上ハ決心スルノ外ナキ旨申向ケタリ、肥前坑区之件ニ付内話セリ
伊藤傳右衛門君ヲ訪問シ、楽一〔市〕坑区ノ件ニ付内談ス、及赤間君ニ注意之件、銀行預金ノ件等打合ス
有田〔広〕君相見へ、預金ノ件ニ付内談アリタ
御法川豊前坑区ノ件ニ付打合ス
瓜生来リ、御徳之坑区ノ内話セリ、堀氏ニ対シ不注意ナキ様申含メタリ

十一月二十二日　木曜

午前在宿

吉末君来リ、支那視察談ヲ聞キタリ
相羽君相見へ（電話ス）、辞任之件暫時見合候様内談ス
義之介《〔麻生〕》来リタリ
松永君ニ電話シ、廿四日ナラデハ帰県ナキ旨返話アリタ
田中《〔徳次郎〕》君ノ電信ハ梅谷君之処ニアリタ、村上氏ニ電話シ、浜の町ニ取寄

十一月二十三日　金曜

午前八時五十分ニ而吉隈坑ニ行キ、午前十時四十二分臼井駅発ニ而谷口ト同車、飯塚迄ニ試険之有様聞取タリ
津屋崎占部《〔重光〕》君相見へ、内ケ磯[4]嫁之一件内談アリタ
伊吹政次郎君来リ、坑業組合ノ件ニ付打合ス
午後四時半自働車ニ而出福ス
堀・伊藤ノ両君ト一方亭ニテ会合ス

十一月二十四日　土曜

君嶋博士ヲ訪問シ、東鉄敷地[5]ニ関スル件ニ付打合、又実地ノ適否ニツキ尚必要ノ件々聞取タリ

1　柳屋＝旅館（鞍手郡直方町柳町）
2　押川則吉＝製鉄所長官
3　福沢桃介＝九州電灯鉄道株式会社相談役、名古屋電灯株式会社長、のち大同電力株式会社長
4　内ケ磯＝太吉妻ヤス実家吉川家（鞍手郡頓野村内ケ磯）
5　東鉄敷地＝東洋製鉄株式会社（東京）の工場を糟屋郡香椎村に誘致する計画、のち工場は戸畑製鉄を合併して遠賀郡戸畑町に立地

浜の町ニ而藤金策〔作〕・田代〔丈三郎〕ノ両氏相見候ニ付、上京ノ旨申伝へ、又表面ニ期成会[1]より会社ニ申出相成候様申伝ヘタリ
中恒〔垣カ〕[2]君相見ヘタリ、坂口正義君来リタリ（長岐〔繁〕[3]君見舞）
天野来リ、坑区ノ件懇談ス
午後四時半家内ト自働車ニ而帰宅

十一月二十五日　日曜

麻生屋来リ、津崎〔マヽ〕屋占部氏ニ縁談之件ニ付相談ニ出浮ヲ内談ス
野見山来リ、留主中役員ノ増給、及株売却、楽一〔市〕坑区売却ノ件ニ付打合ス
上田来リ、庄内・桂川・上穂波ノ小学校寄付金ノ件ニ付打合ス
午後三時飯塚発ニ而上京ノ筈ナリシモ、中嶋〔久万吉〕・和田〔豊治〕両氏ニ電報シ見合ス
松永君帰県ニ付若松より電話シテ、敷地尚調査スル方得策ナリト認メ、上京見合タリ
期成同盟会[4]ニモ電話ス
和田〔豊治〕・麻生観〔八脱〕・西野ノ三氏ニ出状ス

十一月二十六日　月曜

吉川監十郎[5]来リ、養女之件ニ付話合ス、麻生屋津屋崎占部君ノ息女貰受ノ内談ス
午後弐時自働車ニ而出福ス
御苑亭[6]ニ而松永〔安左衛門〕・山口〔恒太郎〕・田中〔徳次郎〕三氏ト晩喰ス
　金弐十円、女中へ遣ス
笹〔篠〕栗[7]ニ而藤金作氏ニ面会ス

十一月二十七日　火曜

浜の町ニ滞在ス

今泉《[健三]》君相見候ニ付、香椎敷地ニ関シ期成会代表シ東洋製鉄重役ニ書状ニテ申込ノ件、草案ヲナシ内示ス

中野君出福相成、廿八日午前十二時一方亭会合之義電話アリタ

十一月二十八日　水曜

実業ノ世界社山崎君相見へ、金三百円寄付ス

藤金作君相見タルニ付、香椎敷地ニツキ重役ニ書状ニテ申込方尚勧誘セリ

午前十二時一方亭ニ行キ、田中・松永・山口・中野・伊藤ノ諸氏ト会合シ、地下線問題ヲ中止シ、上京ナシ、良川《[豊川良平]》氏等ニ内談スルコトニナリタ

午後十一時過キ帰宅ス、浜子《[後藤ハマ]》来リタリ

1　期成会＝福博地方発展期成会
2　中垣真人＝元麻生商店
3　長岐繁＝元麻生商店商務部長、この年七月退職
4　期成同盟会＝福博地方発展期成会
5　吉川監十郎＝太吉女婿（鞍手郡頓野村内ケ磯）、元鞍手郡会議員
6　お苑亭＝貸席、元馬賊芸者桑原エン経営（福岡市外西門橋）
7　篠栗＝地名、糟屋郡篠栗村

十一月二十九日　木曜

午前七時浜の町より自働車ニ而本宅ニ帰リ、直方会儀〔議〕[1]ニ列ス

一学校[2]ノ建築決定ス

一重用〔ママ〕問題惣而決定ス

午後二時自働車ニ而吉田良春君ト帰宅ス

本店ニ立寄、小学校寄付金及綱分新坑ノ件ニ付打合ス

吉川監十郎来リ、養女之義ニ付内談ス、十二月三日津屋崎ニ行クコトニ相談ス

十一月三十日　金曜

一午前本店ニ出務

一松永君ニ電話シ、香椎敷地ノ件ニツキ期成会より出状ノ件決定ニ関スル件

一田中氏〔徳次郎〕ニ尚請求ス、松永君ニ伝達ヲ頼ミタリ

一赤坂坑ニ行キ、帰途飛川坑[3]ニ立寄タリ、午後五時半帰ル

一君嶋博士ニ電話ス、試険〔ママ〕ノ件ナリ

一西野恵之介氏より来状達ス

十二月一日　土曜

一西野恵之介氏より再度書面相達シ、滞在ノ積リニテ出福ス、午前九時頃ナリ、自働車〔以下空白〕

一今泉氏〔健三〕相見ヘ、期成会之件ニ付書状出シ方申込アリシモ相断、已前ノモノニ依リ決議ヲ促カシタリ（午後九時過キナリ）

一藤金策〔作〕氏相見ヘタリ

一門司川卯ニ電話シ、日下部［弁二］[4]博士ノ着博ヲ聞合ス

十二月二日　日曜

山口君ニ電話、期成会決心之件ニ付注意ス（上京見合タリ
日下部博士ヲ博多停車場ヘ訪問ス、松永・藤・野村・今泉等相見ヘタリ、岡［胤信］[5]博士モ同車ナリシ
的野半介[6]君ノ葬式ニ列ス
君嶋博士ヲ訪問ス
家保［友完］[7]君実測ノ為メ出福ノ電話アリタ
松永君ニ内報ス
期成会大賛成ノ決定ノ電話アリタ
西野君ニ電話ス（長崎上野屋）[8]、五日午後四時頃出福ノ約ヲナス

1　筑豊石炭鉱業組合常議員会
2　学校＝筑豊石炭鉱業組合筑豊鉱山学校
3　飛川坑＝麻生商店上三緒鉱業所内（嘉穂郡庄内村）
4　日下部弁二＝東京鉄筋コンクリート株式会社専務取締役、大正砂利株式会社取締役、元内務省技師
5　岡胤信＝大林組技師長、元内務省技師、元大阪市築港事務所工務部
6　的野半介＝元九州日報社長、元衆議院議員、十一月二十九日死去、戸畑照養寺で葬儀
7　家保友完＝東洋製鉄株式会社技師
8　上野屋＝旅館（長崎市万才町）

十二月三日　月曜

午前八時箱崎[1]常盤屋旅館ニ東鉄技師家保友完氏外二人ニ面会シ、香椎敷地ニ付説明ス、藤・田代両氏相見ヘタリ

川上博士訪問セシモ不在ナリ

安川氏訪問シ、中野電話シ、出福無之小倉行ノ事ヲ話シタリ、其ノ趣安川氏ニ電話ス

谷口知事ニ面会ス

伊吹〔政次郎〕・井関〔譲吉〕[2]惣会議案ノ件ニ付相見ヘ、打合ス

毛里保太郎[3]君相見ヘ、金談ノ話シアリタリ

井手市長ヲ市役所ニ訪問シ、東鉄敷地ノ件ニ付内談ス

十二月四日　火曜

石川種次郎・中西両人来リ、宇美坑区ノ件ニ付懇談ス

午後五時一方亭ニ於テ家保友完君実地調査ニ付両博士ノ説明ヲ乞為メ、市長・市参事員等ニ立会ヲ乞タリ、説明アリ、一同大ニ事情ヲ明カニセラレタリ

十二月五日　水曜

午前十時香椎ニ行キ、家保友完君ヲ自働車ニ而貯水池ニ自働車ニ而〔ママ〕案内シ、午後二時帰ル

午後五時栄屋ニ行キ、西野氏ヲ訪問ス、六時過ヨリ君嶋・川上両博士ニ一方亭ニ集会ヲ乞、実地ノ説明ヲ乞タリ、

井手市長ハ市会ノ決議ヲ懇話アリタ

田崎〔三次〕ニ一方亭ニテ両博士ノ説明ニ付立会方通話セシモ来ラズ、ソレハおうめ〔梅〕ニ認メサシ置キタリ

十二月六日　木曜

午前八時十分栄屋ニ西野君ヲ訪問シ、自働車ニ而箱崎築港ノ桟橋より小蒸鐰〔汽〕船ニ而湾内ノ案内ヲセラレ、川上博士

ノ説明ニ而築港ノ有様明瞭セリ
栄屋ニテ田崎モ来リ、昨夜ノ遣リ方ニツキ余リ不穏当ナリト申向ケタルニ、重役トハ思ヒオラズ、期成会ト存セシ杯ト口外セシニ付、冷カシ半分ニ遣リ方ノ能クナキ事ヲ申向ケタリ
築港〔博多湾〕会社[4]ニ而昼飯ヲナシ、香椎ノ実地ヲ見テ、午後二時廿九分香椎駅発ニ而西野君帰京セラル
自働車ニ而川上・野村等ノ諸氏ト帰ル
野見山・御法川来リ、談話ス
鉱務署医師坑山ニ雇入ノ件ニ付打合ス

十二月七日　金曜

藤金作及粕屋郡長〔広辻信次郎〕相見へ、敷地ノ件ニ付惣而水利権埋立ニ関スル苦情ナキ等心配セラル、コトニ懇談アリタ
梅谷君相見へ、九水ノ件打合、又野見山ト電力ノ件ニツキ打合ス
伊吹君来リ、学校議案ノ件ニ付打合ス
麻生屋及中西来リ、坑区ノ件ニ付打合ス
堀氏より明朝面会ノ電話アリタ
村上君ト電話ニ而電力ノ件打合ス

1　箱崎＝地名、糟屋郡箱崎町
2　井関譲吉＝筑豊石炭鉱業組合会計主席書記
3　毛里保太郎＝門司新報社長、衆議院議員
4　博多湾築港株式会社＝一九一六年設立（福岡市外堅粕町）、社長中村精七郎

野見山午後四時博多駅発ニ而帰宅ス
一午後七時四十分日下部博士迎ニ博多駅ニ行ク
〔欄外〕宇美坑区図弐枚中西ニ渡ス

十二月八日　土曜

午前九時より栄屋ニ日下部〔弁二〕・岡〔胤信〕両士〔博脱〕ヲ訪問シ、打合ヲナス
一満潮面五尺高ノ服部氏より□〔聞カ〕取タル咄ヲナシタリ
一工事ノ打合ス
一昼飯ヲナス
〆
午後四時過キ帰ル
堀氏相見ヘタリ
六時より一方亭ニ行ク

十二月九日　日曜

午前伊藤君ト電話ス、堀氏ニモ電話、中の〔徳次郎〕坑区ノ製鉄所ノ件ナリ
午前九時箱崎築港事務所ニ行キ、十時より香椎敷地ヲ日下部・岡両博士及川上・君嶋君ト踏査ス、御笠川[1]及那珂川[2]ノ上流ニモ臨ミタ、午後三時過キ自働車ニ而帰ル、香椎茶屋ニテ昼飯ス
午後六時より一方亭ニ行キタリ
麻生屋ヲ呼、坑区ノ咄シタリ、宇美ノ事ナリ

十二月十日　月曜

午前八時五十六分博多駅発ニ而日下部博士及岡博士ヲ見送リタリ

二階〔博多駅〕ニテ土地ノ件ニ付藤金作氏より内談アリタ

坑区ノ件ニ付石川〔種次郎〕氏より内談アリ、麻生屋聞キ取タリ

午前十一時藤金作氏ト木戸〔城〕[3]小池〔慎蔵〕[4]学士ニ訪問シ、工事上ニ付打合ス

銀行重役会ニ列ス

平恒坑区件ニ付御法川ト打合ス

和田氏ニ出状ス

十二月十一日　火曜

午前九時ニテ直方坑業組合学校〔筑豊鉱山〕設立ノ惣会ニ出席ス

午後二時四十分ニテ帰宅ス

本店ニ立寄打合ス

直方ニテ堀氏ニ面会シ、交換問題打合ス

桂川村長等〔倉智専太郎〕相見へ、学校寄付金ノ懇談アリタルモ断タリ、尤従来建設ノ場合ニ寄付セザル由ニ付、其レヲ調査シ

1　御笠川＝太宰府から福岡市に流れ博多湾に注ぐ川
2　那珂川＝早良郡・筑紫郡を経て福岡市に流れ博多湾に注ぐ川
3　城戸＝地名、糟屋郡篠栗村
4　小池慎蔵＝大分軽便鉄道株式会社技師

テ何分ノ返事ナスコト
書類整理ス
重要書類ハ十二月十一日迄ノ来状ニアル

十二月十二日　水曜

午前八時永江純一[1]君ニ葬式ニ列ス
午後六時発ニ而浜の町ニ着ス
一方亭ニ堀・峠・百吉〔貝島〕[2]氏等喰事ヲナス

十二月十三日　木曜

午前堀氏相見ヘ、中嶋坑区交換ノ件ニツキ、平恒不毛〔フケ〕坑区堀氏ニ代価一任シ、十五万円ト申入アリ、承諾ス、野見山・御法川一同ナリ
昼飯ヲナシタリ
野村久一郎君相見ヘ、東鉄敷地一切申合セシ旨申向ケアリタ
松永君ニ若松ニ電話ス、東鉄敷地打合ス
田中君ニ電話ニ而東鉄敷地ノ打合ナス
中西四郎平相見ヘ、宇美坑区ノ咄シナシタリ
一方亭ニ行キ、野田・山口・堀・中のト会合ス
〔欄外〕浜の町泊リ

十二月十四日　金曜

星野〔礼助〕氏相見ヘ、中嶋坑区ノ一件契約証案調製ス（野見山・御法川一同ナリ）

午後一時四十分ノ自働車ニ而野見山一同帰宅ス

十二月三十日　日曜

午後三時過キ東京より帰ル、年末ニツキ本店ニ立寄リ、交換坑区ノ始末及賞与等ノ事ヲ聞キ帰リタリ

堀氏ニ電話シ、来春挨拶ニ参ル事ヲ断リ置キタリ

十二月三十一日　月曜

午前書状整理ス（滞京中ノ分）

午前十二時飯塚駅発ニ而桐野坑災害[3]ノ見舞ニユキ、堀氏方ニ立寄挨拶ス

午後五時勝野駅より帰リ、本店ニ立寄、用事ヲ済マシ帰宅ス

上京不在中書類等一切整理ス

金銭出納録

大正六年一月十一日調

二月十一日吉浦より受取タル二百六円ハ此内ニ含ムナリ

1　永江純一＝三池銀行頭取、元麻生商店・貝島鉱業相談役、元衆議院議員、十二月九日死去
2　貝島百吉＝貝島太助弟文兵衛養子、貝島鉱業株式会社大辻鉱業所長
3　桐野坑災害＝貝島鉱業株式会社桐野二坑で十二月二十一日ガス爆発発生、三六九名死亡

金弐千四拾六円　　持越

但、十二月三十一日調査弐千弐百廿五円ニ対スルトキハ、百七十九円ハ一日より十日迄実費ナリ

同三百円　　嘉穂銀行大正五年下期報洲〔酬〕金

一百円　　博済会社同

〆金弐千四百四十六円　　現在

八百八十円　　銀行慰労金

〆三千三百廿六円

内

三千五円　　弐千七百円別府、三百五円懐中

百十五円　　松月〔楼脱〕

五十円　　福村〔家脱〕

五十円　　西園〔磯松〕慰労金

〆三千二百十五〔ママ〕円

残而百十一円　　福村〔家脱〕・一方〔亭脱〕両方ニ而入用ナリ

内

二十円　　木月渡シ

一月二十三日調査

金弐千七百円　封金

同九十円　懐中

同弐百円　山崎、坑区代金ノ内ニ一時相渡

〆弐千九百九十円

残而十五円　底井野行及小遣金トナレリ

六円梅村〔藤夫〕[1]、弐円五十銭自働車ノ人夫賃等払ヒタリ、十円ハ菊地〔保次〕[2]買物代アリ

五百六十八円七銭　嶋屋[3]残金

千円　歳費

四十六円十六銭　上京旅費

四十六円十六銭　帰県旅費

〆八百三十四円二十銭　東京ニ而買物代

百十円　嘉穂銀行買物名目払

若松駅より二十三哩七十鎖之処ニコールベット[4]ヲ特ニ設備スルコト

1　梅村藤夫＝麻生家自動車運転手、元三井物産自動車陳列場販売員

2　菊地保次＝骨董商（福岡市呉服町）

3　島屋＝旅館、平野幸吉（東京市日本橋区数寄屋町）、太吉定宿兼東京事務所

4　コールベット＝カルバート（暗渠・地下排水溝）の誤りカ、コールベットは炭層

二月廿二日
　金四百六十円　黒瀬買物代、吉浦仕約アリ
同五十円　田山渡、浜の町家費
〆五百十円
　内
　金百十円　二月廿二日三百九十円相渡シ五百円受取タル為メ超過スル分
残而金四百円　本家ニ取かへ

三月七日
　金七百円　一月廿三日仕約〆ノ分、弐千円ハ銀行預ケ残金
同九十円　懐中ノ分
〆金七百九十円
　内
　金弐百円　懐中
同百四十五円　封金
同四百円　本家取かへ
〆七百四十五円
残而四十五円　不足
　内金七円　小銭アリ

百円　二月廿一日党費、[1]森田〔正路〕君渡ス

三月七日

金弐百円　懐中

同百四十五円　封金

同弐百円　三月六日八百円黒瀬〔保〕医師入札口一千円ノ残金

同三百円　三月一日受取分、吉浦より

〆八百四十五円　現在

三月十四日勘定

金弐百円　浜の町田山渡（黒瀬〔元吉〕買物代見合）

同百円　本家取かへ、四百円之内より三百円受取、残金百円

同百円　米子〔麻生ヨネ〕渡、別府行ノトキ

同百七十弐円九十五銭　現在

同弐百円　懐中

〆金七百七十二円九十五銭　現在

1　党費＝立憲政友会費

三月廿二日取調
金百七十二円九十五銭　封有
同四百円　前ノ田山外二口分
同三百円　封金
同百円　東京團〔琢磨〕氏取かへ
同百十五円　懐中
〆千八十七円九十五銭
〔欄外〕三百十五円増加
〔欄外〕三月廿八日調査
壱千円ト二百円田山ト差引ナシ、六百廿九円八十九銭仕約メアリ、再記ス

三月二十八日調査
金百七十二円　懐中
同百円　伊藤傳右衛門かし
〔欄外〕東京ニ而二百円取かへ
〆三百円かし
〆二百七十二円　百十五円、前ノ残金ノ分
同三百円　封金
同十二円九十五銭　百七十二円九十五銭ノ口

同六十円　小川渡
同四百円　前記ノ通
同百円　團氏かし、小林〔正直〕より送リ来ル
〆千百四十四円九十五銭
［欄外］六十七円増加

四月二日調査
金百三十五円　懐中
同百七十円　中野徳次郎かし、浜の町別荘ニ而
同壱千三十円　現金
同百円　伊藤傳右衛門かし、外ニ弐百円東京口、合計三百円
〆
同四百円　前約之通口
六百弐十九円八十九銭　四月二日仕約、本家日計帳ニ有
〆弐千四百六十四円八十九銭
此分ハ
壱千円ハ　三月十二日本店より浜の町ニ送付ノ分
百円ハ　團氏より受取

百五十五円　沈〔田脱〕石山水幅代
〆壱千二百五十五円
残而千弐百十九〔ママ〕円八十九銭
〔欄外〕七十五円増加

改
四月二日貸付金ハ記帳之通ナリ
金千百六十五円　現金有

二百六十八円五十銭
五十円　田山より渡セシ分
〆三百十八円五十銭　四月廿六日吉浦より入

三十五円　黒瀬買物、目六有
五十円　亀永買物、目六有
六十二円　田山へ渡セシ浜の町家費ノ内
〆百四十七円　五月二日吉浦より受取

五月三日調査

現金三百五十円　　現金封入

同百五十五円　　懐中

同百五十五円　　沈田〔ママ〕石幅代黒瀬渡

〆六百六十円

　外ニ五円　　小銭有

同弐百五十円　　四月七日麻生屋ニ一時取替

〆九百十五円

残而弐百五十円　　別府ニ而入用金百円、おあい渡等ニ而費消セシ分

［欄外］　四月二日約メ千二百十九円八十九銭ニ対スル約メアリ

五月三日

現金六百六十五円

同弐百五十円　　麻生屋一時取替金

〆九百十五円　　現在

1　沈石田＝明代中期の文人画家

五月七日

金五十円　黒瀬取替

同弐百三十円　懐中セリ、幅物代廿五円黒瀬より五月七日受取、直チニ家内渡ス

三百六十三円五十銭　吉浦より受取、黒瀬買物口六口ノ約メナリ

内二十五円

残而三百三十八円五十銭

外ニ一円五十銭かし

三百四十円　盗難ニ罹リタリ

五月十四日

金弐百円　懐中

同七円　同

〆二百七円

同百五十五円　黒瀬幅物代

同壱千円　吉浦より受取

〆千三百六十二円　上京ニ付持参ス

［欄外］八円三十六銭　築港旅費[1]

大正六年七月十七日調査

金百五十五円　　懐中

金三百円　　高野山[2]寄付金

同三十六円弐十六銭　　坑業組合取かへ、帝国ホテル会費

金弐百四十五円　　黒瀬買物口

同三百八十五円　　東京買口口〔ママ〕

〆金九百六十六円弐十六銭

同七百四円四銭　　しま〔島〕屋預リ金

〆

七月十八日

金三百円　　大正六年上半期重役手当

同八百八十五円六十銭　　同賞与金

〆千百八十五円六十銭

内

1　博多湾築港関係旅費

2　高野山＝真言宗総本山金剛峯寺

金壱百八十円　有田広氏ニ渡
残而千五円六十銭　現在
金三百円　田山ニ預ケ分、伊藤君より受取小切手ノ分
内
六十八円　黒瀬払ノ分
弐十五円　同七月廿四日ノ分
〆九十三円
同七十円　おあい母渡シ
残而百三十七円　家費ノ分

七月三十日
金千九百六円　太郎より受取
内
金壱千円　吉浦預ケ
同百二十円　家内中中元ノ心付
［欄外］三十円ヤス、二十五円操、二十五円夏［麻生］[1]、二十五円米、十五円ふよ［麻生フヨ］[2]、
〆百二十円
残而七百八十六円　現金有

八月十二日
金七百円　現在ス
金弐百五十円　四月七日当時麻生屋へ取かへ金、底井野より弁償金、中西より受取
同五百円　吉浦氏より受取
同弐百十円　懐中
〆千六百六十円　上京ニ持参ス

八月十二日仕約
八十八円　百七十七円　〇弐百四十五円
［欄外］六円ノ違算アリ
右ハ黒瀬買物
三百八十五円　東京ニ而未払買物
三百円　高野山寄付
〇百七十三円ナリ　浜の町家費
［欄外］百二十七円

1　麻生夏＝太吉三男麻生太郎妻、加納久宜六女
2　麻生フヨ＝太吉四女

五十円　日華協会寄付[1]
〆千四百十八円
外ニ
六百円　宮崎〔儀一〕へ上京ニ而仕渡セシ分
三百円　博多毎日〔新聞〕ノ寄付
〆二千三百十八円
内
五百円　八月十二日吉浦より受取
残而千八百十八円　本家ニかしトナル
内
三十円　前ノ〇印ノ処ニ違アリシ分引

八月十二日已前仕約手〔メカ〕勘定
金百五十五円　七月十七日懐中現在
同千六円　銀行賞与金仕約メ残り
同七百八十六円　太郎半期勘定賞与残金
同壱百円　博済手当
〆金弐千〇四十一〔ママ〕円
内

金七百円　現在
同弐百十円　懐中現在
同五十円　日花〔華〕協会寄付金
同百七十七円　黒瀬買物
同三百円　博多毎日寄付
同九十円　一方亭お梅渡
同五十円　お梅取かへ金十二円ト御梅・お菊ニ心付
同五十円　一方亭女中心付
同五十円　福村〔屋脱〕二十円、お政三十円ハ女中心付
同三十二円　おあい等ニ心付
同三十円　小徳
〆千七百三十九円
残而金三百二円　不足

大正六年十一月廿四日
金七十円　黒瀬払取替

1　日華協会＝日華両国の親善を目的として一九一一年設立（東京市）、副総裁秋本興朝

此外六十円ハ唐画代返ル分
金百九十三円　懐中現在
〆二百六十三円

金百円　十一月十一日吉浦より
同二百円　十一月十二日同
同三百円　十一月十四日同
〆金六百円
内
金弐百円　毎日新聞〔博多〕寄付
金百二十円　十一月十五日黒瀬買物
同百十二円　十一月十四日同
〆二百三十二円
同八十円　中野ノ餞別
［欄外］此分二十円浜の町より
〆五百十二円
残而金八十七円　不足
外ニ金九十円　東京より帰ル〔リ〕タルトキ残金ト記憶ス
［欄外］東京より帰リタルトキ同百九十円ニテハナキカ記憶セズ

〆百七十七円
十一月廿四日勘定
［欄外］出入帳取調ナスコト
二百六十三円　　有
差引金八十六円　勘定不突合ナリ
外ニ弐十三円五十銭　黒瀬買物三口
〆百十九円五十銭
百五十円　十一月十七日
残而三十円五十銭　不足
十二月三日迄黒瀬買物代取かへ
百七十円五十銭
十二月十四日
同百十五円
〆二百八十五円五十銭
内

弐百円　　　　　　雪舟[1]幅二百円入

残而八十五円五十銭

〔後筆〕十二月十四日受取

三十一日

金九百円　　　　封金

同百七十五円　　懐中

〆

〔表紙裏〕ヲン。マカ。マリシエイ。ソワカ

朝百八辺〔遍〕称スルコト

1　雪舟＝室町時代の水墨画家、禅僧

一九一八（大正七）年

一月一日　火曜

伊勢大廟ヲ初メ諸神祇ヲ遥拝ス
天皇陛下・皇后陛下遥拝ス
祖先霊ヲ拝ス
嘉穂銀行[1]祝賀宴ニ列シ、行員及博済員[2]一同ニ、其年ノ収支ヲ目的トシ尽力方申諭シタリ
本店[3]ニ立寄、帰宅ス

一月二日　水曜

西野恵之助君[4]下ノ関山陽ホテール[5]より電話アリ、午後三時十七分飯塚発ニ而下ノ関ニ行ク
地下線[6]譲渡ニ関スル筆記調製ス
山陽ホテルニ於而中嶋男爵［久万吉］[7]・西野恵ノ介［之助］両氏ニ面会、東鉄[8]ノ一件打合、然ルニ大分坑区[9]買収ノ問題アリ、上京ノ義
促カサラレタリ
午後十時五分下ノ関渡海船ニ而夜行ニ乗リ、午前壱時四十分博多駅着、直チニ浜の町別荘[10]ニ電車ニ行キタリ

一月三日　木曜

松永氏［安左衛門］[11]より招待ヲ受ケタルモ辞退ス
地下線譲渡ニツキ筆記ノ意見ヲ付シラル、様下付相渡ス
西野恵ノ介［之助］君ニ坑区ノ件尚注意セラル、様電話ス、是非二日已前上京ヲ促カサレタリ
午後二時十分ニ而帰途ニツク

一月四日　金曜

本店出務セリ

一月五日　土曜

本宅ニ在宅
松永君より本日上京ノ電話アリ、明日急行ニ而上京ノ電話ス
君嶋八郎[12]博士ニ電話ニ而紫川[13]ノ水量問合、多々羅〔良〕川[14]ト同様ナリ、貯水池ノ件ハ説明出来ズ
午後不気分ニ而床ニツキタリ

1　嘉穂銀行＝一八九六年開業（飯塚町）、太吉頭取
2　博済＝博済無尽株式会社（飯塚町）、太吉社長、博済貯金株式会社として一九一三年設立（嘉穂郡大隈町）、一九一五年改称
3　本店＝麻生商店本店（飯塚町立岩）
4　西野恵之助＝東洋製鉄株式会社常務取締役
5　山陽ホテル＝一九〇二年開業（下関市下関駅横）
6　地下線＝九州水力電気株式会社が持つ福岡市内電気供給のための地下線敷設権
7　中島久万吉＝東洋製鉄株式会社専務取締役、古河鉱業、元桂首相・西園寺首相秘書官、のち商工大臣
8　東鉄＝東洋製鉄株式会社、前年一九一七年十一月設立（東京市）、太吉取締役
9　大分坑区＝嘉穂郡大分《だいぶ》村
10　浜の町別荘＝麻生家浜の町別邸（福岡市浜の町）
11　松永安左衛門＝九州電灯鉄道株式会社常務取締役、衆議院議員
12　君島八郎＝九州帝国大学工科大学教授
13　紫川＝企救郡を流れ小倉市で響灘に注ぐ
14　多々良川＝嘉穂郡を源とし、宇美川と合流して糟屋郡多々良村で博多湾に注ぐ

一月六日　日曜

午前上谷[1]麻生屋[2]長家火災ニ而馳〔駆〕付タリ

地下線ニ関スル手続キ星野〔礼助〕[3]氏より書留相違シ、尚意味ノ解シ兼ネタル処アリ、訂正清書ス

午後三時十七分飯塚駅発ニ而上京ノ途ニツク

一月十三日　日曜　〔吉浦勝熊代筆〕

午前九時三十八分下関着、吉浦〔勝熊〕[4]出迎、門司ニテ伊吹〔政次郎〕[5]氏出迎、列車中三宅〔速〕[6]先生ト同乗、十二時五十分浜町着

野見山〔米吉〕[7]自動車ニテ午後三時来福、博多五時四十七分列車ニテ野見山ト本家[8]ニ帰ル

一月十四日　月曜　〔吉浦勝熊代筆〕

午前本店出務

午後嘉穂銀行重役会出席、五時帰宅、直ニ自動車ニテ出福、野見山同乗

一月十五日　火曜　〔吉浦勝熊代筆〕

博多五時三十分発ニテ大分行ノ筈ナリシモ、見合ス

午後八時自動車ニテ飯塚ニ帰着ス、野見山同乗

一月十六日　水曜

午前九時飯塚駅発ニ而大分ニ向ケ出発ス

別府ニ而社員相見ヘ、麻観〔麻生観八〕[9]君滞別ノ事ヲ報シアリ、下車ス

午後四時上野山〔重太夫〕[10]・麻生観八ノ両氏相見ヘ、前日重役会ノ事ヲ聞取リ、又大山川[11]地元協議ノ方針ニツキ内談セシモ、

何様地図ニヨリ説明ヲ乞コトニシテ、明日大分営業所[12]ニテ再会スルコトニセリ

一月十七日　木曜

別府滞在
午前九時立花屋旅館[13]麻生〔観八〕君ヲ訪問シ、電車ニ而九水[14]営業所ニ行キタリ
上野山・麻生ノ両氏ト大山川地元協議ノ方針ニツキ打合ス
　道路ノ改築スルヲ方針トシ、夫ニ損害ヲ弁償スル方法ヲ講スルコトニ談合ス
午後三時頃電車ニ而別府ニ帰ル

1　上谷＝地名、飯塚町立岩
2　麻生屋＝太吉弟麻生太七、麻生商店理事、嘉穂銀行取締役、嘉穂電灯株式会社取締役
3　星野礼助＝弁護士（福岡市）
4　吉浦勝熊＝麻生商店主事補、麻生家執事、一九九八年入店
5　伊吹政次郎＝筑豊石炭鉱業組合幹事
6　三宅速＝九州帝国大学医科大学教授
7　野見山米吉＝太吉妹婿、麻生商店理事兼店長、嘉穂銀行監査役、嘉穂電灯株式会社監査役
8　本家＝麻生本家（飯塚町栢森）
9　麻生観八＝九州水力電気株式会社監査役、大分紡績株式会社監査役、酒造業（大分県玖珠郡東飯田村）、本巻解説参照
10　上野山重太夫＝九州水力電気株式会社常務取締役
11　大山川＝筑後川水系（大分県）、津江川・杖立川（熊本県）が大分県日田郡で合流すると大山川となる
12　大分営業所＝九州水力電気株式会社大分営業所（大分市南新町）
13　立花屋旅館＝大分県速見郡別府町浜脇
14　九水＝九州水力電気株式会社（東京市）、一九一一年設立、太吉一九一三年より取締役

一月十八日　金曜

別府滞在

午前梅谷〔清一〕[1]君相見へ、大山川地元協議ノ順序ハ、程度ハ秘密ニセシモ順序ハ同意アリタ、吉隈[2]電力ハ布設シ、送電ハ三月トナル由ナリ

火力ヲ亀川駅[3]ニ据付、地嶽〔獄〕熱ヲ利用スルノ説アリ

藤沢〔良吉〕[4]君相見へ、鉄道ノ咄シアリタルモ、当時其侭ニテ経過之事ヲ申向ケ置キタリ、道路収用土地ハ不適ノ事ナキ様注意ス

午後一時三十五分別府駅発ニ而帰途ニツ〔キ脱〕、鎎〔汽〕車中▨山ノ代議士ト同車ス

伊田[5]ヲ経而午後七時四十分着ス

［欄外］直方駅より藤森〔善平〕[6]君ト同車ス

一月十九日　土曜

午前在宅

午後本店ニ出務ス

午後六時頃三十八度四分ノ高熱アリ、床ニツキ麻生〔清〕[7]医師ノ診察ヲ乞タリ

一月二十日　日曜

午前十時迄床ニツキ下熱ノ方法ヲ取リ、嘉穂銀行惣会ニ列シ、十一時過キ無事相済タリ

博済会社ノ重役会ヲナシ、午後一時半過キニナリ帰ル

長岐〔繁〕[8]君外二人濆付〔件カ〕[9]ニツキ相見へ、内祝ヲナス

林田〔晋〕[10]氏午後七時過キ自宅より参リ、若松ニ向ケ帰リタリ

一月二十一日　月曜

午前発熱ノ為メ在宿

午後三時自働車ニ而家内ト一同浜の町ニ来ル

小野寺［直助］[11]博士太郎［麻生］[12]病気診察アリタリ

吉浦午後着ス、地下線営業三ケ年間ノ條件ニテ譲渡交渉ニ関スル筆記ヲ写シタリ

一月二十二日　火曜

午前十時中野［徳次郎］[13]君病床ニ見舞タリ、安川［敬一郎］[14]老人相見ヘタリ

1 梅谷清一＝九州水力電気株式会社常務取締役
2 吉隈＝麻生商店吉隈鉱業所（嘉穂郡桂川村）
3 亀川駅＝豊州本線（大分県速見郡御越町）
4 藤沢良吉＝別府温泉鉄道株式会社（未開業）専務取締役、のち別府市会議員
5 伊田＝地名、田川郡伊田町
6 藤森善平＝飯塚町長、元飯塚警察署長、のち福岡県会議員
7 麻生清＝麻生商店飯塚病院医師（飯塚町栢森）
8 長岐繁＝元麻生商店商務部長、一九一七年七月退職
9 一九一七年の鉄道院九州鉄道管理局に対する瀆職嫌疑
10 林田晋＝麻生商店商務部長
11 小野寺直助＝九州帝国大学医科大学教授
12 麻生太郎＝太吉三男、この年五月より株式会社麻生商店取締役
13 中野徳次郎＝第一巻解説参照
14 安川敬一郎＝第一巻解説参照

午後四時安川大人ト自働車ニ而一方亭[1]ニ行キ、ふくの《[ママ]》ノ料理ヲ食ス
午後十時頃帰ル、長岐君等相見ヘタリ
稲田《[龍吉]》[2]先生ノ診察ヲ太郎乞タリ、別ニ難病ナキコト明瞭ス
中の君見舞ノトキ地下線ノ筆記ヲ渡シタリ

一月二十三日　水曜

棚橋《[琢之助]》[3]・和田《[豊治]》[4]・中嶋《[久万吉カ]》・郷《[誠之助]》[5]ノ四氏ニ出状ス
長岐君上京帰ラル、ニツキ博多駅ニ見送リタリ、午後十二時二十三分
香椎[6]敷地問題ニ関スル筆記ノ調査ヲナス
風邪療養ス

一月二十四日　木曜

午前堀三太郎[7]君訪問アリタ
伊藤傳右衛門[8]君ヲ訪問ス
風邪ニ而療養ス

一月二十五日　金曜

中西四郎平[9]君相見ヘタリ
坑区ノ咄ヲ聞キタリ
麻生屋来リタリ
福沢《[重俊]》[10]村長相見ヘ、篠崎《[団之助]》[11]君県会議員推挙ノ件ニ付内談アリ、小出《[太右衛門]》[12]君ニ打合件申含メタリ
風邪全快ス

一月二十六日　土曜

村上功二〔巧児〕[13]君来リ、九水ノ電力ノ件ニ付談話ス
大吉楼[14]ニ電話シ、原〔敬〕[15]氏ニ○[16]ヲ送付ス、廿八日朝着京ノ筈ナリ
午後二時博多駅ニ而山内坑ノ非常[17]ノ電話ニ接シ、帰宅ス

1　一方亭＝料亭（福岡市外東公園）
2　稲田龍吉＝九州帝国大学医科大学教授、のち東京帝国大学教授
3　棚橋琢之助＝九州水力電気株式会社専務取締役
4　和田豊治＝九州水力電気株式会社相談役、東洋製鉄株式会社取締役、富士瓦斯紡績株式会社社長、この年大分セメント株式会社相談役、本巻解説参照
5　郷誠之助＝東洋製鉄株式会社取締役、東京株式取引所理事長、日本工業倶楽部専務理事
6　香椎敷地＝東洋製鉄株式会社工場候補地（糟屋郡香椎村）
7　堀三太郎＝第一巻解説参照
8　伊藤傳右衛門＝第一巻解説参照
9　中西四郎平＝太吉親族、坑区斡旋業、遠賀郡芦屋町会議員
10　福沢重俊＝嘉穂郡穂波村長
11　篠崎団之助＝元福岡県会議員、この年二月から福岡県会議員
12　小出太右衛門＝嘉穂郡頴田村長
13　村上巧児＝九州水力電気株式会社営業部長、のち取締役、のち九州電気軌道株式会社社長、本巻解説参照
14　大吉楼＝旅館（下関市阿弥陀寺町）
15　原敬＝衆議院議員、立憲政友会総裁、元外務次官、この年九月総理大臣
16　○＝スッポン（亀）
17　非常＝炭坑における大きな災害、麻生商店山内坑で火薬爆発のため即死九人負傷者一三人の事故発生

鎮〔汽〕車中角道〔角銅朝太郎カ〕[1]及中嶋坑業[2]ノ人々ト同車ス

一月二十七日　日曜

午前在宿

午後山内坑行キ、葬式ニ列ス、午後八時帰宅ス

一月二十八日　月曜

午前在宿

伊藤君ニ電話ス（福岡別荘）

壁屋〔伝六〕[3]ノ葬儀ニ列ス

中西四郎平君来リ、豊前ノ坑区[4]ノ件ニ付懇談アリ、実地踏査ノコトヲ上田〔穏敬〕[5]立会申向ケ置キタリ

其内約定成立候而全部功〔効〕力ヲ有シタル時ハ、四銭位ニ而徳義上可施モ、権利ヲ主張スレハ、約定通ニスルコトヲ申向ケ置キタリ

一月二十九日　火曜

本店出務

山内運搬線ノ件ニ付打合ス

廉書ニアル

運搬道路ノ実地ノ踏査ヲナス

一月三十日　水曜

午前八時五十分飯塚駅発ニ而吉隈坑ニ行キ、午後三時九分臼井駅[6]発ニ而帰宅ス

瓜生〔長右衛門〕[7]直方行ノ報告ヲナシタリ、下ノガアードオヲ壱桁ニシテ九個取除ケ、上部ニガアドウ布設スルコトハ同意セラ

レタリ
実地ノ模様、〔麻生〕彦三郎[8]連行キ調査方申付置キタリ
大塚〔文十郎〕[9]及渕上ニ、ヱンドレス[10]原動器機六インチカ十インチカ、片シンドル〔ママ〕[11]ノ分片側ヲ新設スルニ付、調査方ノ件申付置キタリ

二月八日　金曜

一午前下ノ関着、午後二時三十分直方駅より自働車ニ而帰宅ス
一近角常観[12]氏相見へ、行違ニ出発相成タリ

二月九日　土曜

一午前伊吹幹事相見へ、船入場ノ件ニ付打合ス

1　角銅朝太郎＝麻生商店大朝炭坑（嘉穂郡熊田村）鉱業代理人
2　中島坑業＝この年三月中島鉱業株式会社設立（若松市）、社長中島徳松
3　壁屋伝六＝麻生商店山内坑、二十六日の山内坑の変災で死去
4　豊前坑区＝田川郡安真木村坑区カ
5　上田穏敬＝麻生商店庶務部長、一八九五年入店
6　臼井駅＝筑豊本線（嘉穂郡碓井村）
7　瓜生長右衛門＝嘉穂電灯株式会社取締役、飯塚町会議員、元麻生商店理事兼鉱務長、元福岡県会議員、のち飯塚市会議員
8　麻生彦三郎＝太吉親族、麻生商店測量係
9　大塚文十郎＝麻生商店製工所長
10　ヱンドレス＝炭車運搬のための環状索道
11　シシンドル＝シリンダー、内燃機関の部品
12　近角常観＝浄土真宗大谷派僧侶、雑誌『求道』中心メンバー、山内坑変災見舞に来店

午後二時伊藤君葬議〔儀〕[1]ニ列ス

二月十日　日曜

本店ニ出務ス
電力使用上ニツキ御法川〔小三郎〕[2]・花村〔久兵衛〕[3]両氏ト打合、尚九水ニツキ交渉スルコトニセリ、又電力使用ニ係リ各営業所ノ利害調査ス
会社組織ノ件[4]ニ付調査ス

二月十一日　月曜

午前九時本店ニ出務ス、会社組織ニツキ会議ス
倶楽部[5]ニテ昼飯会ヲ催ス
午後五時半より自働車ニ而出福ス、星野〔礼助〕氏ニ電話、明日出飯ノ事ヲ内談ス
村上〔巧児〕部長ニ電話シ、九水ノ電力及地下線ノ件打合
山田〔駒之輔〕医師ニ電話シ、中野〔徳次郎〕君ノ病気聞合セリ、左迄ノ事ナカリキ

二月十二日　火曜

午前村上九水ノ営業部長ト電話シ、地下線ノ書面認メ方ニツキ打合ス、又今井〔三郎〕[6]君帰県ナリタカ返事ノ事ヲ約ス
午前十一時自働車ニ而博多より帰ル
伊吹幹事来リ、校長[7]ノ件及試検〔ママ〕[8]所ノ件ニ付会談ス、吉田〔良春〕[9]氏当時校長代理ニ、検試〔ママ〕所ハ十八日ニ打合スコトニセリ
星野氏相見へ、倶楽部ニテ会社組織ノ件ニツキ研究ス

二月十三日　水曜

戦地〔時〕利得税ノ件ニ付松田〔源治〕[10]・野田〔卯太郎〕[11]ノ両氏ニ出状シ、不明ノ廉調査報知ノ件ヲ依頼ス

赤坂坑[12]ニ行キ、ヱンドレス工事ヲ検査シ、第二坑開口ノ場所ニ臨ミ、実測之件大塚〔万助〕[13]ニ申談ス
高嶋〔市次郎〕[14]赤坂学校ノ前ニ出逢、綱分第二坑下層坑口開鑿ノ件ニ付打合
山内農園[15]ニ行キ、川田〔十〕[16]君ニ梨子・柿ノ植付方申談ス（本店及病院付近ナリ）
立岩農園ニ行キ、畑地ニアル小笹切取リ之件ヲ農夫ニ申付タリ

二月十四日　木曜

午前八時五十分ニ而吉隈坑ニ行キ、午後三時九分発ニ而帰宅ス

1　伊藤傳右衛門母芳子葬儀
2　御法川小三郎＝麻生商店鉱務部長、のち山下鉱業株式会社鉱山部
3　花村久兵衛＝麻生商店上三緒坑機械課長、嘉穂電灯株式会社主任技師
4　この年五月麻生商店を株式会社に組織変更する
5　倶楽部＝麻生商店集会応接所（飯塚町立岩、本社前）
6　今井三郎＝九州水力電気株式会社技師長、のち常務取締役
7　校長＝筑豊石炭鉱業組合筑豊鉱山学校長
8　試験所＝石炭坑爆発予防調査所（前年一九一七年設立）、もと安全灯試験所
9　吉田良春＝筑豊石炭鉱業組合筑豊鉱山学校調査委員、住友若松炭業所長、のち住友理事
10　松田源治＝衆議院議員、のち拓務大臣、文部大臣
11　野田卯太郎＝衆議院議員、この年九月逓信大臣、のち商工大臣
12　赤坂坑＝麻生商店赤坂鉱業所（嘉穂郡庄内村）一九一三年開坑、のち綱分鉱業所の管轄下
13　大塚万助＝麻生商店赤坂鉱業所長、翌年同商店上三緒鉱業所長
14　高島市次郎＝麻生商店綱分鉱業所課長、翌年綱分鉱業所長
15　山内農園＝麻生商店山内農場一九〇八年（一九一〇年とも）設立、石炭廃鉱地試験農場（飯塚町立岩）
16　川田十＝麻生商店山内農場主任、元徳島県立農事試験場園芸部主任

午後八時六分より自働車ニ而山崎〔誠八〕[1]君ト出福ス

二月十五日　金曜

午前八時半より友泉亭[2]ニアル旧坑口ノ調査ニ行キ、七隈[3]附近迄踏査、浜の町ニ帰リ昼飯ス（相羽〔虎雄〕[4]・山崎・天野〔寸〕[5]ノ諸氏）

午後ハ御法川・山崎・相羽ノ諸氏ト野間[6]ノ附近迄実地ノ踏査ス、安川試験所ニモ立寄タリ

二月十六日　土曜

午前八時半より自働車ニ而、御法川・相羽・山崎ノ諸君ト八木坑区及元鈴木関係ノ坑区[7]ヲ踏査、亀山坑山[8]ニ立寄、炭脈ヲ聞取タリ

午後十二時下月隈ノ東側ノ宇美[9]ノ方ノ山ニ登リ、宇美地方ノ炭脈ノ大体ヲ踏査ス

月隈より十二時半浜の町ニ帰リ、午後三時五十分ニ而別府ニ村上巧一〔児〕氏ト来リ、小倉より篠崎ト同車ス

伊吹・井関〔譲吉〕[10]ノ両君相見ヘ、組合予算ノ打合ヲナシ、十八日委員会欠席ノ打合ヲナス

二月十七日　日曜

梅谷・村上・今井外二氏会合シ、火力及水力電気ノ件ニ付打合ス

昼飯ヲナシタリ

山田耕平[11]氏相見ヘ、廻遊鉄道[12]布設ノ件ニ付知事〔新妻駒五郎〕[13]日名子旅館ニ一同訪問、親シク陳情ス

別府滞在

二月十八日　月曜

麻生観八氏相見ヘ、大山川筋地元協議ハ三月中ナラントノ事ナリ、他ニ進行之道ナキヲ以夫ヲ待ツノ外ナキナリ

梅谷氏相見ヘ、動力之件打合ナシタリ、昼飯ヲナシタリ

山水園[14]ニ行キ、加納子爵〔久宜〕[15]訪問ス
別府町長〔磯沖菊蔵〕[16]相見へ、鉄道及ホテルニ一時限リ温水ヲ移シ方内談アリタ
午後七時別府駅発ニ而福岡へ向ケ出発ス

三月一日　金曜

午前十一時自働車ニ而浜の町ニ着ス
伊吹君出福アリタ、惣会等打合ス

1 山崎誠八＝麻生商店主事補、この年鉱務部長
2 友泉亭＝地名、早良郡樋井川村田島、元藩主黒田家の別邸があったための通称
3 七隈＝地名、早良郡原村
4 相羽虎雄＝麻生商店上三緒鉱業所長、元藤棚第二鉱業所長、のち鉱務部長
5 天野寸＝坑区斡旋業
6 野間＝地名、筑紫郡八幡村
7 帝国炭業株式会社所有坑区（糟屋郡山田村）、元合名会社鈴木商店所有坑区
8 亀山坑山＝亀山炭坑、中野徳次郎経営（糟屋郡志免村・仲原村）
9 下月隈＝地名、筑紫郡席田村　宇美＝地名、糟屋郡宇美村
10 井関譲吉＝筑豊石炭鉱業組合会計主席書記
11 山田耕平＝大分県会議員、大分県参事会員
12 廻遊鉄道＝別府温泉鉄道株式会社、一九一一年発起（大分県別府町、未開業）、太吉大株主
13 新妻駒五郎＝大分県知事、のち小倉市長
14 山水園＝麻生家別荘（大分県別府町）、小宮茂太郎が開園した庭園を太吉購入
15 加納久宜＝麻生太郎・野田勢次郎岳父、十五銀行取締役、貴族院議員、元鹿児島県知事
16 磯沖菊蔵＝大分県別府町長、元速見郡会議長

午後四時博多停車場ニ一行出迎セシモ、日比谷〔平左衛門〕[1]氏病気ニ而翌朝ニナリタ
帆足〔悦蔵〕[2]氏相見へ、大山川ノ件ニ付会談ス

三月二日　土曜

午前五時博多停車場ニ日比谷社長一行出迎ス
香椎東鉄〔東洋製鉄〕敷地ト申居タル場所、和田〔豊治〕氏一行自働車ニ而案内ス
福村楼〔家〕[3]ニ而昼饗ス
中野〔徳次郎〕君病気ヲ和田氏ト一同見舞タリ
午後五時一方亭ニテ渡辺与三郎[4]氏ノ招待会ニ列ス、北崎〔久之丞〕[5]氏より光栄アル挨拶ヲ受ケタリ
午後九時過キ帰宅ス
吉川真之介〔助〕[6]来リタリ

三月三日　日曜

午前十時五十分博多駅発ニ而門司ニ来リ、関門渡シ場より直チニ大吉楼ニ行キ、午後四時藤野[7]ニ行キタリ
午後六時より宴会ヲ催ス
来客ハ日比谷社長・和田相談役等弐十八人ナリシ、別記ス
午後十一時過キ大吉楼ニ帰ル
野口某（山下商店員、元下ノ関外国人店員ナリシ）同車、門司迄鉱山及販売上ニ付会談ス

三月四日　月曜

大吉楼ニ而萩田〔延治郎〕[8]・山地〔善七〕[9]ノ両氏ト昼飯ヲ饗ス
午後二時信濃丸[10]ニ社長一行見送リタリ

門司より電車ニ而折尾ニ来リ、三時五十二分下リ列車ニ而帰宅ス、折尾駅よりたつ子〔麻生辰子カ〕[11]ト同車ス

金三十円　大吉楼女中及千代

同五円　郵船ノ船長ニ心付

三月五日　火曜

午前八時五十三分飯塚駅発ニ而吉隈坑ニ行キ、山崎君ト打合ヲナス、午後三時下臼井駅発ニ而帰宅ス

書類整理ス

芳雄製工場[12]ニ立寄、山内積入場ノ件ニツキ実地踏査ス

1 日比谷平左衛門＝九州水力電気株式会社長、鐘淵紡績株式会社会長
2 帆足悦蔵＝大分県会議員、大分県参事会員
3 福村家＝料亭（福岡市東中洲）
4 渡辺与三郎＝紙与合名会社（福岡市）代表社員
5 北崎久之丞＝紙与合名会社支配人
6 吉川真之助＝太吉妻ヤスの甥
7 藤野＝旅館春帆楼（下関市阿弥陀寺町）
8 荻田延治郎＝三井物産株式会社門司支店長
9 山地善七＝三井物産株式会社石炭部
10 信濃丸＝日本郵船所属汽船、神戸・基隆間航路
11 麻生辰子＝太吉孫
12 芳雄製工所＝麻生商店製工所、一八九四年設立（飯塚町立岩）、機械製造・コークス製造・精米業

三月六日　水曜

午前山内積入場ニ臨ミ、桟橋布設ノ方法彦三郎《[麻生]》及大塚ニ申談ス

製工所ニ行キ、十吋片シ、ンドル及吉隈十吋片巻キヱンドレスニ調製スルコト

新キニ十吋巻キヲ調造スルカ、十四吋修繕スルカ、調査シテ取極メルコト

四月二日　火曜

東京より下ノ関ニ着、直チニ小蒸気ニ而若松築港会社[1]ニ重役会ニ列ス

午後三時十二分若松駅発ニ而帰途ニツキ、若松駅より義ノ介《[麻生義之介]》[2]、直方駅より野見山・御法川・本店員ノ出迎アリ

午後五時三十分飯塚駅着、各営業所員出迎アリタリ

倶楽部ニ立寄タリモ直チニ帰宅ス

四月三日　水曜

早朝より境出《[手]》[3]ノ連《[蓮]》池ノ川魚取リニ孫等ト行キ、遠賀川工事ヲ検査シテ一本木[4]より高山[5]ニ行キ、鉄橋より引返シタリ

昼飯ハ境出ニテナシタリ

瓜生《[長右衛門]》[6]及酒屋[7]来リ、栄屋《[座カ]》[8]株之義ニツキ内談ス、六掛迄ハ半数ニ達スル迄約四十株買入ノ事ヲ承諾ス

四月四日　木曜

午前十時より自働車ニ而出福ス

九水村上ハ大分行キノ留主ニナリタ

県庁小林《[新三郎]》[9]課長ニ面会ス

若松海面ナル船入場埋立ハ石井《[良一]》[10]市長ニ申入ルコト

境出コーヘト[11]ハ更ニ県庁より町長ニ質問アルコト

〆

黒瀬〔元吉〕[12]ニ五十五円ノ買物セリ

星野氏ト電話ス

弐千円ノ礼ト三百円ノ旅費

三千円　無罪

弐千円　罪金〔ママ〕又ハ執行猶予ノトキ

〆

午後七時五十六分博多駅発ニ而帰宅ス

1　若松築港株式会社＝一八八九年若松築港会社設立、九三年株式会社、太吉取締役
2　麻生義之介＝太吉女婿、麻生商店若松出張所長、のち株式会社麻生商店常務取締役
3　境手＝地名、飯塚町下三緒
4　一本木＝一本木井堰（飯塚町上三緒）
5　高山＝地名、飯塚町上三緒、太吉姉嫁ぎ先吉田家所在地
6　瓜生長右衛門＝株式会社飯塚栄座取締役、鴻ノ巣炭坑（鞍手郡）経営者
7　酒屋＝麻生惣兵衛、株式会社飯塚栄座取締役、嘉穂銀行取締役、元飯塚町会議員
8　栄座＝株式会社飯塚栄座、演劇場（飯塚町）、一九一一年設立、元養老館、のち筑豊劇場
9　小林新三郎＝福岡県理事官土木課長
10　石井良一＝若松市長
11　コーヘト＝カルバート（暗渠、地下排水溝）カ
12　黒瀬元吉＝古物商（福岡市上新川端町）

四月五日　金曜

在宅

氏神ノ坂段工事ノコトヲ氏子ト立会申合セリ

四月六日　土曜

在宅

書類整理ス

四月七日　日曜

午前九時飯塚駅発ニ而直方遠賀川改修工事竣工式ニ列ス

済後柳屋[1]ニテ二次会ニ列シ、別間ニ堀氏ト会合ス、午後八時十五分直方駅発ニ而帰宅ス

四月八日　月曜

午前飯塚町長藤森［善平］氏外五人寄付金ノ件[2]ニ付相談相見へ、不日返事スルコトニセリ

大森［武雄］農会主事相見へ、農業大会ニ付金百円寄付ス

午後在宅

四月九日　火曜

午前八時五十分飯塚駅発ニ而吉隈坑[3]ニ行キ、午後三時十五分発ニ而帰宅ス

四月十日　水曜

一午前瓜生［長右衛門］来リ、炭坑ノ件ニ付堀氏ニ用談ノ件、及片嶋[4]合併ニ付上田不同意ノ由伝ヘタリ

一花村久助[5]君麻生惣兵衛[6]君同供、同人借用金年五朱ノ事ニ返事ス、笹川口［ママ］ハ無利子ニ相談セリ、取調ノ上返スルト答タリ

一午前十一時飯塚駅発ニ而直方委員会[7]ニ列ス
午後二時十五分直方駅発ニ而、博多駅ニ午後五時着
明治専門校[8]ニ依頼シ、測量宮崎団作・監督太田千代蔵両人、来ル十三日学校[9]敷地立会ノ筈ナリ

四月十一日　木曜

吉川真之介〔助〕来リ、負債ハ金四百三十円払替、恩給引当ノ負債ハ其侭トシ、栢森[10]ニ引越スニツキ打合候様申伝へ返シタリ

一恩給負債ハ其侭トシ、十ケ年位ニ而皆済トナル
一薬ハ従来之通製薬スルコト
一月給十五円位ニテ雇入、其ノ給料ト薬価ニテ生活スルコト
〆

1　柳屋＝旅館（鞍手郡直方町殿町）
2　飯塚町役場建築費寄附願い
3　吉隈坑＝麻生商店吉隈鉱業所、一坑（下臼井）、二坑（下臼井二坑）、三坑（五尺坑）、四坑、愛宕一坑・二坑からなる
4　片島＝地名、嘉穂郡二瀬村
5　花村久助＝かつて麻生商店と笹原坑共同経営、元飯塚町会議員
6　麻生惣兵衛＝酒屋、嘉穂銀行取締役、株式会社飯塚栄座取締役、元飯塚町会議員
7　直方委員会＝筑豊石炭鉱業組合筑豊鉱山学校創立委員会
8　明治専門校＝明治専門学校、安川敬一郎により一九〇九年設立、一九二一年官立移管
9　学校＝筑豊石炭鉱業組合筑豊鉱山学校
10　栢森＝地名、飯塚町立岩、麻生本家所在地

一宮内観真君来リ、□〔高カ〕室氏面会申入アリタルモ断リタリ
一山内榎林与市君来リ、昼飯ヲナス
一太田勘太郎氏[1]外三人相見へ、消防寄付金ノ件相談アリタ
［欄外］一金弐百円、黒瀬〔元吉〕ニ五品見当ニ貸ス

四月十二日　金曜

藤沢良吉君相見へ、温泉鉄道[2]ノ件ニ付懇談アリタ
丸尾円太郎君相見へ、東洋製鉄会社ニ任用ノ件内談アリタ
吉川真之助来リ、負債ヲ弁金シ栢森ニ引越スコトニセリ
伊藤傳右衛門君相見へ、種々会談ス、中津紡績〔絹糸紡織〕会社[3]重役ノ件等ナリ
金弐百三十九円黒瀬買物代払、日六アリ

四月十三日　土曜

午前七時廿九分博多駅発ニ而直方駅ニ至リ、坑業学校[4]敷地ニ臨ミ、宮崎〔団作〕・太田〔千代蔵〕ノ両氏ト立会セリ
午後二時十分直方駅発ニ而帰宅、直方より典太〔麻生〕[5]等同車ス
青木〔信光〕・前田〔利定〕[6]両子爵、貴族院再撰ノ件ニ付勧誘ニ見ヘタリ
午後五時三十分飯塚駅発ニ而帰途セラル
森崎屋[7]相見へ、山口入札ノ打合ヲナシタリ

四月十四日　日曜

午前八時二十分飯塚駅発ニ而戸畑安川〔敬一郎〕邸[8]ニ宴会ニ列ス
午後四時十分戸畑駅発ニ而帰途ニツキ、直方より伊藤〔傳右衛門〕ノ自働車ニ而野見山ト一同帰ル

四月十五日　月曜

午前九時郡役所ニ出頭、伊藤君ト公会堂[9]之件ニ付打合セ、帰途〔嘉穂〕銀行ニ立寄、昇給之書面ヲ受取、他日実行ニ付伊藤君ニモ十七銀行[10]之聞合ヲ頼ミタリ

麻生彦三郎来リ、山内運炭線之件ニ付図面ヲ見タリ

本店ニ而吉川監十郎[11]来リ、其他会社創立ニツキ打合、午後六時四十五分自働車ニ而浜の町ニ来リタリ

四月十六日　火曜

吉川真之介〔助〕来リ、同方生活上ニ付補介方法ヲ定メ、書面ヲ領シタリ

四月分補助金十五円渡ス

麻生観八・上野山・梅谷ノ諸氏ト会合、日田水利上ニツキ打合ス、昼飯ヲナシ帰ラル

1 太田勘太郎＝醬油醸造業（福岡市蔵本町）、福岡貯蓄銀行取締役、福岡市会議員
2 温泉鉄道＝別府温泉鉄道株式会社、一九一一年発起（大分県別府町港町、未開業）、元温泉巡遊鉄道・温泉廻遊鉄道とも
3 中津絹糸紡織株式会社＝この年六月設立（大分県中津町豊田）、のち日華絹綿紡績株式会社
4 坑業学校＝筑豊石炭鉱業組合筑豊鉱山学校（鞍手郡頓野村）
5 麻生典太＝太吉孫、のち株式会社麻生商店取締役
6 青木信光＝貴族院議員　前田利定＝貴族院議員、のち逓信大臣、農商務大臣
7 森崎屋＝木村順太郎、酒造業（飯塚町本町）、飯塚町会議員、この年五月株式会社麻生商店発足により監査役
8 安川敬一郎引退記念園遊会
9 公会堂＝嘉穂郡公会堂（飯塚町明治町）、一九二一年九月竣工、のち郡より飯塚町へ移管
10 十七銀行＝第十七国立銀行として一八七七年開業、九七年私立銀行に転換、伊藤傳右衛門一九〇四年より取締役
11 吉川監十郎＝太吉女婿（鞍手郡頓野村内ケ磯）、元鞍手郡会議員

四月十七日　水曜

午前八時より栄屋[1]ニ行キ、前日水利ノ件打合ノ件ニ付尚研究シ順序打合ス

杉山松太郎[2]・西某両人相見へ、中野徳次郎君坑区ノ件ニ付談話ヲ聞キタリ

堀氏相見ヘタリ

午後三時過キ自働車ニ而帰リ、堀氏ヲ連〔蓮〕池[3]より一方亭迄同車ス、伊藤傳右衛門氏ニハ途中ニ而面会ス

四月十八日　木曜

午前八時五十分飯塚駅発ニ而臼井駅ニ行キ、積入場ニ而大森〔林太郎〕[4]君ト打合之上、午前十時四十二分発ニ而帰リタリ

本店出務、相羽君ヲ福岡より呼寄、中野君坑区ノ件ニ付杉山ノ面会ノ顛末ヲ聞取、営業日誌ニ記シタリ

中西四郎平相見へ、豊前坑区ノ件ニ付会談ス、先方ノ意向甚タ不了解ニテ、其後許可アラバ直チニ試験スル様電話アリ、〔麻生〕太郎面会ノ事電話ス

四月十九日　金曜

午前本店出務、業務ノ打合ヲナシタリ

午後三時十七分飯塚駅発ニ而上京ス

四月二十七日　土曜

午後十二時四十分博多駅着、浜の町ニ一泊スス〔ママ〕

多田〔鉄男〕[5]君厳父病気ニツキ応診〔往〕之件ニ付相見へ、太郎モ来リ打合ス、金三十円応診費ニ多田渡ス

四月二十八日　日曜

福岡炭坑[6]着炭祝[7]ニ付姪の浜新開鑿ノ場所ニ行キタリ

午後二時半帰ル

午後六時十分自働車ニ而帰ル
金三百円　黒瀬［元吉］渡、買物代
同百円　家内渡
四月二十九日　月曜
午前十一時迄在宿
午前十一時二十分本店出務
四月三十日　火曜
午前八時飯塚駅発ニ而若松築港会社重役会及惣会ニ出席ス
一重役会ニテ議案及検査［監］役・取締役ノ撰挙申合、吉田［良春］[8]君取締役ニ松本［健次郎］[9]氏より内交渉アリタルニ付、吉田君取

1　栄屋＝旅館（福岡市橋口町）
2　杉山松太郎＝もと目尾炭坑・糸飛炭坑経営者
3　蓮池＝地名、福岡市蓮池町
4　大森林太郎＝麻生商店製工所、のち株式会社麻生商店採鉱係長
5　多田鉄男＝麻生商店若松出張所、のち株式会社麻生商店大阪出張所長・東京出張所長
6　福岡炭坑＝姪浜鉱業株式会社（早良郡姪浜町）、一九一四年設立
7　着炭＝掘削掘進し目的の石炭層に到着すること
8　吉田良春＝住友若松炭業所長、のち住友理事
9　松本健次郎＝安川敬一郎次男、若松築港株式会社取締役、この年四月一日より明治鉱業株式合資会社長、翌年明治鉱業株式会社長、若松築港株式会社社会長、本巻解説参照

締役、貝嶋〔太市〕[1]君検査役ニ申合ス

一惣会ニテ重役賞与決定ス、及久保〔太郎〕[2]氏慰労金重役会ニ一任アリタ

〆

一麻生商店〔若松出張所〕ニ立寄タリ、午後三時十分若松駅発ニ而福岡ニ行キタリ

自働車ニ而駅より浜の町ニ着ス

〔欄外〕天野〔寸〕君ニ面会ス

五月一日　水曜

午前八時二十分自働車ニ而帰宅ス

書類ヲ整理ス

午後一時より嘉穂銀行重役会ニ列ス、午後十時過キ帰ル

五月二日　木曜

一午前九時飯塚駅発ニ而直方常議員会ニ列ス

一上京シテ校長推撰ニ付和田〔維四郎〕[3]依頼ノ報告

一直方試験所方針、鉱山局長面会ノ末、黒岩〔休太郎〕課長五月上旬来県ノ報告

一学校敷地地□〔拼カ〕工事ノ区別、及土地買入増加ノ件、并ニ予算超過は沈没炭[4]代ニ而補充スル件ニ付内談ス

一午後弐時三十五分直方発ニ而帰リタリ

〔欄外〕山内農園ニ散歩ス

五月三日　金曜

午前三時半頃より下痢ヲナシ、六時迄ニハ三回ヲ通シ、麻生〔清〕医師ニ診察ヲ乞、服薬ス

終日寝台ニツキタリ

　五月四日　土曜

下痢止リタルニツキ、朝ハ□〔粥カ〕ナリシモ昼ハ普通ノ喰事ニス

書類整理ス

一金五百円吉浦より受取、百円ハ森崎屋、百円ハ浜の町家費、三百円ハ黒瀬品物代

午後二時自働車ニ而夏子〔麻生〕・多賀吉〔太〕・操〔麻生ミサヲ〕[5]等連レ出福ス

［欄外］風荒ク、午後より降雨トナレリ

　五月五日　日曜

午前村上九水営業部長相見へ、会社ノ執務上ニツキ会談アリタ

　金七十円　操・米〔麻生ヨネ〕[6]外一人ニ遣ス

　五月六日　月曜

天野〔寸〕君来リ、坑区ノ件ニ付会談ス

1　貝島太市＝貝島太助四男、貝島鉱業株式会社総務長、翌年貝島商業株式会社長、のち貝島炭礦株式会社長、本巻解説参照
2　久保太郎＝若松築港株式会社監査役四月五日辞任、若松石炭商
3　和田維四郎＝貴族院議員、元農商務省鉱山局長、元製鉄所長官
4　沈没炭＝荷役作業の際海中に沈没した石炭
5　麻生夏＝太吉三男麻生太郎妻　麻生太賀吉＝太吉孫　麻生ミサヲ＝太吉長男麻生太右衛門妻
6　麻生ヨネ＝太吉三女、麻生義之介妻

午前十時安川敬一郎氏相見へ、貴族院ノ希望ノ有無聞合セリ、太田〔清蔵〕[1]希望之旨内話アリタ
壱方亭ニ行キ昼飯ヲナシ、安川・堀ノ両氏ト会談ス
午後十一時浜町ニ帰ル

五月七日　火曜

一午前五時博多駅発ニ而、大分九水ニ午前十一時着ス、別府より梅谷氏ト同車ス
一九水会社ニ而上野山・梅谷・今井ノ三氏ト協義ス
一大山川地元交渉ノ件ニツキ上野山ト県庁〔大分〕ニ行キ、新妻〔駒五郎〕知事ニ面会、親シク事情ヲ陳シ同情ヲ得タリ
一警〔察脱〕[2]部長ニも面会、同様陳情シ同情ヲ得タリ
一会社ニ再度行キ、地元交渉之順序ニツキ親シク打合、手帳ニ記入ヲ乞タリ
代償ニツキテハ如何ナル場合モ当方より程度ヲ申出ザルコト、決局ノ場合ハ九洲重役会[3]ヲ催スコト、内務部長より郡長ヲ呼ヒ交渉順序内示セリタル事柄より日記ヲ製セラル、コト
一午後四時自働車ニ而別府ニ帰ル
［欄外］柏木氏〔勘八郎〕[4]より下ノ関発ニ而八日午後四時来別ノ電話アリタ
浜の町より小林〔森吉〕[5]受負人より電信ノ電話アリタ

五月八日　水曜

梅谷君相見へ、九水会社執務上ニツキ聞取タリ、又温泉鉄道布設ニツキ会談ス
麻生観八氏ニ、九水大山川地元協義ノ件県庁陳情ニ付出状ス
柏木勘八郎・桝谷音三[6]両氏相見へ、坑区交換ノ件ニツキ内談アリタリ、図面受取タリ
温泉鉄道佐藤君相見ヘタリ、鉄道線ニ関スル件ヲ聞取タリ

日高栄三郎君[7]中山旅館[8]ニ訪問ス

五月九日　木曜

一午前七時四十二分別府駅発ニ而帰途ニツク、停車場ニハ日高栄三郎君見送アリタ
鑵〔汽〕車中大内暢三代議士及大分一ノ宮〔一宮房治郎〕[9]代議士ト小倉迄同車シ、日支合弁ヲ以鉄鉱ニ関スル事業経営ニツキ、現在ノ製鉄所払下ケノ件談合ス
小倉ニ而山口〔恒太郎〕[10]代議士ニ面会シ、折尾駅迄同車ス
十二時五十分飯塚駅発ニ而吉隈坑ニ行キ、午後三時六分臼井駅発ニ而帰ル
麻生観八君より電報来リタ

五月十日　金曜

一午前十時自働車ニ而浜ノ町ニ着ス

1 太田清蔵＝徴兵保険株式会社専務取締役、九州瓦斯株式会社長、福岡貯蓄銀行頭取、元衆議院議員
2 警察部長＝間野一大分県警察部長
3 九州重役会＝九州水力電気株式会社九州在住重役会議
4 柏木勘八郎＝二郎熊改名、井上馨甥、行橋電灯株式会社長、宇島鉄道株式会社長、福岡県農工銀行取締役
5 小林森吉＝九州水力電気株式会社蝙蝠滝水路（大野川）工事請負人
6 桝谷音三＝井上馨甥、株式会社桝谷商会社長、下関商業会議所会頭
7 日高栄三郎＝漁業経営者、貴族院議員、元宮崎県会議員
8 中山旅館＝大分県別府町上ノ田湯
9 一宮房治郎＝衆議院議員、元大阪朝日新聞記者
10 山口恒太郎＝衆議院議員、九州電灯鉄道株式会社取締役、元福岡日日新聞主筆

一伊吹君ニ電話シ、黒岩氏ノ方ハ病気ニツキ欠席ノ旨伝達方ノ件
一浜ノ町より日田松栄館[1]ニ電話シ、帆足君ト協議ス、其後郡長〔宇都宮喜六〕[2]ト協議ノ結果、他日通知ヲ待日田ニ出向電話来リタリ
一麻生屋・中西相見ヘ、赤坂・芳雄買収希望申込アリトノ内談アリタ
一久原坑[3]ハ五十万円トシ、五万円ハ世話料、四十五万円手取ナリ
一棚橋君別府相見ヘタルニ付、米屋[4]電話ニ通時間ノ電話ス

五月十一日　土曜

一野田卯太郎君栄屋ニ相見ヘ、訪問ス、貴族院撰挙ニ関シ会議スル旨申向ケアリタ、安川氏より意外ノ質問ヲ受ケタリ、一己ノ希望トシテハ、土斐崎〔三右衛門〕[5]君円満ノ撰挙アレバ無此上、此際ハ慎身[6]スルノ外ナキ旨申向ケタリ△

〔欄外〕　野田君トノ続キ
△洞海湾ノ件ニ付築港会社員呼寄ルコト
日田郡水電逓信大臣ニ陳情ノ件
戦時税ノ件
〆

一九水村上君来訪、日田郡ノ事情聞取アリ
一日田松栄館ニ電話、麻観〔麻生観八〕君ト電話シ、大分ニテ上野山君ト打合セシコトノ事情ヲ打明シ、不申事ハナキカ又同情者ノ意向心配ナキカ注意ス
一辛〔宰〕府木村かつ[7]来リ、画会発記〔起〕ノ承諾ス
一棚橋君帰京ニ付午後三時四十分博多駅〔発脱カ〕ニ而小倉ニ而面会、人操上ニ付注意ス

［欄外］一福日ノ斉田〔斎田耕陽〕君来リ[8]、香椎ノ件ニ付会談ス
二枚折半双買入ナス

五月十二日　日曜

野田〔卯太郎〕・森田〔正路〕・山口〔恒太郎〕ノ三氏相見へ、支部会[9]ニテ貴族院ノ候補者ニ推撰ノ申合セリ、承諾ノ件申入アリタ
堀氏相見へ、前件ノ尚申添承諾ノ申入アリ、一己ノ希望ハ土斐崎君ニ円満ノ推挙アル様願度モ、目下慎身スルノ外無之旨申向ケタリ
堀氏ヲ春吉別邸[10]ニ訪問、鑿岩機ニ対シ贈与品ニ付挨拶ヲナシタリ
瓜生〔長右衛門〕・佐賀〔経吉〕[11]ノ両人来リ居タリ

1　松栄館＝旅館（大分県日田町豆田町）
2　宇都宮喜六＝大分県日田郡長
3　久原坑＝麻生商店久原鉱業所（佐賀県西松浦郡西山代村）
4　米屋＝旅館（大分県別府町）
5　土斐崎三右衛門＝地主（早良郡壱岐村）、壱岐銀行頭取、福岡県農工銀行監査役、十七銀行監査役
6　麻生商店の鉄道院九州鉄道管理局に対する瀆職事件
7　木村かつ＝画工
8　斎田耕陽＝福岡日日新聞記者
9　支部会＝立憲政友会福岡県支部会
10　春吉別邸＝堀三太郎別荘（筑紫郡住吉町）
11　佐賀経吉＝鉱業家、玄洋社

呂升〔豊竹呂昇〕[1]浜の町ニ来リ、二百円ノ寄付ス

五月十三日　月曜

瓜生来リ、多田共同坑区[2]売却ノ件ニ付注意ス

森崎や相見へ、買物件内談ス

中西君相見へ、久原坑区ニノ〔ママ〕件ニツキ麻生屋出福、譲受度キ希望者、其ノ期間ハ十日間トシ、又役員等全部引受度キトノ事ナリシ

天野君来リ、坑区ノ内談ス、別記ニアリ

午後三時五十分自働車ニ而麻生屋・典太一同帰宅ス

吉末〔三郎〕[3]君来リ、山口行ノ帰リナリシ

五月十四日　火曜

午前八時五十分ニテ吉隈坑ニ行キ、午後三時六分発ニ而帰宅ス

書類整理又ハ出状等ナス

五月十五日　水曜

午前本店出務

午後嘉穂銀行重役会及博済会社重役会ニ列ス

麻生観八君より日田町出張ノ件電話浜ノ町ニ達シ、本家ニ移シタリ、出張ノ返電ス

五月十六日　木曜

午前五時四十分自働車ニ而浜の町ニ着ス

堀氏より貴族院議員ノ件ニ付電話アリ、惣而円満ノ解決スル様一任セリ、又山田〔駒之輔〕医師より中野〔徳次郎〕君養体〔容態〕ノ事ヲ聞キ、

堀氏ニ電話ス
午前八時四十分自働車ニ而久留米ヲ経而、日田町豆田松栄館ニ十一時四十分着ス（梅村〔藤夫〕[4]へ金五円渡ス）
麻生観八氏より十日已来ノ順序聞取タリ
帆足〔悦蔵〕・井上〔武〕[5]両氏ノ中〔仲〕裁者相見へ、大山村[6]外二村ノ異見、郡側ノ十六ケ村ト一致セズ、引払タル旨申向ケアリ
郡長カ委員側ニ立チ統一スル様依頼ス

五月十七日　金曜

市山亭[7]ニ終日詰切、塩屋〔塩谷五郎〕[8]・上野山両氏ニ、三歩一ノ水量ニ対スル電力ト全部ノ電力ニツキ利害ノ研究ヲ乞、午後
三時今井氏相見へ、調査書成立セリ
同亭ニ晩食シ、森〔千蔵〕[9]監査役及帆足君モ見ヘタリ

五月十八日　土曜

森検〔監〕査役相見へ、日田町ハ三歩一ノ水量ニテ会社側ノ承諾ナシ呉レ様トノ事ニ而内談アリタリ

1　豊竹呂昇＝本名永田仲子、女義太夫
2　多田共同坑区＝長崎県北松浦郡鹿町村石炭坑区カ
3　吉末三郎＝麻生商店豆田鉱業所長、のち株式会社麻生商店参事
4　梅村藤夫＝麻生家自動車運転手、元三井物産自動車陳列場販売員
5　井上武＝大分県会議員
6　大山村＝大分県日田郡
7　市山亭＝料亭（大分県日田町豆田町）
8　塩谷五郎＝九州水力電気株式会社土木技師
9　森千蔵＝九州水力電気株式会社監査役

大道〔良太〕[1]氏ニ宴会不参ノ発電ス
梅谷・棚橋両氏午後三時過キ相見へ、既往ノ事実ヲ打合ス
郡長及佐藤〔虎雄〕[2]（玖珠郡）・帆足ノ三氏相見へ、大山村ノ意向、廿日ニ集会、廿六日迄ニ返答スル旨申入アリタルモ、
可成早く希望ト申入タリ
麻生観八・帆足両氏より、昨年より地元協議ノ顚末ヲ重役一同ニ報告アリタ（別紙上野山筆記アリ）

五月十九日　日曜

松栄館滞在
一大山川三歩一水量ヲ河川ニヨラズ水道ニヨリ流木スル計画ニツキ、調査方梅谷氏より説明アリ、其ノ調査ヲ始メ
タリ
日田町警察署長中嶋順次郎氏相見、地元人民ノ九水会社ニ反対セシ事実ヲ聞キ取タリ
一塩屋〔谷〕・棚橋・上野山・梅谷ノ諸氏ト、今後地元より説明ヲ乞ハレタル時ニ同一ノ事ニナル様廉書ヲ調シ、又設計
ニ係ル事モ何時ニテモ同一ノ事ニ相運候様打合セリ
一午後三時五十分自働車ニ而田代駅[3]ニ来リ、同駅午後四時五十六分発ニ而博多駅ニ五時四十分着ス、安川清三郎[4]氏
ニ停車場ニ面会ス、田代駅より今渕〔恒寿〕[5]先生同車ス
浜の町ニ一泊ス
[欄外] 松栄館麻〔生観八〕観君ニ電話シ、二十日午後九時別府着ヲ打合ス

五月二十日　月曜

午前八時中野徳次郎氏見舞タリ
午前九時四十分自働車ニ而本家ニ帰リ、三時十六分飯塚発ニ而大分行ノ筈ナリシモ、明日午前八時発ニシ、麻生観

八氏ニ発電ス（自宅及別府田ノ湯館[6]両方ニ打電ス）
本店ニ而営業上ノ打合ナシタリ

五月二十一日　火曜

午前本店ニ而上田へ臼井[7]地所ノ買入ノ件打合ス
午前八時飯塚発ニ而乗車ス、松林［安熊カ］[8]君小竹迄、服部［漸］[9]次長勝野より直方迄、堀内［敏尭］[10]氏伊田迄、蔵内安［保］房[11]君行橋迄、日出駅[12]より成清［信愛］[13]支配人ト同車ス
別府駅より麻生観八氏ト大分県庁ニ出頭、内務部長［長延連］ニ面会、大山川地元協議ノ件ニ付事情ヲ陳シ、今後援護方申入タリ

1 大道良太＝鉄道院九州鉄道管理局長
2 佐藤虎雄＝大分県会議員
3 田代駅＝鹿児島本線（佐賀県三養基郡田代村）
4 安川清三郎＝明治鉱業株式合資会社無限責任社員
5 今淵恒寿＝九州帝国大学医科大学教授
6 田ノ湯館＝旅館（大分県別府町田の湯）、麻生観八定宿、元松永万八別荘
7 臼井＝地名、嘉穂郡碓井村
8 松林安熊＝古河西部鉱業所、元杵島炭坑、元製鉄所二瀬鉱業所、のち好間炭坑
9 服部漸＝製鉄所次長
10 堀内敏尭＝元明治鉱業株式合資会社多久炭礦長、翌年明治鉱業株式会社豊国鉱業所長、のち専務取締役
11 蔵内保房＝蔵内鉱業株式会社長、田川銀行頭取、田川貯蓄銀行頭取
12 日出駅＝豊州本線（大分県速見郡日出町）
13 成清信愛＝成清鉱業株式会社長（馬上金山）、元成清鉱業合名支配人、この年貴族院議員、のち衆議院議員

九水本社ニ而江藤[甚三郎]・木村[平右衛門]・渡辺[綱三郎]・麻生観八[1]ノ諸氏ト会社ノ事務上ニ付打合、六時三十分電車ニ而一同別府ニ着ス
日高栄三郎君ニ面会ス

五月二十二日　水曜

渡辺綱三郎君相見へ、福岡会議ノ模様聞キ取タリ、及九水会社検査ノ模様聞キタリ
麻生観八君相見へ、大山川ノ件ニ付打合ス、一時ハ意向一致セザリシモ、能ク了解セラレタリ
藤沢良吉君来リ、[別府]温泉鉄道ヲ四十万円トシ、半高株持ノ事ヲ咄シタリ、同地方公益事業ニ付地元及県庁ニ而補助方申入之件打合ス
十時二十分ニ而県庁ニ出頭、内務部長ニ面会、湯山変更願進達、及右田・野上[2]出願ニツキ上伸[ママ]方申入、又温泉鉄道ノ件モ内情述置タリ
［欄外］九水会社ニ出頭、十二時五十分鑵[汽]車ニ而別府ニ帰リ、麻生観八氏田ノ湯館ニ訪問、内務部長意向打合、三時十二分別府駅ニ而本家[ママ]ニ帰ル

五月二十三日　木曜

午前本店ニ出頭
一電力ノ件ニ付御法川[小三郎]・花村[久兵衛]ノ両君ト打合
一販売上ニ付打合会ノ為メ出張セシ古川[専之助][3]君ト、将来販売上ニ付会談ス
午前十時半自働車ニ而浜の町ニ着ス
十二時半急行ニ而麻生観八氏通行ニツキ、停車場ニ而打合セ、大山村会紛義[議]ニ付注意方打合
九水会社ニ出務、梅谷・村上両氏ニ懇談シ、日田町出張ナサシム
梅谷君ハ玖珠川[4]ノ例ニヨル意向アルモ、甚タ不利ニ付、目下ノ侭是非決了スル様打合セリ

御法川・久恒〔恒久清彦カ〕両氏相見ヘタリ

五月二十四日　金曜

午前御法川・恒久〔清彦〕[5]両君、前原及二日市[6]地方鉱山視察ニ自働車ニ而行キタリ、天野君も同乗ス

三井銀行福岡支店長松本純次郎君相見へ、事業上ニ付会談ス、九軌会社[7]ト合併ニツキ好時機ナリトノ意向アリ、賛成セリ

野田君三時発ニ而上京電話アリタルモ、当時柄見送等見合セリ

花村久兵衛君相見へ、電力線接続之件ニ付内談ス、山内五十キロ、吉隈撰炭機九十キロ、二坑〔吉隈〕八十キロノ分送電ヲ目的トスルコトニ内談ス、尚大分行キモ申付タリ

五月二十五日　土曜

御法川・久恒〔恒久〕坑区踏査ニ自働車ニ而行キ、午後三時頃帰ル、高津〔高崎勝文カ〕[8]君ニ電話シ、炭脈ノ件ニ付内談シ、福村屋〔家〕ニ招待ス

1　江藤甚三郎・木村平右衛門・渡辺綱三郎・麻生観八＝九州水力電気株式会社監査役
2　湯山・右田・野上＝九州水力電気株式会社筑後川水系水力発電所
3　古川専之助＝佐伯商店（大阪）、翌月から麻生商店大阪出張所と改称、元麻生商店若松出張所
4　玖珠川＝筑後川水系（大分県玖珠郡・日田郡）
5　恒久清彦＝麻生商店この年四月入店、のち株式会社麻生商店赤坂鉱業所長
6　前原＝地名、糸島郡前原町　二日市＝地名、筑紫郡二日市町
7　九州電気軌道株式会社＝一九〇八年設立（小倉市）、北九州で電気軌道と電気事業を兼営
8　高崎勝文＝福岡鉱務署長心得

日田松栄館村上君より電話アリ、郡会迄ハ滞在ノ事ヲ切ニ希望ス

五月二十六日　日曜

御法川・久恒《〔恒久〕》ノ両君ハ帰途ニツク、御法川君ハ高崎《〔勝文〕》氏ニ面会、分裂坑区願許可ノ件ナリ
辛《〔宰〕》府木村《〔かつ〕》画工参リ、画会ノ件ニツキ懇談ス
天野君来リ、遊船《〔友泉〕》亭ノ付近ノ坑区ヲ六百円、月隈[1]ヲ千五百円より二千円、外ニ百円より二百円ノ手数《〔料脱〕》ヲ遣ス旨内談ス
麻生観八氏ニ出状ス
村上君と日田松栄館ト電話ス

五月二十七日　月曜

午前野田元《〔勇〕》[2]署長ヲ訪問ス、不在ニ而野田御夫人ニ面会ス
荒戸[3]ニ立寄タリ
午後十二時三分自働車ニ而、月隈及二日市付近ノ坑区（含有ノ場所）并ニ十文字農場[4]ニ行キタリ
下男・下女ニ十五円、磯山《〔常吉〕》[5]へ五円遣ス
中村《〔是公〕》[6]惣裁訪問ス（松嶋屋）[7]、九管大道《〔良太〕》[8]局長訪問ス
麻生観八君相見へ、大分県庁出頭ノ内談アリタ、観八君ハ帆足ノ件ニ付上京セラル、（廿八日午後三時五十分急行）

五月二十八日　火曜

午前十時五十二分鉄道院惣裁博多駅ニ見送、田中嘱托員ヲ経而香椎・箱崎間ノ南側副《〔複〕》線布設ノ件懇談ス
村上巧二《〔児〕》君相見へ、地元ノ模様聞取タリ、大山村ノ決議ヲ待ツノ必要アリ、午後四時ノ急行ニセリ
艀業組合[9]惣長小田利三郎君外二人相見へ、川船運賃ノ件ニ付紛義《〔ママ〕》ヲ始末ヲ聞キ、伊吹《〔政次郎〕》幹事ニ二度電話ニ而注意ス

午後三時五十分発ニ而大分ニ行ク

五月二十九日　水曜

午前八時五分別府発ニ而別府より大分九水事務所ニ行キ、棚橋・梅谷ノ両氏ト打合ス（白杉〔政愛〕[10]氏ニモ打合ナシタリ

梅谷君大分ニテ県庁ノ方ヲ受持、村上君ハ日田町ニテ上野山ノ補佐役ヲナスコトニ打合ス、県庁ニ村上君連レ内務部長ニ面会、同情ヲ得タリ、土木科〔ママ〕長ニモ会ス

午後三時十二分別府発ニ而、午後九時四十五分本家ニ帰着ス

上野見〔ママ〕山君ニ出状ス

五月三十日　木曜

午前本店出務

午前十二時伊藤傳右衛門君相見へ、貴族院撰挙ノ件ニ付松永安左衛門より和田豊治氏ニ中傷的ノ申込ナシタル事ヲ

1 月隈＝地名、筑紫郡席田村
2 野田勇＝元福岡鉱務署長
3 荒戸＝麻生家荒戸別荘（福岡市荒戸町）
4 十文字農場＝麻生商店山内農場十文字出張所（三井郡大刀洗村）
5 磯山常吉＝麻生商店山内農場十文字出張所長
6 中村是公＝鉄道院総裁、貴族院議員、元南満洲鉄道株式会社総裁
7 松島屋＝旅館（福岡市中島町）
8 九管＝鉄道院九州鉄道管理局（門司市）
9 艜業組合＝筑豊艜業組合（遠賀郡若松町）、遠賀川石炭輸送のため筑豊五郡川艜同業組合として一八八六年設立
10 白杉政愛＝九州水力電気株式会社取締役

聞取タリ、中津紡績〔絹糸紡織〕会社ノ事ニ付談合ス
午後本店出務
一本木〔ママ〕井堰ノ件、電力ノ件
一中西相見へ、坑区ノ件聞取タリ
野見山ト電話ス（浜の町滞在）
瓜生・綿且〔勝〕[1]ニ電話ス（底組及中〆小石ノ炭脈ノ事ナリ）

五月三十一日　金曜

午前七時中西・麻生屋相見へ、坑区ノ件聞取タリ、楽一〔市〕[2]坑区ノ件も聞取タリ
午前七時四十分ノ自働車ニ而浜の町ニ来リ、九時半着ス
才判所ノ件ニ付聞取タリ
伊吹ニ電話、図面取寄ス

六月一日　土曜

楽一坑区ノ件ニ而綿且〔勝〕来リ、懇談セリ
西野恵之助氏より電話アリタ
三好〔力〕[3]ヲ呼ヒ、製図ヲナサシメタリ

六月二日　日曜

午前十時五十分ニ而下ノ関ニ而西野恵之介〔助〕君ニ面会、久方振種々ナル事ヲ打合セリ
門司午後四時五十分発ニ而帰宅ス
中西四郎平君ヲ呼ヒ、坑区ノ問題ハ甚タ重太〔ママ〕ニ付、若万一不調ノ時ハ言フ可カズ〔ラ脱〕件ニ付、交渉中止ノ事ヲ申含メタリ

六月三日　月曜

西野氏ニ出状ス

伊藤傳右衛門君より電話アリタ

六月四日　火曜

中西四郎平相見へ、坑区ノ件ハ重要ノ件ニ付中止ノ事ヲ申向ケタリ

福村屋〔家〕ニテ幸袋工作所[4]ノ件ニ付社員惣会開催申合ノ事ハ、予算書ヲ調シ過不足ヲ明カニスルコト尤重要ナリシ

一方亭ニ行キ、伊藤ト遊ヒタリ

六月五日　水曜

箱崎海戦紀念会[5]ノ寄付金弐百円、緒方稜威雄[6]君外一人ニ渡ス

鵜沢〔総明〕[7]氏相見へ、引籠、書類調査アリタリ

義之介ニ電話シ、公報等別段職務上ニツキ内規ノ調査方ヲ申遣シ、書類持参ス

西野君ニ書状返シタリ

1　綿勝＝寺坂勝右エ門、綿勝旅館（飯塚町向町）経営者
2　楽市坑区＝嘉穂郡穂波村
3　三好力＝株式会社麻生商店本店測量係
4　幸袋工作所＝この年十一月合資会社を株式会社に改組、資本金一五〇万円（嘉穂郡幸袋町）、太吉取締役
5　箱崎海戦紀念会＝日本海海戦紀念会（筥崎宮）
6　緒方稜威雄＝筥崎宮（糟屋郡箱崎町）主典
7　鵜沢総明＝弁護士（東京市）、衆議院議員、のち貴族院議員、明治大学総長

六月六日　木曜

鵜沢氏相見へ、調査アリタ

星野[礼助]・鵜沢・和知[和智昴][1]氏等晩喰ス

六月七日　金曜

安川[敬一郎]氏相見へ、試検所[石炭坑爆発予防調査所]寄付金ノ件ニツキ懇談アリタ

午後一時より一方亭ニ行キタリ

安川氏ト会合ス

六月八日　土曜

午前堀[三太郎]氏春吉別荘ニ訪問、貴族院議員ノ撰挙ノ成行ニ付聞取タリ

中西四郎平君来リタルニ付、坑区ノ図面相渡ス

村上君来リ、大山村ノ意向聞取、尚将来ノ事ニツキ注意ス

梅谷君ニモ電話ニ而能ク注意セラル、様申含メタリ

一方亭ニ行キ、安川氏ト会喰ス

六月九日　日曜　［吉浦勝熊代筆］

赤間[嘉之吉][2]君相見エタリ

政友会支部ニ森田[正路][3]君ヲ訪問ス

堀氏・伊藤氏一同一方亭ニ行キタリ

六月十日　月曜　［吉浦勝熊代筆］

上野山常務・森[千蔵]監査役相見エ、談話中、中野[徳次郎]君危篤[4]ノ電話ニ接シ、同邸ニ訪問ス

貴族院議員選挙ニ後レ、欠席セリ
貴族院議［員脱］[5]当選ニ付承諾書差出方、県官相見エ渡シタリ
午後六時半谷口［留五郎］[6]知事相見エ、鉱業試験所寄附金ノ内談アリタリ
六時四十分ヨリ一方亭ニ行キタリ

六月十一日　火曜　［吉浦勝熊代筆］

聖福寺[7]病気見舞ニ金壱百円持参ス
森田・進藤・佐藤ノ三氏相見エ、武徳会寄附金ノ事ニ付内談アリタリ
中野邸へ行キ、午後五時半火葬ニ列ス
午後八時自動車ニテ飯塚ニ帰宅ス

六月十二日　水曜

午前九時飯塚駅発ニ而直方坑業組合学校委員会ニ列ス
午後二時四十分直方発ニ而帰リタリ

1　和智昴＝弁護士（福岡市）
2　赤間嘉之吉＝大正鉱業株式会社監査役、衆議院議員、元伊藤商店総支配人
3　森田正路＝衆議院議員、元福岡県会議員
4　中野徳次郎（第一巻解説参照）六月十日死去
5　太吉貴族院議員再選
6　谷口留五郎＝福岡県知事
7　聖福寺（日本最初の禅寺、福岡市御供所町）第一二八代住職東瀛自関禅師

六月十三日　木曜

午前九時飯塚駅発ニ而若松築港会社重役会ニ列ス

午後三時十二分発ニ而帰リタリ

六月十四日　金曜

午前本店ニ出務

商店ノ事ニツキ柳原〔暢次〕[1]ニ注意ス

臼井地所買収ノ件ニツキ上田ニ申談ス

金融上ニ付注意方麻生屋ニ申談ス

九時自働車ニ而出福、途中より嶋屋[2]主人参リ、午前十時半着ス

大分紡績[3]曽木〔晋〕[4]君来リタリ

中野君ニ仏参ス

午後五時より金子〔堅太郎〕[5]子爵歓迎会ニ公会堂[6]ニ出席、夫より午後十一時迄中野君ニ仏参ス

六月十五日　土曜

金子子爵浜町黒田〔長成〕[7]侯爵ニ訪問ス

中野氏宅ヲ訪問ス

午前十一時半一方亭ニ行キ、金子子爵ヲ昼飯ノ招待ス

午後十時半栄屋旅館麻生観八氏訪問ス

六月十六日　日曜

午前九水重役相見へ、大山川地元協議ノ件ニ付打合ス

中野〔徳次郎〕君葬式ニ列ス
旅順館[8]ニ而学校委員会ニツキ、中川〔信〕[9]・松本〔健次郎〕・不波〔不破熊雄〕[10]・堀〔三太郎〕氏等打合ヲナス
一方亭ニ行キ、午後十時半帰宅

六月十七日　月曜

和田維四郎氏大坂花屋旅館ニ山田〔邦彦〕[11]校長ノ件ニ付電信ス
大山川ノ件ニ付帆足君相見へ、打合セリ
野田君ニ発信ス
斉田〔斎田耕陽カ〕・大宰府木村〔かつ〕両君相見ヘタリ

1　柳原暢次＝株式会社麻生商店本店主事補、のち弁護士
2　島屋＝旅館、平野幸吉（東京市日本橋区数寄屋町）、太吉定宿兼東京事務所
3　大分紡績株式会社＝一九一二年創立（大分市生石）、社長長野善五郎、のち一九二一年富士瓦斯紡績に合併
4　曽木晋＝大分紡績株式会社事務長、元富士瓦斯紡績株式会社、のち大分セメント株式会社取締役
5　金子堅太郎＝枢密顧問官、元農商務・司法大臣
6　公会堂＝福岡県公会堂（福岡市西中洲）
7　黒田長成＝貴族院副議長
8　旅順館＝旅館（福岡市橋口町）
9　中川信＝農商務省鉱山局技師
10　不破熊雄＝三井鉱山株式会社山野鉱業所長、この年九月より筑豊石炭鉱業組合常議員
11　山田邦彦＝筑豊石炭鉱業組合筑豊鉱山学校長、元京都帝国大学工科大学教授

六月十八日　火曜

杉山茂丸[1]・大隈〔熊〕浅次郎[2]ノ両君相見へ、香椎地方面ノ件ニツキ会談ス

谷口知事ニ面会県庁出頭、香椎方面ノ大学設立不可ナルコト、及鉄道副〔複〕線ノ事ニツキ会談ス

木村順太郎[3]君相見ヘタリ

三井銀行支店長松本純次郎君相見へ、九軌会社ト合併ノ件ニ付内談アリタ

日田村上〔巧児〕君ト両度電話ニ而打合セリ

午後六時十分自働車ニ而帰宅ス

六月十九日　水曜

午前本店出務

　石炭売込取引勘定帳簿式藤田〔貞平〕[4]へ研究ノ件申談ス

坑医順〔準〕備ノ件ニ付江藤〔義成〕[5]君より申出アリ、早々順序ノ着手申向ケタリ

堀氏ニ電話シ、挨拶ニ指出スコトニセリ

午後三時十二分飯塚発ニ而上京ス

六月二十九日　土曜

午後十二時半東京より帰着ス

支那紡績会社〔日華紡績カ〕[6]ノ件ニ付伊藤傳右衛門氏ニ電話ス（中野〔徳次郎〕君持株ノコトナリ）、間モナク篠崎君同道伊藤傳右衛門君相見へ候ニ付、打合セリ

村上君ニ電話シ、七月三日大分会議ノ電話アリタ

伊吹君ニ電話シ、七月一日常議員会之打合ナシタリ

六月三十日　日曜

午前八時五十分飯塚駅発ニ而吉隈坑ニ行キ、午前十時五十分発ニ而帰宅ス

野見山ニ飯塚停車場ニ而合［会］ヒ、直方より十二時ニ帰宅スル旨申向ケアリ、急キ帰リタリ

七月一日　月曜

午前九時飯塚駅発ニ而直方町坑業組合常議員会ニ列ス

午後一時四十分直方駅発ニ而午後四時五十分吉塚駅ニ着シ、直チニ一方亭ニ行キ、猪股［猪俣為治］[7]氏等招待会ニ列ス

七月二日　火曜

浜ノ町滞在

九水会社大分ニテ三日ノ打合会ナリシモ、棚橋君来県ノ報知ニ接シ、着社ヲ待チ会合スルコトニナリタ

午後六時渡辺家[8]一統ヲ招待ス

1 杉山茂丸＝玄洋社、在野の政治家、博多湾築港株式会社筆頭発起人、同相談役
2 大熊浅次郎＝博多湾築港株式会社後援会員、元博多商業会議所書記長、のち郷土史家
3 木村順太郎＝森崎屋、株式会社麻生商店監査役、酒造業（飯塚町本町）、飯塚町会議員
4 藤田貞平＝株式会社麻生商店本店主事補
5 江藤義成＝株式会社麻生商店飯塚病院医師
6 日華紡績株式会社＝この年一九一八年設立（上海）、社長和田豊治
7 猪俣為治＝福岡日日新聞社副社長、元主筆
8 渡辺家＝紙与合名会社（福岡市上西町）

七月三日　水曜

村上巧児君相見ヘ、大山川ノ件ニ付打合ス

福岡日々ノ阿部〔暢太郎〕[1]君相見ヘ、香椎・箱崎間鉄道線ノ件ニ付会談ス

君嶋博士相見ヘ、聖福寺石垣費寄付ノ件内談アリタ

午後五時より自働車ニ而（中嶋借自働車）帰宅ス

七月四日　木曜

午前九時飯塚駅ニ而別府ニ向ケ出発ス

家内及太賀吉等一同ナリ

麻生観八氏ノ大分新京楼[2]ニ而招待会ニ列ス

七月五日　金曜

上野山君相見ヘ、九水営業上ニ付打合ス

午後五時新京楼ニ而答礼宴会ヲ催シタリ

成清鉱業株式会社[3]小田原龍吉君、成清〔信愛〕君欠席ニツキ断リノ為メ新京楼ニ相見ヘタリ

七月六日　土曜

麻生観八・帆足悦蔵ノ両氏相見ヘタリ、昼飯ヲナス

一金五十円、九州ニコニコ新聞社波津久剣君ニ遣ス

一県会議員岸田牛五郎君[4]、嘉穂郡有志者関係ニツキ相見ヘタリ

七月七日　日曜

新妻知事訪問アリ、麻生観八君モ相見ヘ、昼飯時トナリ会喰ス

伊吹政次郎君来リ、折尾通船ノ件打合ス
午後四時半電車ニ而新京楼ニ行キ、政友会員招待ス

七月八日　月曜

午前八時九分別府駅発ニ而大分駅ニ着、直チニ九水営業所ニ而協議ヲナス
　大山川地元ニ関スル件
　発電所工事速減〔ママ〕ニ関スル件
　販売ニ関スルコト
　九軌〔九州電気軌道〕対関係ヲ生スル研究ノ件
新京楼ニ而九水大分紡績祝宴会ニ列ス、午後十一時帰ル
大分新聞社[5]梅田百蔵氏ニ九水営業所階上ニ而面会、紀年号発会式ニツキ金五十円ヲ祝義ス

七月九日　火曜

午前九時、九水梅谷・棚橋・上野山・麻生観八・帆足悦蔵・内本〔浩亮〕[6]書記集会ス

1　阿部暢太郎＝福岡日日新聞記者、のち副社長、社長
2　新京楼＝料亭（大分市桜町）
3　成清鉱業株式会社＝一九一七年設立、社長成清信愛、馬上金山（大分県速見郡立石町）経営
4　岸田牛五郎＝福岡県会議員、佐藤（慶太郎）商店
5　大分新聞＝一八八九年創刊（大分市）
6　内本浩亮＝九州水力電気株式会社、のち杖立川水力電気株式会社常務取締役

一日田村上[巧児]君より麻生観八君ニ電話ニ而、佐藤円[延]吉[1]反対之為メ大山村両派ニ分レ候ニ付、賛否村民ノ意向決定スル為メ大競争初メリ、郡長・警察署長モ一同其ノ不都合ヲ防セキ度ノ事ナリトノ旨意申通タリ

一石橋彦十君[2]ニ充分▨[協カ]力尽力有之候様、内本へ申含ミ申入ルコトニ決ス

一会社ノ為メニ村民ニ紛儀ヲ生スルハ、全ク円吉ノ為メニツキ、此際及限リ円吉ヲ反対スルコトニ決ス

一昼飯ヲナシ散会ス

［欄外］田湯有志[3]六人相見へ、寄付ノ相談アリタ

藤金策[作][4]君ニ、香椎・箱崎鉄道変更ノ件ニ付電信ス

速見郡八坂村工藤覚次君相見へ、仏画持参有リタ

盗難届ニ付内藤弘見・馬見塚金喜両氏相見へタリ

七月十日　水曜

午前藤沢君相見へ、田湯有志ノ相談ノ寄付ハ金百円至乃[ママ]弐百円位ナラン、併シ先キニ寄付スルハ不宜ニ付他方面ヲ取極メ方申向ケタリ

午後一時十五分別府駅発ニ而帰途ニツキ、堀内[敏堯]氏ト伊田駅迄同車ス

七月十一日　木曜

午前有田[広][5]君相見へ、賞与ノ内談ヲ受ケタリ、直チニ銀行ニ出頭、利益決算法ニ付打合ス

本店ニ帰リ昼飯ヲナシ、午後三時半より重役会ニ列ス（午後七時半）

帰途綿且[勝]ニ立寄、喰事シ、九時ニ帰宅ス

七月十二日　金曜

伊藤傳右衛門君自働車ニ而出福ニツキ乗車シテ出福ス、浜ノ町ニ泊ス

七月十三日　土曜

午後四時五十分博多駅発ニ而帰宅ス

七月十四日　日曜

日田町村上君ニ電話シ、大山川〔ママ〕村ノ模様聞取タリ（鶴三緒[6]発電所ニ行キタリ）

役場寄付ノ件ニ付町長初メ外数人相見ヘタリ

午後六時より松月楼[7]ニ而郡内有志者及山内〔範造〕[8]・森田〔正路〕ノ代議士ト会喰ス（伊藤傳右衛門君ト一同ナリ）

七月十五日　月曜

森田・山内両氏相見ヘタリ、上京ノ内談ス

自働車ニ而出福ス

安川氏ヲ訪問シ、森田・山内両君上京ノ打合ヲナス

一方亭ニ行キ会談ス

1　佐藤延吉＝九州水力電気水力発電所建設反対者（日田郡大山村）
2　石橋彦十＝のち一九二三年頃は大分県日田郡会副議長（大山村）
3　田湯＝地名、大分県速見郡別府町、麻生家田の湯別荘所在地
4　藤金作＝大分《だいぶ》軽便鉄道株式会社発起人、元衆議院議員、元福岡県会議員
5　有田広＝麻生義之介実兄、嘉穂銀行取締役、株式会社麻生商店監査役
6　鶴三緒＝地名、飯塚町下三緒
7　松月楼＝料亭（飯塚町新川町）
8　山内範造＝衆議院議員、筑紫銀行取締役

七月十六日　火曜

安川氏相見へ、上京ニ付尚打合ヲナシタリ
午後四時より一方亭ニ行キタリ

七月十七日　水曜

福岡より自働車ニ而帰宅ス
本店出務ス

七月十八日　木曜

午前十時嘉穂銀行惣会ニ出席ス
松月楼ニ而銀行より招待会ニ列ス
栄座ニ案内ス

七月十九日　金曜

午前本店
午後三時十五分飯塚駅発ニ而出福、一方亭ニ而相羽〔虎雄〕君ニ面会ス、赤坂問題打合ス、喰事ヲナス

七月二十日　土曜

午前村上君相見へ、日田郡ニ於テ水利問題成行報告アリ、又今後方針ニツキ打合ス
棚橋君モ相見へ、種々打合ス
相羽君相見へ、赤坂坑区ノ会談ス
其末延期困候旨申入候ニ付、当方ノ咄モ中止スルコトニシタシ、確決ヲ促ガス
午後五時四十二分博多駅発ニ而帰途ニツク

横倉〔英次郎〕[1]ト又赤間〔嘉之吉〕・岸田〔牛五郎〕ノ両氏ト折尾ニ而面会ス

七月二十一日　日曜

午前八時梅谷君ト電話シ、病気ニツキ大分県庁ニ出頭ノ為メ午前九時飯塚駅発ニ而大分ニ行ク、午後二時別府着、鑵〔汽〕車中服部氏ト同車ス

中山旅館伊藤君ヲ訪問ス（赤坂坑区[2]ノ相談ス）、伊藤君ハ既ニ松本氏ニ内談アリタル由ナリ

金十円、中山女中ニ遣ス

七月二十二日　月曜

県庁ニ而新妻知事・内務部長〔長延連〕・警察部長〔間野一〕・土木課長ニ面会、大山村ノ事情ヲ陳シ、警察部長ハ署長ヲ呼ヒ親シク聞取ラ〔レ脱〕タル上ニ而何ニトカ工夫セラル、様申入タリ、尚浦田〔勇太郎〕[3]ハ確実ニツキ万事申付方申入置タリ

会社ノ二階ニ而昼飯ヲナシ、五十銭ヲ仕払、自働車ニ而帰ル

中山旅館伊藤君ト会合ス

二十円ヲ仕払

五十円ハ茶代

七月二十三日　火曜

村上巧児君相見へ、大山川水利上ニ付委員長ナル日田郡長〔宇都宮喜六〕ニ答伸〔ママ〕書案作成ス

1　横倉英次郎＝貝島鉱業株式会社技術部採炭技師長、翌年採鉱技師長、元麻生商店

2　赤坂坑区＝故中野徳次郎所有の二坑区（嘉穂郡庄内村赤坂ほか）、翌年一九一九年株式会社麻生商店取得

3　浦田勇太郎＝九州水力電気株式会社

不破両氏・小野降〔隆〕徳氏ニ弔電ヲ発ス

三菱会社参事山形熊吉[1]君相見へ、水利使用上ニツキ水運部会[2]より答伸書指出方相談アリタリ

七月二十四日　水曜

午前十時五十分停車場ニ加納〔久宜〕子爵ニ迎ニ行キタルモ御着ナカリキ、午後二時三十分着別アリ、直チニ山水園ニ自働車ニ而迎ヒタリ、金弐百五円松丸〔勝太郎〕[3]ニ渡ス（百五円ハ勝太郎〔松丸〕ニ渡シタリ）

須藤〔首藤三作〕[4]来リ、湯ノ場所修繕、及地所買入、人夫募集等ニ付打合ス

午後三時十五分別府発ニ而浜の町ニ向ヒタリ

小倉より三宅〔速〕先生ト博多駅迄、野見山ハ折尾迄同車ス

午後九時浜の町ニ着ス

七月二十五日　木曜

午前十一時梅谷君ヲ見舞タリ

自動車ニ而津屋崎[5]ニ行キ、帰宅ノ際堀〔三太郎〕氏別邸ヲ訪問ス

一方亭ニ立寄、食事ヲナス

七月二十六日　金曜

浜の町滞在

村上君相見へ、水利上ニ付打合ス

午後四時より堀氏ト一方亭ニ行キタリ、晩食ヲナス

七月二十七日　土曜

午前七時四十分博多駅発ニ而直方坑業組合会議ニ列ス

鉱山学校ノ件ハ拡張ニ決シ、十五万円ノ沈没炭代より相談スルコトニナリタ
松本〔健次郎〕・白土〔善太郎〕[6]両氏博多より直方迄同車ス
午後二時三十五分直方駅発ニ而帰宅、野見山同車ス
伊藤傳右衛門氏ニ電話ス（赤坂坑一件）、出福跡トナリタリ
書類等整理ス

七月二十八日　日曜

午前十一時飯塚駅発ニ而出福ス
一方亭ニ行キ、昼飯ヲナス
伊藤傳右衛門君ト会合ス
松本氏ニ赤坂坑区ノ件ニ付書状ス
赤坂坑区ニツキ傳右衛門君ニ用談ノ為メ出福ス

七月二十九日　月曜

午前九時自働車ニ而、午後十二時過キ帰宅ス

1　山形熊吉＝三菱鉱業株式会社参事営業部、元三菱合資会社若松支店長、のち貝島商業株式会社取締役若松支店長
2　水運部会＝筑豊石炭鉱業組合水運部会
3　松丸勝太郎＝麻生家別荘山水園（別府町）管理人
4　首藤三作＝麻生家田の湯別荘（別府町）管理人
5　津屋崎＝麻生家津屋崎別荘（宗像郡津屋崎町渡）
6　白土善太郎＝明治鉱業株式合資会社明治一坑二坑三坑長、翌年明治鉱業株式会社常務取締役

七月三十日　火曜

午前八時二十分飯塚駅発ニ而出福ス
堀氏ト直方駅より福間駅迄同車ス
板倉子爵[勝憲][1]ト星野氏同供浜の町別邸ニ訪問アリ、午後七時四十五分板倉子爵見送リタリ、博多帯進呈ス
棚橋氏相見へ、帰京ニツキ本社重役ニ報告順序ニツキ打合ス
博多停車場ニ而田中徳次郎君[2]ニ面会ス、後藤寺・飯塚間ノ軽便鉄道[3]布設ノ件ニツキ打合ス
一方亭ニ行キ浦[裏]二階ニ而会合ス、晩食ヲナス
日田町九水営業所ニ電話シ、村上ニ日田会合打合セシモ、矢張福岡トノ事ニテ相待ツ事ニセリ
［欄外］棚橋君より博多ニ而面会ノ電報来リ、出福ス

七月三十一日　水曜

大分《だいぶ》鉄道[4]技師工学士小池慎蔵君相見、該鉄道ノ件ニ付打合
別府滞在ノ梅谷君ニ電話、大分《おおいた》地方ノ事ヲ聞合ス
渡辺綱三郎君会合ノ為メ相見ヘタリ
堀氏ト一方亭ニ行キ、午後十時帰宅ス
九洲大学宇佐美桂一郎[5]・河西三九郎（住友銀行支配人）相見へ、不在ナリシヲ以、学士倶楽部建築費寄付ノ相談アリ旨[ママ]申残シ、真野[文二][6]惣長ノ添書等持参アリタリ

八月一日　木曜

上野山・村上・今井・塩屋[谷]并ニ麻生[観八]・森[千蔵]検[監]査役ト会合シ、大山川水利権ノ協議シ、其ノ結果大分県庁ニ出願スルコトニ決セリ

天野〔寸〕君来リ、坑区ノ内談アリタ

中西君ト坑区ノ件ニ付打合ス

八月二日　金曜

午前九時博多駅発ニ而大分県庁ニ出願ノ為メ出発ス

博多駅ニハ吉原〔正隆〕・松永〔安左衛門〕両代議士、折尾ニ而永田仲[7]、柏木〔勘八郎〕氏坑区ノ件内談アリタ

麻生観八・村上巧児両氏大分迄同車ス

別荘ニ滞在ス

アスオオイタケンチヨニマイルヨウジデキマシタ、三ヒクワイゴウヒヱンコウ

ヤスカワ　　アソウ

金三十円　別府家費、女中渡ス

1 板倉勝憲＝貴族院議員

2 田中徳次郎＝九州産業株式会社長、九州電灯鉄道株式会社常務取締役

3 軽便鉄道＝鎮西軽便鉄道株式会社、翌年九州産業株式会社を買収して九州産業鉄道株式会社と改称設立、社長田中徳次郎、太吉および伊藤傳右衛門・堀三太郎取締役就任

4 大分鉄道＝大分《だいぶ》軽便鉄道株式会社、糟屋郡篠栗村と嘉穂郡桂川村を結ぶ、博多湾築港建設と連携して筑豊の石炭輸送を目的として前年創立、太吉発起人

5 宇佐美桂一郎＝九州帝国大学工科大学教授

6 真野文二＝九州帝国大学総長

7 永田仲子＝豊竹呂昇、女義太夫

八月三日　土曜

午前梅谷君相見へ、水利権期間切迫又工事施行申情〔請〕ニツキ県庁ノ手落チモアルベキ模様ニツキ、事実調査ノ事ニ打合ス

午前九時自働車ニ而村上・梅谷・麻生〔観八〕ノ三氏ト営業所ニ至リ、水利権上ニツキ調査シ、動員命発布ニ付、県庁ニハ遠慮シ、明日面会ノ事ニ打合ス、佐藤〔虎雄〕県会議員モ相見へ居タリ

八月四日　日曜

午前八時麻生観八・村上ノ両氏ト内務部長官舎ニ訪問、又土木科〔ママ〕長モ相見へ、郡長呼寄調査セラル、コトニナリタ

営業所二階ニ而営業上ニ付村上・今井等ノ諸氏より聞キタリ

佐藤県会議員モ相見へ居タリ

八月五日　月曜

午前七時自働車ニ而麻生・村上・塩屋〔谷〕・今井ノ諸氏ト営業所ニ至リ、八時半知事官舎ニ麻生観八氏ト訪問ス

水権利ニ就キシ〔ママ〕ハ、三歩二ノ事ハ県庁より条件トシテ付シラル、方得策ナラントノ事ナリシ

午後三時十五分別府発ニ而帰途ニツク

小倉より駒山伴蔵[1]君ト同車ス

直方駅より三菱ノ坑長連ト同車ス

日田郡長〔宇都宮喜六〕七日出発大分県庁ニ出頭ノ事ニナリタルニ付、帰宅シ、七日又々出別ノ筈ナリ

河野〔寿男〕子爵一泊アリタリ

八月六日　火曜

本店出務

病院[2]関係ニ付貧民患者寄付ノ件ニ付書面出スコトニセリ
河野《〔寿男〕》子爵滞在アリタリ

八月七日　水曜

午前八時飯塚駅発ニ而別府ニ行キタリ
別荘ニ麻生観八氏相見へ、大山川ノ件ニ付会社ノ希望申入アリタル報告アリタ
和田《〔豊治〕》氏ニ向ケ電報シタリ

八月八日　木曜

午前八時自働車ニ而、大分営業所二階ニ而大山川ノ件打合ス
県庁ニ出頭、内務部長・土木《〔ママ〕》科長・日田郡長立会ノ上、四百個[3]以内使用シ、又流木漁業上ニ支障ノ時ハ会社より弁債スルコトニテ諮問セラルコトニナリタ
新妻知事ニモ面会シ、同情アル旨意ヲ聞取タリ
営業所二階ニテ大山川工費及沈田《〔堕〕》[4]改造費調査書ヲ乞タリ
自働車ニ而別府ニ帰ル
村上・今井両氏訪問アリタ

1　駒山伴蔵＝中島鉱業株式会社（八月一日設立）取締役、綿物旅館（飯塚町本町）経営者、飯塚町会議員
2　株式会社麻生商店飯塚病院は麻生炭鉱病院として八月九日から社内診療開始（のち私立飯塚病院）、病院竣工は一九一一年
3　水量単位
4　沈堕水力発電所＝九州水力発電株式会社大野川水系水力発電所、一九二三年運転開始

日田郡長相見へ、[1]関水路ノ件ニ付内談アリタ、午後十一時過キ分散アリタ

八月九日　金曜

午前七時伊藤傳右衛門君別荘ニ相見へ、赤坂坑区ノ世話人来訪ノ事ヲ談話アリタ

午前七時四十六分別府発ニ而帰途ニツキタリ、伊藤傳右衛門君同車ス

村上巧児・日田郡長同車ス

幸袋工作所ノ件及赤坂坑区ノ件ニ付鑛〔汽〕車中ニ而伊藤君ト打合ス

小倉駅ニ而河野〔寿男〕子爵太賀吉ト見送タリ

共進亭[2]ニ而電球会社[3]ノ昼飯会ニ列ス

電車ニ而戸畑ニ行キ、若松出張所ニ而待受、松本商店[4]ニ行キ、松本・伊藤ノ両氏ト幸袋工作所及赤坂坑区ノ件ニ付

会談ス

［欄外］　若松駅午後五時十六分ニ而帰宅ス

八月十日　土曜

午前八時幸袋[5]伊藤傳右衛門君之方ニ行キ、杉本〔源吾〕[6]君ノ件ニ付同氏ニ親シク懇談ヲナシ、此際旨意ノ解決ナシタリ、

中野〔昇〕[7]君赤松〔坂〕坑区ノ件内談セリ

本店ニ而藤森〔善平〕町長相見へ、軍人寄付千円ヲ承諾ス

郡役所ニ而郡長〔川島淵明〕ニ面会、貧民患者施療費ニ金十万円寄付シ、書面ヲ出シタリ、公会堂寄付ハ二十日頃帰京ノ上打合

スルコトニセリ

銀行重役会ニ出席ス

書類整理ス

八月二十一日　水曜

午前五時四十分飯塚駅発ニ而門司ニ行キ、山岡〔国利〕[8]警〔察脱〕部長ニ門司警察署ニ而面会ス
門司十一時十五分発ニ而福岡ニ行キ、階上ニ而昼飯ヲナシ、谷口知事ニ面会ス
午後九時山岡警部長より電話アリタ

八月二十二日　木曜

午前七時四十分博多駅ニ而帰途ニツク
博多駅より山岡警部長同車、折尾駅ニ而下車ス
午前十一時過キ帰宅ス
伊吹ニ電話ス
午後十一時過キ鯰田・伊岐須ノ騒動[9]ニ付部長ト電話ス

1　関＝地名、大分県日田郡夜明村
2　共進亭＝西洋料亭（福岡市西中洲）
3　電球会社＝大正電球株式会社（小倉市）、一九一六年設立、設立時の社長中野徳次郎
4　松本商店＝安川松本商店（若松市海岸通）、一八九九年設立、元安川（敬一郎）商店
5　幸袋＝地名、嘉穂郡幸袋町、大谷村はこの年一月一日町制施行して改称
6　杉本源吾＝合資会社幸袋工作所、のち株式会社幸袋工作所専務取締役、元福岡県立工業学校長
7　中野昇＝中野徳次郎長男、相田炭坑・熊田炭坑経営者、のち株式会社中野商店社長
8　山岡国利＝福岡県警察部長
9　鯰田（飯塚町三菱鯰田炭坑）・伊岐須（嘉穂郡二瀬村製鉄所二瀬鉱業所）における米騒動

八月二十三日　金曜

午前本店出務
田川坑区ノ片〔ママ〕付ケル
嘉穂銀行重役会ニ列ス
本店ニ出務、所得税ノ件聞取タリ
鯰田騒動電話アリタ

八月二十四日　土曜

午前九時飯塚駅発ニ而直方坑業組合会ニ列ス
自働車ニ而伊藤君ト幸袋迄同車シ、赤坂坑区ノ件聞取タリ

八月二十五日　日曜

午前本店出務
赤坂坑不毛〔フケ〕[1]中野君〔昇〕所有坑区買収ニ関シ調査ヲナシ、大塚万介〔助〕来店ス

八月二十六日　月曜

本店出務
騒動ノ件ニ関シ郡役所ニ出頭ス、尚郡長〔川島灑明〕より知事ニ出兵ノ場合ニツキ尽力方頼ミタリ
警察署ニ出頭、山岡警察部長ニ高等探偵内願ノ事情懇談ス

八月二十七日　火曜

赤坂坑区中野君所有ノ坑区ノ件ニ付、伊藤傳右衛門君ニ買収見合ノ内談セシモ、尚熟考スル様勧告ヲ受ケタリ
同家滞在中郡長及警察署長〔原田辰十郎〕より電話アリ、警察署ニ立寄候処、橋本課長より電話架設費寄付ノ件ニ付内談アリタ

自働車ニ而出福ス
谷口知事ニ面会、出兵之件ニ付援助之件相願ヒタリ
山岡警察部長ヘモ面会ス
藤金策〔作〕氏より木〔城〕戸[2]より笹〔篠〕栗迄同車ス
警察電話架〔ママ〕ノ件ニ付松本健次郎氏（明治坑）・中根寿[3]及伊吹幹事ニ電話ス
一方亭ニ行キ晩食ス

八月二十八日　水曜

藤金策・箱崎町長[4]相見ヘタリ
鉱務署ニ出頭、署長〔三井米松〕ニ面会シ、鉱山局長〔崎川才四郎〕ノ伝言ヲ相伝ヘタリ
（此時田辺〔勝太郎〕[5]・石渡〔信太郎〕[6]等相見ヘ、要旨ヲ申述、帰宅ス）
星野〔礼助〕氏ニ東鉄〔東洋製鉄〕抗弁之件ニ付委任状相托ス
野見山ニ電話ス、商談ス
戸畑ニモ（東鉄）電話ス

1　フケ＝断層や深部・粗悪炭などにより採掘困難な石炭層
2　城戸＝地名、糟屋郡篠栗村
3　中根寿＝貝島鉱業株式会社取締役
4　箱崎町長＝糟屋郡箱崎町長、この年矢野三郎から藤島豊次郎に交代
5　田辺勝太郎＝古河鉱業西部鉱業所長、のち古河鉱業取締役
6　石渡信太郎＝明治鉱業豊国鉱業所長、翌一九一九年明治鉱業株式会社常務取締役

八月二十九日　木曜

坑業組合ノ電話架設費布設ニ付警務課長橋本氏ニ電話ニ而内諾ノ旨申答、近日会義［議］ヲ開キ上伸ノ旨申入タリ

伊吹ニモ電話ニ而橋本氏ノ答弁ノ旨意ヲ以近日常議員会ヲ開催ス

午後一時二十分自働車ニ而、村上・塩屋［谷］二氏ト日田町松栄館ニ午後六時ニ着ス

大谷《ひさき》[1]ハ甘木迄同車ス、下車シテ秋月[2]ニ見舞ニ行キタリ

大刀洗[3]地所売却セザル様電信ヲ発ス

八月三十日　金曜

夜明小学校[4]々長森山繁喜相見へ、高山[5]ト縁者ノ旨被相咄タリ

郡集会ノ結果、最初九水創立ノ時十万円及弐百馬力電力供給方復括［活］ノ内談アリ（上野山・塩屋［谷］・内本）、来ル六日ニ更ニ委員会開催ノ通知アリタリ

会社ニ於テハ創立ノ際十万円寄付ニ関係スル書類調査ヲナシタリ

八月三十一日　土曜

山内坑ノ件ニ付九洲日報[6]ニ記事ノ件、浜ノ町より電話ス

郡［日田］役所ニ出頭候様電話アリ、麻生観八君ト一同出頭ス

郡長・帆足［悦蔵］・井上［武］・後藤［龍蔵］[7]ノ四氏立会、後藤氏より、郡民代表ニテ、従来九水ト地元トノ不円満ニ而、今回ハ誠意ヲ以交渉ノ事柄ヲ聞キ取タリ、又会社ノ事情ヲ述、答弁ス

午後六時十分自働車ニ而、村上巧［児］二・福岡日々[8]［一字空白］菊［菊竹淳］[9]［暢太郎］・阿部ノ三氏ト同車、帰宅ス

福村［家脱］ニ而喰事ヲナス

松栄館ニ茶代二十円、女中二十円、外ニ十円小払方頼ミ置キタリ

［欄外］十万円寄付ノ調査ニ基キ、全部郡ニ引受アルカ否ヤ質問ヲセリ、上野山より、郡長・井上・帆足・後藤ノ四名ナリ、得と熟考ノ上答弁スルコトニテ帰宅ス

九月一日　日曜

午後三時自働車ニ而帰宅ス

緒方道平[10]翁相見へ、挨拶アリタリ

午後六時頃上三緒・赤坂・山内ニ不穏之挙動アリ、午後十一時三十分ニハ上三緒坑ニ三発ノダイナマイトヲ投シ、警察及軍人ノ出張ヲ乞ニ至リタリ、午後二［ママ］時過帰宅ス

伊吹ニ寄付金ノ件ニ付打合ス

村上ニ電話シ、打合ス

1　大谷ひさき＝麻生家看護婦兼女中
2　秋月＝地名、朝倉郡秋月町
3　大刀洗＝地名、三井郡大刀洗村、株式会社麻生商店十文字出張所（農場）所在地
4　夜明小学校＝大分県日田郡夜明村
5　高山＝太吉親族吉田家（飯塚町上三緒）
6　九州日報＝玄洋社機関紙『福陵新報』として一八八七年創刊、一八九八年改題（福岡市）
7　後藤龍蔵＝大分県会議員、日田郡会議長
8　福岡日日新聞＝『めさまし新聞』として一八七七年創刊、『筑紫新報』を経てさらに一八八〇年改題（福岡市）
9　菊竹淳＝六鼓、福岡日日新聞編集長、のち副社長
10　緒方道平＝福岡県農工銀行頭取、元福岡県書記官

九月二日　月曜

午前本店出務

午後一時より嘉穂銀行重役会及博済会社ノ重役会ニ列ス

本店出務

中根君ニ組合会[1]ノ件ニ付打合ス

九月三日　火曜

本店出務

幸袋工作所会ニ列ス、帰途伊藤君宅ニ立寄

西葛〔葛西徳次郎〕[2]・杉本〔源吾〕両氏ノ件ハ一応松本〔健次郎〕君より懇談ヲ乞タリ

帰宅、直チニ本店ニ出務

九月四日　水曜

本宅書類整理ス

九月五日　木曜

在宅

山岡〔祭脱〕警部長相見ヘタリ

森田〔正路〕・吉原〔正隆〕・毛里〔保太郎〕[3]・山内〔範造〕ノ代議士相見ヘタリ

九月六日　金曜

出店

九月七日　土曜

本店出務

午後六時飯塚駐屯兵司令官招待ス[4]、警察署長・郡長・村長等臨席ヲ乞タリ

九月八日　日曜

京都今井［長兵衛］[5]君来リ、森崎屋及和田屋[6]相見ヘタリ

土斐崎［三右衛門］君舎弟青木［高木繁三郎］氏外三人相見ヘタリ

小倉師団参謀副官ニ飯塚駐屯兵件電話ス

九月九日　月曜

午前八時五十分ニ而吉隈坑ニ行キ、午後三時十分発ニ而帰宅ス

柳原［暢次］君来リ、重役会則打合ス

伊吹幹事友枝［茂平］[7]連レ相見ヘタリ、堀川[8]水利上ニツキ県庁ノ処分方ノ打合ナリ

1　組合会＝合資会社幸袋工作所会カ
2　葛西徳次郎＝合資会社幸袋工作所支配人、のち株式会社幸袋工作所専務取締役
3　毛里保太郎＝門司新報社長、衆議院議員
4　飯塚駐屯兵＝炭坑米騒動鎮撫のための第十二師団派遣兵
5　今井長兵衛＝骨董商（京都市六角通り麩屋町角）
6　和田屋＝和田六太郎、呉服商兼醤油醸造業（飯塚町本町）、飯塚町会議員
7　友枝茂平＝筑豊石炭鉱業組合水運部会主席書記
8　堀川＝遠賀郡香月村寿命から洞海湾までの運河、遠賀川の洪水調節・藩米輸送・石炭輸送に貢献

午後六時自働車ニ而出福ス

九月十日　火曜

緒方道平氏訪問、土斐崎君親族高木君ノ依頼ノ件、土斐崎君ニ内蜜ニ聞合依頼セリ

午後緒方氏相見へ、身持不都合ノ事情聞取タリ

九月十一日　水曜

相羽君相見へ、赤坂中野坑区周施[旋]人より催促致シ[ママ]旨申向ケアリシモ、中野氏ノ内情ト間違アリ、進行出来ザル旨申向、断リタリ

相羽君ヲ自働車ニ而東公園松寿館方高木繁三郎君（土斐崎氏親藉[ママ]）ニ訪問為持[致カ]、依頼ノ件ハ繁用ノ為メ断リタリ

相羽君より書面ニ而、不在ナル旨申向、再応訪問シ用便スル旨申来リタリ

九月十二日　木曜

午前七時博多より自働車ニ而、午前九時半日田町松栄館ニ着ス、今井[三郎]君午前九時迄梅谷君ニ打合ノ用向アリタルモ、待ツ間合ナク日田電話アリ、急キ出発ス

一地元より多太[ママ]ノ要求アリ、会社より直接弁明スルハ万一争論ノ生スル恐レアリ、委員長及委員方ニ於テ協定纏候様評決セシヲ以其旨申入タルモ、尚郡役所ニ出頭方申入アリ、麻観[麻生観八]君ト一同出頭、親シク陳情ス

一市山亭ニ而麻観君ノ蔵幅拝見シ、昼飯ス

一梅谷君モ相見へ、市山亭ニテ会談ス

九月十三日　金曜

麻生観八君郡役所ニ於テ已人的談話ノ打合アリ、委員諸君モ同意セラレ、関係地元ノ損害程度ノ歩合ヲ調製セラル

一午後六時市山亭ニ於テ会合者一同宴会ヲ催シタリ

一棚橋君相見ヘタリ

九月十四日　土曜

稲田〔龍吉〕先生送別之件[2]ニ付浜の町より電話アリタルモ、不明瞭ニツキ電信スルコトニセリ

一市山亭ニ梅谷氏ト行キ、談話ス

九月十五日　日曜

鮎梁〔簗〕ニ行キ、途中郡長一同高瀬村[3]行キニ逢ヒタリ

一東鉄会社二十七日重役会欠席ノ発電ス

一稲田先生ニ送別品進呈ノ件義之介ニ発電ス

一棚橋君大分ニ引返シツ〔ママ〕ニツキ、地元ニ対シ弐十万円迄ハ憤〔奮〕発ノ覚悟ナリト伝言ス

一損害程度ニツキ委員ノ意向ヲ発表セラレ、県庁ノ諮問ニ対シ会社側ハ進行セシモ、三歩ノ二ノ水量ヲ使用スルコトニ変更シ、非公式ニ委員ニ其旨内報ス

［欄外］十六日ノ記載誤リテ十五日ニ記入セリ

九月十六日　月曜

浜ノ町より今〔伊〕万里坑区[4]ノ件ニ付野見山〔米吉〕・古川〔専之助〕（大坂）来リ、売買ニ交渉スル旨電話シ、午後七時迎ノ自働車来リ、

1　東公園＝福岡県公園（筑紫郡千代町・堅粕町）
2　稲田龍吉九州帝国大学医科大学教授九月二十日退職
3　高瀬村＝大分県日田郡
4　伊万里坑区＝株式会社麻生商店久原鉱業所（佐賀県西松浦郡西山代村）

梅谷君ト午後十時博多へ着ス
十五日ノ記事アリ

九月十七日　火曜

浜の町ニ而大坂古川及野見山ト久原坑ノ件ニツキ打合ス
一午前十時半日田より迎ノ九水ノ自働車ニ而梅谷・塩屋〔塩谷五郎〕ノ両氏ト午後一時松栄館ニ着ス
一郡ノ委員より程度申込ニ反対アリ、会社より説明方井上・帆足両氏相見へ懇談アリタルモ、一己ノ異見トシテハ甚タ不得策ナラン、委員方ノ御申向ケニツキ親シク評議ヲナシ返答スル旨申向ケタリ

九月十八日　水曜

郡役所ニ出頭、郡長及井上・帆足ノ三氏ニ、前日申入ノ此上尚会社より地元ニ説明スルコトハ相断、委員方ニテ十分御尽力被下候上ニ於テ、仮令不調ニ帰スルモ遺憾ナキ旨申向ケタリ
尚加へ九水ト地元ノ関係ニ付親シク異見ヲ陳セリ
一美芳〔三〕・高瀬[1]ハ大体承諾スルニ至レリ
一市山亭より□□〔長尾カ〕松来リタリ

九月十九日　木曜

日田ニ於テハ委員方ノ交渉中ニツキ、稲田先生見送ノ為メ午前十時五十四分久留米駅より帰福ス、日田より久留米迄ハ自働車ナリ
久留米駅ニ而谷口知事、田代駅より山内代議士同車ス
稲田先生訪問ス、井戸〔泰〕[2]博士モ相見居タリ
午後三時五十六分博多駅ニ而稲田先生見送リタリ

九月二十日　金曜

梅谷君相見ヘタリ

日田町村上君ニ電話ス

重岡[篤][3]君相見ヘ、薄鉄会社[4]創立ノ件ニツキ談話アリタ

典太自働車ニ而来リタリ

九月二十一日　土曜

午前九時十分日田より九水迎ノ自働車ニ而、梅谷・村上両氏ト午後十二時過キ松栄館ニ着ス（松栄館ハ千波[仙波太郎][5]中将止泊ニツキ市山亭ニ行ク

午後五時、材木流下ニツキ川浚費ノ区域、合流入口ト思ヒ地元ニ交渉セシ者ハ梅谷・上野山・小生ノ三人、大山川取入口ト思ヒ交渉セシハ麻観・森・村上・塩屋[谷]ノ四氏ナルヲ以、大山川取入口トシ、委員ニ説明セリ

九月二十二日　日曜

午後六時半博多より自働車ヲ呼ヒ、浜の町ニ帰リタリ

留守第十二師団副官少佐西原短[矩カ]彦氏、市山亭ニ挨拶ニ見ヘタリ、千[仙]波中将閣下ニ挨拶ノ為メ松栄館ニ行キ、自働車

1　三芳・高瀬＝大分県日田郡三芳村・同高瀬村

2　井戸泰＝九州帝国大学医科大学教授、元東京帝国大学医科大学助教授

3　重岡篤＝株式会社博多米穀取引所監査役、福岡市会議員

4　薄鉄会社＝日本電気鉄板株式会社、一九一九年五月設立、のち日本鋼業株式会社

5　仙波太郎＝留守第十二師団長、元第三・第一師団長、のち衆議院議員

ニ而久留米ニ行カレタリ

九月二十三日　月曜

日田上野山君より電話アリタ

一地元協義不纏リニツキ、挨拶ノ為メ日田ニ出張ノ乞アリタルモ、諸君より可然挨拶ノ件

一重太〔ママ〕ナル事柄ヲ除ク細目位ナラバ一致ノ決定ニテ実行異儀ナシ、双方異見アルトキハ電話ニ而事柄ヲ為知ヲ

乞、早速賛否可申向旨申答タリ

午後二時過キ自働車ニ而帰宅ス

九月二十四日　火曜

在宿、書類整理ス

黒瀬〔元吉〕来リタリ

九月二十五日　水曜

午前在宅

嘉穂銀行重役会ニ列シ、午後三時半より安川氏より電話アリ、一方亭ニテ会合ス

東京より帰県用向談合ス

九月二十六日　木曜

浜の町ニ村上巧二〔児〕君相見へ、日田水利上ニ関シ大分県庁ニ陳情方申含メタリ

一方亭ニ安川氏ト会合ス

九月二十七日　金曜

午前七時浜の町より自働車ニ而帰宅

午前九時四十分直方坑業組合常議員会ニ列ス

九月二十八日　土曜

一午前八時飯塚駅発ニ而若松駅ニ着、直ニ鉱業組合ニ行キ、労役規則[1]ニ関スル書類ヲ調査ヲ乞タリ、家内同車ス

一十一時より築港〔若松〕会社重役会ニ列ス

一戸畑より電車ニ而門司ニ行キ、下ノ関山陽ホテルニテ和田〔豊治〕氏着関ヲ待受タリ

一和田氏着、直チニ藤野ニ自働車ニ而行キタリ

一午後十一時過キ大吉楼ニ一泊ス

五十円　女中・召使ニ遣ス

九月二十九日　日曜

川卯[2]ニ立寄、朝食ヲナシ、門司九時駅〔発〕ニ而、午後〔前カ〕十一時飯塚駅ニ着ス

一久原坑売買ニツキ麻生屋・野見山・御法川・上田等ノ諸氏ト協義ヲナシ、成案ス

一午後五時半より自働車ニ而浜の町ニ着ス、おトモ〔大神〕[3]同車ス

九月三十日　月曜

一午前八時堀氏相見へ、金六十五万円銀行より融通ノ相談アリ、麻生屋ニ電話シ、尚太郎〔麻生〕ニ電話ノ事ヲ申付タリ

一午前〔ママ〕午前九時博多駅発ニ而別府ニ向ケ出発、午後二時半別府へ着ス

1　労役規則＝鉱夫労役扶助規則、鉱夫の保護監督のため一九一六年八月公布、九月一日施行
2　川卯＝旅館、支店（門司市）、本店（下関市）
3　大神トモ＝麻生家女中

一直チニ別荘ニ行キ、和田氏一行ヲ電話ニ而乞合、伊藤傳右衛門君ノ別荘ニ而待合、同夜招待会ニ列ス
一中野昇君ニハ行橋より別府迄同車ス

十月一日　火曜

午前七時四十六分別府駅発ニ而和田豊治氏一行ト乗車、中津駅ニ下車ス
鑵〔汽〕車中ニ而九水会社植林事業ニツキ起業ノ件、和田相談役ニ意向質問セシ、賛成ナリシ、伊藤傳右衛門・北崎〔久之丞〕・
梅谷等居合せラレ居リ
大雅堂[1]ノ家屋ニ至リ一見セリ
小倉ニテ和田氏一行ハ戸畑東洋製鉄所ニ、北崎ハ八幡製鉄所ニ行カレタリ
午後四時博多駅ニ着ス
和田氏ハ午後六時着ニツキ停車場ニ出迎、一方亭ニ招待ス
和田・西野〔恵之助〕・井手〔佐三郎〕[2]・松永〔安左衛門〕・田中〔徳次郎〕・渡辺〔綱三郎〕・北崎・中野〔昇〕・伊藤・河波内〔河内卯兵衛〕[3]・松本〔純次郎〕[4]（三井銀行）・梅谷、十二人ナリ

十月二日　水曜

午前栄屋ニ訪問シ、大山川ノ件[5]ニツキ懇談ス
一中野君〔徳次郎〕ノ仏参ス
午後十二時急行ニ而和田氏一行見送リタリ
午後三時五十分博多発ニ而、別府ニ午後九時着ス
夜半ニ和田相談役より、大山川ノ件ニ付長文ノ至急電信達ス
一午後二時井手市長浜の町ニ相見へ、市長辞任ノ意向内談アリタ

十月三日　木曜

一午前大分営業所ニ而、相談役ノ電信ニヨリ尚大山川発電所工費予算ヲ再調査シ、長野〔善五郎〕[6]・麻生〔観八〕両氏ト協議シ、午後一時半県庁ニ而知事ニ地元ノ意向申入、尚会社ノ方針ヲ申入タリ

一内務部長ニ面会報告セシニ、郡〔日田〕長呼出、其上ニテ手切レノ返答スルコトニセラレタシト注意アリ、承諾ス

十月四日　金曜

一別府町長〔武田綾太郎〕・山田耕平・衛藤〔又三郎〕[7]・石垣町〔村〕[8]長外二人相見へ、温泉鉄道ノ件ニツキ、半高ノ株ヲ所持スルニツキ、其他ハ地元ニテ尽力アル様申入タリ

一午後一時十六分別府発ニ而、午後七時博多駅ニ着、梅谷氏ト停車場ニ而大山川ノ件会談ス

一一方亭ニ行キ、安川・堀両氏ト会談ス

一浜の町滞在

1　大雅堂＝自性寺大雅堂（大分県中津町）、池大雅の書画所蔵
2　井手佐三郎＝福岡市長
3　河内卯兵衛＝筑前参宮鉄道株式会社専務取締役、元福岡市会議員、のち福岡市長
4　松本純次郎＝三井銀行福岡支店長
5　筑後川水系大山川（大分県日田郡）の九州水力電気水力発電所建設問題
6　長野善五郎＝九州水力電気株式会社取締役、大分紡績株式会社社長、二十三銀行頭取
7　衛藤又三郎＝大分日日新聞社長、大分県会議員
8　石垣村長＝帆足蔵太

十月五日　土曜

一方亭ニ行キ、安川氏ト会談ス

一伊吹幹事一方亭ニ来リタルニツキ、九州管理局長［大道良太］ニ若松船入場ニツキ県庁ノ意向ヲ聞カセタリ、又石井市長［ママ］[1]ニモ尽力方申入候様申伝ヘタリ

十月六日　日曜

浜ノ町ニ滞在

一井戸［泰］先生診察アリタ

一国永［正臣］[2]医師ニ入齢［歯］ノ為メ行キタリ

十月七日　月曜

九水営業所ニ行キ、日田町ニ滞在、大山川水利上ニツキ交渉ノ報告書ヲ調製ス

村上巧児君より電話ニ而、郡長より大山川ノ件ニ付申入ニ対シ大分ニ而会合ノ電話アリ、明日出発ヲ承諾ス

一東京より久原坑契約ノ件電報アリタ

一伊吹より若松船入場ニツキ九管[3]ノ意向電話アリ、石井市長及県庁ノ意向聞キ合せ候様注意ス

十月八日　火曜

午前八時五十六分博多駅発ニ而、大分ニ午後二時半着ス

典太一行ス

麻生観八氏[4]ハ浜脇より乗車アリタ

大分銀行小野駿一氏[5]ニ面会ス

営業所ニ而長野・梅谷・麻生［観八］ト会合ス、五馬[6]工事ノ時四万五千円ヲ改修費及維持費ニ出金ノ希望アリタル旨、村上

より報告アリタルニ付、五馬工事未定ノ事ヲ明瞭ニシ、契約案ヲ成シタリ、明日知事ニ面会スルコトヲ約ス

十月九日　水曜

一午前八時自働車ニ而営業所ニ行キ、麻観〔麻生観八〕・梅谷・村上ノ三氏ト知事官舎ニ訪問シ、五馬工事未定ノコトヲ明瞭ニシ、契約案ヲ示シ、承諾ナスニツキ村上ヲ日田郡長ニ面会ノ為メ遣スコトニナリタ

一内務部長ニモ同様ノ意味ニ而会談ス

一新京楼ニ而昼飯ヲナシ、二時五十分ニテ別府ニ帰ル

一須〔首〕藤三作来リ、小宮〔茂太郎〕[7]所持地所何程ニテ売ルカ聞キ合、又観海寺[8]ノ際田地（壱反歩）五百五十円位ナラバ買入ベクト申向ケ置キタリ

十月十日　木曜

須〔首〕藤三作外一人ノ地主連レ来リタリ、前日ノ意向申向ケ、他日何分ノ返事スルコトニナリタ

一藤沢君来リタリ

1　石井良一はこの年七月まで若松市長
2　国永正臣＝国永ドクトル歯科（福岡市天神町）、九州歯科医学校長
3　九管＝鉄道院九州鉄道管理局
4　浜脇＝豊州本線浜脇駅（大分県速見郡別府町）、のち東別府駅
5　小野駿一＝大分銀行頭取、大分県農工銀行取締役、十二月より大分セメント株式会社社長
6　五馬＝地名、大分県日田郡五馬村
7　小宮茂太郎＝麻生家別荘山水園（庭園）元所有者開園者
8　観海寺＝地名、大分県速見郡石垣村

一山水園ニ典太連レ行キタリ、自働車ニ乗車ヲ希望スルニツキ連レ行ク
一午後十二時過キ日田町より明日滞在セヨト村上ノ電信達ス

十月十一日　金曜

一中西四郎平来リ、遠賀郡坑区ノ件相談アリタ、又図面預カル
一藤沢君相見ヘタリ、共同家災〔火〕[1]ハ壱口弐十円ツヽノ出金ニテ、配当金請求スルコトニ申伝〔ママ〕セ置キタリ
一上野山・梅谷・今井・村上相見ヘ、日田郡ハ五馬工事セザル時ハ二万円出金ノ申出ヲナシ、成立ノ見込ナキニツキ、県庁ニ其旨申立、工事認可ヲ乞フ事ニ申合せり、上京シテモ其ノ通報告ナスコトニセリ
一犬ヲ連レ山ニ行キタリ

十月十二日　土曜

午前七時四十二分別府発ニ而典太ト一同帰宅ス
午後二時四十五分飯塚駅ニ着、自働車ニ而帰宅
折尾ニ而長岐〔繁〕・林田〔晋〕等ニ面会ス
飯塚駅ニテハ吉末君ニ面会ス
午後在宿、書類整理、麻生観八君ニ帆足氏ノ誤解ニ付出状ス、為念村上ニ一覧ノ上発状ヲ乞タリ

十月十三日　日曜

在宿
書類整理
午後四時半自働車ニ而浜ノ町ニ行ク、午後六時半着ス
久留米日吉町高尾正蔵君[2]ニ三井電鉄[3]合併ノ件ニ付電話セシニ、福岡薬斉〔剤〕師会ニ出席ノ報アリ、気侭亭[4]ニ電話シ、

二十日東京旅館ニ調査書送付ノ筈ナリ

［欄外］三井電鉄支配人、電話壱百〇六

十月十四日　月曜

午前九水出張所ニ行キ、大分営業所ト村上君ト電話ニ而、麻生観八君書状ノ件打合、又県知事ノ意向確報ノ事ヲ請求ス

大山川地元交渉報告書東京ニ送布［ママ］方請求ス

午前十時十分自働車ニ而帰宅ス

午後本店出務

本村[5]社宅地ニ行キ、実地踏査ス

十月十五日　火曜

午前八時五十二分発吉隈坑ニ行キ、坑業上ノ打合ヲナス

午後二時三十分全部踏査済タルニツキ、猟ニ行キタリ

1　共同火災海上保険株式会社＝一九〇六年設立（東京市日本橋区本皮屋町）
2　高尾正蔵＝三井電気軌道株式会社取締役支配人、薬剤師、久留米市会議員
3　三井電鉄＝三井電気軌道株式会社（三井郡北野町）、朝倉郡甘木町・三井郡北野町・久留米市・八女郡福島町を結ぶ軌道として一九一一年設立
4　気偲亭＝料理屋（福岡市西方寺前町）
5　本村＝飯塚町立岩の通称

午後六時降雨中帰宅シ、天道下[1]より自働車迎ニ来リタリ

　十月十六日　水曜

本店出務

麻生観八氏より十八日午前十一時飯塚着、又梅谷氏ハ小倉駅ニ而面会ノ電話アリタ

靏三緒変〔ママ〕電所より十七日夕迄ニ福岡着ノ件電話ス

　十月十七日　木曜

靏三緒発電所ニ行、大分営業所ノ村上部長ニ電話

　麻生観八氏より書状ノ五千円、日田町寄付ヲ郡ニスルコトニハ同意ノ旨返答ノ事ヲ申向ケタリ

　尤右ニテ決定セズシテハ変更ノ承諾ナキ旨申添ヘタリ

午前十一時自働車ニ而御法川一同直方会[2]ニ出席ス

協義〔ママ〕[3]会開催之事ニ決定ス

鉱山局長ニ鉱務署長〔三井米松〕滞京ノ発電ス

幸袋伊藤君ニ立寄、赤坂坑区ノ内談ス、四〇ニテ、一〇ヲ現下、一〇ヅ、三ケ年ニ希望ス、無止ハ一五、二ケ年迄ハ辛抱ス可キモ、其余ノトキハ先日相断候通ノ意味ニ而断之旨申入候処、暫時任セ呉レ候様トノ事ナリシ

　十一月一日　金曜

午前和田氏一行下ノ関停車場ニテ見送リ、三井物産会社ノ鏮〔汽〕船ニテ門司ニ渡リ、十一時急行ニテ帰宅ス（梅谷氏折尾迄同道）

午後十二時四十分飯塚駅着、直チニ人力車ニ而帰宅ス

滞京中ノ書類整理ス

十一月二日　土曜

午前八郎〔麻生〕[4]病気ヲ見舞、山内坑ヲ視察シ、本店ニ行キ

一石炭販売方針

一帳簿整理方針

右両件注意ス

午後二時自働車ニ而多賀吉〔太〕ト浜ノ町別荘ニ着ス

重岡君〔篤〕相見ヘ、電気鉄板会社[5]ノ件ニツキ内談アリタ

風邪ノ意味ト又腹ノ部痛ミヲ生シ、温保セリ

十一月三日　日曜

午前十一時三十分自働車ニテ日田郡有志者招待会ノ為メ松栄館ニ着ス

一市山亭ニ於テ宴会ヲ催シ、挨拶セリ

植林事業ニヨリ増水スルコト、又料金発電所近キ町ハ低廉ナルコト等ノ意味ヲ申添ヘタリ、来賓モ満足セラル

一市山亭ニ滞在ス

金二十円　芸妓花

1　天道＝地名、嘉穂郡穂波村

2　直方会＝筑豊石炭鉱業組合臨時常議員会（於、同組合直方会議所）

3　協議会＝各炭坑販売米価統一に関する協議会

4　麻生八郎＝太吉弟、株式会社麻生商店山内兼上三緒鉱業所長

5　電気鉄板会社＝日本電気鉄板株式会社、一九一九年五月設立、のち日本綱業株式会社

同六十円　女中茶代
同弐十円　松栄館女中
一森〔千蔵〕氏ニ悔ニ名刺添へ金二十円香典ヲ呈ス
十一月四日　月曜
発電所ノ件ニ関シ、中〔仲〕紹介タル郡長・後藤〔龍蔵〕郡〔日田〕会議長ヲ訪問シ、尚郡役所ニテ郡長及郡会議長ニモ直接挨拶ス
帆足及日田古賀〔甚四郎〕・八幡〔矢幡昇〕[1]両氏松栄館ニ而面会ス
午後十一時五十分自働車ニ而村上・梅谷両氏ト浜の町別荘ニ帰リタリ
十一月五日　火曜
午前北崎・重岡両氏電気鉄板ノ件ニツキ相見ヘタリ、北崎君ハ野田〔勇〕署長ヲ社長ニシタシト申居レリ、重岡君ト打合
ノ件内談置キタリ
午前十時五十分自働車ニ而多賀〔太〕吉ト帰宅ス
書類整理ス
十一月六日　水曜
午前九時本店ニ出務、終日在店ス、午後四時より山内運炭線踏査ス
一臼井坑西側（鉄道線ヨリ西側ニシテ、東側ハボーリングセシケ所）地所買入ノ件
一平恒[2]山林売却ノ件
一中野坑区買入契約案件
一別府湯ノ出ル場所二ケ所買入ノ件
其他種々要件アリ

一臼井旧坑排水見合坑所へ電話ス
一吉隈坑夫納屋給水工事一時見合ノ件

十一月七日　木曜

一午前山内坑積入場工事実地臨ミ、注意ス、予備算調書ニテ工事ナスコトヲ談シ置キタリ
本店出務、昼食ヲナシ、赤坂・綱分両坑ニ臨ミタリ

十一月八日　金曜

午前出務、午後五時退店
一石炭勘定
一豆田□〔水カ〕害地
一臼井地所交換
一其他種々打合ス

十一月十二日　火曜

午前五時二十九分博多駅発ニ而、大分九水営業所ニ十一時五十分着ス、浜脇駅より麻生観八氏ト同車ス
大山川発電所迄ヲ一区域トシ、需給ノ調査及大山川一ケ年十月竣工ヲ早メル時ノ収支勘定ヲナシ、又大山川筋地元協議ニツキ尽力セシ方面ニ謝意ヲナス件等打合ス
飯塚変電所設立ニ関スル打合ス

1　古賀甚四郎・矢幡昇＝大分県日田町会議員
2　平恒＝地名、嘉穂郡穂波村

午後五時上野山・渡辺・麻生観八ノ三氏ト別府別荘ニ同車シ、晩食ス
新妻知事ハ明日面会ノ事ニナリ、其ノ時間ハ電話ニ而申来ル事ニナリタ

十一月十三日　水曜

午前山水園付近ニ猟犬ヲ連レ行キタルニ、大分より知事面会ノ電話アリ、午前十時五十分電車ニ而大分九水営業所ニ行キ、新妻知事ニ県庁ニ而大山川一件報告ナシ、又土［木］科課長ニモ同様報告ス
警察部長ハ病気欠席、内務部長ハ御不幸ニテ悔ミニ行キタリ
午後二時五十分大分駅発ニ而麻観［麻生観八］・棚橋両氏ト一同別府ニ帰ル
吉田嘉一郎[1]君相見へ、観海寺湯元買入ノ内談アリシモ断リタリ
貝嶋峠［延吉］[2]君より慰問金寄付ノ電話アリ、義之介［麻生］ニ電話ス
大久保工学士相見へ、鉄板会社電力需用ハ九水ニヨリ度キトノ意向聞キ取タリ
右ニ付火力之方ハ見込ナキ旨弁解ナシタリ
［欄外］工学士大久保頼之助

十一月十四日　木曜

藤沢君相見へ、屋敷周囲之道路変更問題、町会ニ於テ不調トナリタル旨申伝へアリ、右ニ付北側ノ小道ヲ所有地境迄ニ変更ヲ出願スルコトニシテ、彦三郎［麻生］ニ図面製調申付タリ
新妻知事午後五時頃相見へ（一宮［房治郎］代議士答礼ノ為メ別府ニ相見ヘタル由）、麻観［麻生観八］氏ト晩食ス、午後八時半自働車ニ而大分ニ返リアリタリ

十一月十五日　金曜

梅谷君相見ヘタリ

藤沢君相見へ、温泉鉄道ノ有様ヲ聞キ取、又訴訟中并ニ目下訴訟セントスル分ニツキ、将来進行方ニ付内談ヲ受ケタリ、発起人ノ責任ヲ調査ノ上打合スルコトニセリ

午後三時二十六分別府発ニ而、福岡ニ別荘ニ午後九時ニ着ス

別府町秋葉町　橋本秀ノ助

大分セ〔メ脱〕ント[3]ノ株五株分配ノ相談ヲ受ケ、承諾ヲナス旨申伝ヘタリ

衛藤又三郎君相見へ、新温泉鉄道[4]ノ件ニツキ内談アリタ

十一月十六日　土曜

午前浜の町より自働車ニ而帰宅ス

午後一時より自働車ニ而別府温泉鉄道不正事件[5]ニ関シ、上田〔穏敬〕・柳原〔暢次〕両人ヲ同車シ、浜ノ町ニ着ス

上田・柳原ノ両氏ハ星野〔礼助〕氏ヲ訪問ス

一方亭ニ行キ、尚伊藤傳右衛門君ト会合ス

伊藤傳右衛門君相見へ、幸袋工作所ノ件及〔九州〕産業会社[6]組織ノ件ニ付内談アリタ、幸袋ノ方ハ松本〔健次郎〕氏ト一同ニアラザレバ決定ナシカタキ旨打合ス

1 吉田嘉一郎＝別府第二耕地整理組合組合長、元別府町長
2 峠延吉＝貝島鉱業株式会社取締役
3 大分セメント株式会社＝この年十二月設立、のち小野田セメント製造株式会社に合併
4 新温泉鉄道＝別府温泉廻遊鉄道株式会社、創立委員長伊藤傳右衛門、太吉創立委員兼大株主
5 一九一五年の贈収賄事件、これにより重役ほか数人が収監された
6 九州産業株式会社＝一九一七年十二月設立（田川郡後藤寺町）、一九一九年六月九州産業鉄道株式会社に改組

十一月十七日　日曜

午前九時一方亭ニ行キ、田中〔徳次郎〕・伊藤〔傳右衛門〕・中村〔武文〕[1]ノ三氏ト産業鉄道[2]発起ノ件ニツキ打合セ、決議録ニ調印ス

午後三時太田〔大次郎〕[3]君ノ葬式ニ列ス

一方亭ニ立寄、晩食ス

上田・柳原ハ別府温泉鉄道ノ研究ス

金弐十円　太田君香典

同二十円　お梅[4]見舞

同五十円　女中ニ遣ス

同十円　芸妓両人ニ遣ス

十一月十八日　月曜

一方亭ニ而幸袋工作所会社組織ニツキ松本〔健次郎〕・中根〔寿〕・杉本〔源吾〕・伊藤ト会合シ、百万円ノ会〔社脱〕組織スルコトニナリタ

松崎〔三十郎〕[5]氏別荘ニ相見へ、温泉鉄道ノ件ニ付、上田・柳原・藤沢ト一同打合ス

粕屋郡地内坑区壱千三百円ニ而買入、天野ニ百円ノ手数ヲ渡シ、四十五円ノ印紙ヲ要セリ、上田手続ス

十一月十九日　火曜

伊藤君相見へ、幸袋資本金百五十万円ニナシタキトノ旨意、松本氏ト打合ノ旨談シタリ、中根氏ニ電話シ、同意ヲ乞タリ

午後六時一方亭ニ行キ、晩食ス

北崎・重岡両氏相見へ、鉄板会社組織内談アリ、熊本連ト得と打合ノ義申向ケタリ

田川〔秋吉〕[6]店員ヲ呼寄、別府温泉鉄道ノ整理ヲ手代〔ママ〕ヲナササシム

上田・柳原・藤沢・田川ハ研究ス

十一月二十日　水曜

恒久〔清彦〕君買入坑区付近調査ノ為メ呼寄、雑〔一字空白〕7〔餉脱〕隈付近ニ行キ、実地ヲ踏査ス
別府温泉鉄道ノ件ニツキ研究ノ為メ松崎・星野両氏相見へ、打合ス
上田等ハ引続研究ス

十一月二十一日　木曜

恒久君坑区調査より帰宅ス、模様見込ナキ旨ヲ報告ス、買入坑区ノ坪数ヲ減シ古賀坑区ニ接近スル様変更願スルコトニセリ
別府新キ温泉鉄道発起ノ件ニ関シ、衛藤・山田〔耕平カ〕・神崎〔沢〕・藤田〔健策〕8ノ四氏相見ヘタリ、自働車ニ而幸袋伊藤君ヲ訪問アリタリ
〔欄外〕二一日〔二十二の意カ〕ノ誤リナリ

1　中村武文＝九州産業株式会社常務取締役、田川銀行取締役、のち九州産業鉄道株式会社専務取締役
2　産業鉄道＝九州産業鉄道株式会社（一九一九年設立）、元鎮西軽便鉄道株式会社
3　太田大次郎＝太田清蔵義弟、福岡市会議員、十一月十日死去
4　お梅＝一方亭女中
5　松崎三十郎＝弁護士（福岡市天神町）
6　田川秋吉＝株式会社麻生商店商務部
7　雑餉隈＝地名、筑紫郡大野村
8　藤田健策＝元大分水力電気株式会社支配人、元国東軽便鉄道株式会社支配人

藤田建〔健〕策・衛藤又三郎・神沢又一〔市〕郎[1]
藤沢・上田・柳原・田川芝居見物ニ行キ、金二十円遣ス

十一月二十二日　金曜

松崎相見へ、別府温泉鉄道ニ関スル研究ヲ乞タリ
別府新キ温泉鉄道ノ件ニツキ前日伊藤方〔ママ〕君訪問ノ模様報告ナリトテ、山田・神崎〔沢〕・藤田ノ三氏相見ヘタリ
〔欄外〕　廿三日ノ誤リナリ
別府温泉鉄道ノ佐藤某来リタリ、書類持参ス

十一月二十三日　土曜

柳原・田川両君ハ自働車ニ而本店ニ帰ル
松崎氏相見へ、別府温泉鉄道ニ関スル研究ヲ乞タリ
別府温泉鉄道ノ不正事件ニ関シ、詳細務〔整〕理ノ方針ヲ研究ヲ乞、夫々調査書作成アリ、発起人ノ責任モ明瞭トナリタリ

十一月二十四日　日曜

上田・藤沢・佐藤ノ三君ハ午前九時博多駅発ニ而帰宅ス
午後二時自働車ニ而帰宅ス

十一月二十五日　月曜

午前本店出務
伊藤傳右衛門君・杉本源吾君、幸袋工作所ノ件ニツキ相見ヘタリ

十一月二十六日　火曜

午前二時左足ノ甲ノ上ニ針ノ負傷ヲナシ、冨医〔冨隆明〕[2]士ニ療治ヲ乞タリ

在宅ス

十一月二十七日　水曜

負傷療養ス

藤沢君相見へ、上田同道出福ス、松崎氏ノ異見ニツキ契約ノ効力ニツキ打合ヲ乞タリ

十一月二十八日　木曜

負傷ノ為メ在宅ス

書類整理ス

十一月二十九日　金曜

午前在宿

十二月十日　火曜

酒屋〔麻生〕惣兵衛君相見へ、産業鉄道之件ニツキ談話ス

東京より帰途、嘉穂銀行重役会ニ列ス

十二月十一日　水曜

午前書類整理ス

1　神沢又市郎＝元別府町会議員、のち別府市長

2　冨隆明＝株式会社麻生商店麻生炭鉱病院（元飯塚病院）医師

午後本店ニ立寄、麻生屋ト打合ス
午後三時より自働車ニ而浜の町ニ着ス
久留米高尾〔正蔵〕君ニ電話ス

十二月十二日　木曜

午前九時過キ自働車ニ而大学ノ医師ト同車、八郎〔麻生〕病気ニ付帰宅
山内ニ八郎ヲ見舞タリ
山内坑ニ行キ打合
午後六時より自働車ニ而出福ス
本村ノ地所ニツキ久助〔花村〕氏ニ電話ス
伊藤傳右衛門君ニ電話ス

十二月十三日　金曜

午前久留米高尾正蔵君浜の町ニ相見へ、三井電鉄〔軌〕九水合併ニツキ、利益ノ一割二分ノ標準トシテ五十円払込ノ株ヲ受取、新株ヲ配付ヲ受ケル時ハ、時価九水八十八円トシ十三万円余ノ損トナルニツキ、新株ニ割レハ壱株十三円余ノ時価トナル
午前十二時廿五分博多駅発ニ而戸畑東鉄会社ニ行キ、西野〔恵之助〕常務ト面談、社長撰定ノ件及築港会社ノ埋立地ノ件懇談ス
工場ヲ見視セリ
午後五時二十〔分脱〕戸畑駅ニ而〔ママ〕帰宅
〔欄外〕安川氏より電話アリタリ

十二月十四日　土曜

午前本店出務
午後二時自働車ニ而出福ス
安川氏ト一方亭ニテ会談ス
浜の町ニ滞在ス

十二月十五日　日曜

午前七時太賀吉ト自働車ニ而坂ノ下[1]ニ着、猟ニ行キ、午後二時本宅ニ帰リ、自働車ニ而午後四時半一方亭ニ着ス、
金五円〔上野〕甚四郎[2]ニ遣ス
安川氏ト会談ス
浜の町ニ滞在ス

十二月十六日　月曜

午前九時より自働車ニ而直方常議員会ニ列ス、午後二時自働車ニ而一方亭ニ午後四時十分着ス
一方亭於テ安川氏ト会談ス
浜の町ニ滞在ス

1　坂ノ下＝地名、嘉穂郡鎮西村蓮台寺
2　上野甚四郎＝順四郎とも、麻生家猟師兼雑務

十二月十七日　火曜

午前十時三十分鉱務署ニ出頭、三井〔米松〕署長ニ面会、勝部〔兵助カ〕[1]ノ論説記事ニツキ談話セシニ、坑夫組合・坑主組合ノ意味ヲ弁明セシ迄ナリ、左迄重要トハ思ハザリシト弁明アリ、服シ兼ガタキ弁明ナリト弁明ス、又扶助料ノ件ハ円満ノ解決スル様申入置タリ

御法川君坑務署ニ而面会ス

十二月十八日　水曜

午前本店出務

午後井戸〔泰〕先生八郎診察アリ、山内坑ニ同供シ、家内診察後直方ニ自働車ニ而行カル

幸袋工作所会ニ出席ノ松本氏ニ電話ス

十二月十九日　木曜

上京ノ筈ナリシモ、八郎病気重病トナリ、出発見合、山内ニテ終日詰切タリ

井戸博士ニ診察ヲ乞、山田〔駒之輔〕学士も自働車ニ而診察アリタ

十二月二十日　金曜

井戸・山田両医師診察ヲ乞タリ

八郎病気次第ニ重病トナリタリ

十二月二十一日　土曜

山内へ詰切

午前十一時廿分死去ス〔麻生八郎〕[2]

午後六時火葬場ニ送ル

十二月二十二日　日曜
山内詰切
午後九時火葬場ニ迎ニ行ク

十二月二十三日　月曜
在宿
十二月二十四日　火曜
在宿
十二月二十五日　水曜
葬式
十二月二十六日　木曜
在宿
十二月二十七日　金曜
在宿
一週日ノ仏事相営ム
十二月二十八日　土曜
在宿

1　勝部兵助＝農商務省鉱務監督官、翌年国際労働会議随員、のち帝国満俺株式会社社長
2　太吉弟麻生八郎十二月二十一日死去

佐伯〔梅治〕君より〔ママ〕若松より引返シ、久原炭山合業ノ件ニツキ懇談ス
大森〔林太郎〕君相見へ、悔ミ之末、坑業上ニ付懇談ス

十二月二十九日　日曜

在宿

十二月三十日　月曜

在宿

十二月三十一日　火曜

午前本店出務
上三緒地元約定ニツキ実行方打合、尚契約証写ヲ請求スルコトニセリ

金銭出納録

此外弐百五十円家族共ニ賞与遣ス
金六百三十三円　〔麻生〕商店賞与残金受取
内
三十三円　懐中
残而金六百円　封金

金九百壱円九十八銭　〔嘉穂〕銀行大正六年下期賞与
同三百円　手当
〆
内
金壱百円　有田〔広〕氏心付
同五十円　西園〔磯松〕1君心付
同三十円　小使・給仕心付
同五十円　金子〔国太郎〕2餞別
同三十五円　精勤者七名心付
〆二百六十五円
同百円　壱方亭女中祝義
同百円　芸妓祝義
〆四百六十五円
残而七百三十六円九十八銭
〆千三百三十六円九十八銭

1　西園磯松＝嘉穂銀行科長、のち支配人
2　金子国太郎＝太吉親族、元嘉穂銀行書記

同九百円　　　三十一日現在
同百七十五円　懐中
〆二千四百十一円九十八銭
　内
金千六百五十七円　現在
同五百円　封
同百二十円　懐中
〆二千二百七十七円
残而金百三十四円九十八銭
　右ハ一月三十日迄小遣金

四月十五日
　金三十二万円　三井
　金十八万五千円　住友
　金十六万円　カ〔嘉〕穂
　〆
　壱千円　歳費
　四十六円十六銭　旅費

〆
　内
二十六円九十銭　成瀬〔澄三郎カ〕餞別品物
五十三円十三銭　美馬〔儀一郎〕[1]氏立替金返入
〆
残而金九百六十六円十三銭受取、帰国ノ時ナリ

七月二十七日調査
金壱千百十三円六十銭　大正七年一月より六月迄銀行賞与金
同三百円　同期間手当金
　金五十円　西園ニ特別志シ
　同三十円　小使一同ニ遣ス
五百円ノ内
四十円　皿代

1　美馬儀一郎＝藍商、徳島商工会議所会頭、貴族院議員

三十五円　皿代
五円　主人渡
二百円　主人渡
百五十円　八月一日買物
四十円・四十九円五十銭　黒瀬買物
状袋アリタリ

大正七〔年七脱〕月廿七日調査
状袋アリタリ
金七百円　現在
金百九十六円　廿七日約メ吉浦ニ取かへ

大正七年九月四日勘定
金九百四十弐円　買物代立かへ金受取ル分
同三百円　日田行ノトキ浜ノ町ニ於テ受取分
同二十一円　九月一日夕受取
同百九十円　懐中現在
〆千四百五十三円　アリ

十一月五日勘定
金壱千円　封金
同九十円　懐中
〆壱千九十円

金百四十円　黄道周[1]書幅、外数点黒瀬払
同三百円　家費より受取
〆四百四十円　十二月十四日受取

十二月二十八日調査
金三百円　嘉穂銀行七年後半期報洲〔酬〕
同百円　博済同
〆金四百円
内
二円五十銭　相撲
残而金三百九十七円五十銭

1　黄道周＝中国明末期の書家・文人画家

右麻生屋より受取

金壱千円　大分紡績大正七年上期賞与

同千四百八十九円六十銭　九水同断

〆二千四百八十九円六十銭　十二月十一日吉浦より受取

内

金弐百五十円　夏子外四人ニ歳暮

同五十円　太賀吉外三人祝金

金壱百円　家内

同弐十円　〔麻生〕義多賀外一人祝金

同三百円　別府行補助

〆金七百二十円

残而金弐百八十円　現在ス

一九一九（大正八）年

一月一日　水曜
先祖ノ霊ヲ拝シ、謹僖ス
麻生屋[1]・野見山〔米吉〕[2]・御法川〔小三郎〕[3]・吉末〔三郎〕[4]・嘉穂銀行[5]ニ電話ス
福岡市役所助役代理より、高等学校ノ件ニ付来ル三日出福之電話アリタルモ、出席相断タリ

一月二日　木曜
在宿
中村武夫〔文〕[6]君、産業会社[7]ノ件ニツキ社員二名連レ相見ヘタリ、工事ノ順序・線路ニツキ申含メタリ、昼食ヲナシ帰宅アリタ
書類整理ス

一月三日　金曜
午前在宿
午後自働車ニ而福岡ニ行キ、一方亭[8]ニテ安川〔敬一郎〕・堀〔三太郎〕[9]・山口〔恒太郎〕[10]ノ三氏ト会合ス（直方堀氏より出福之電話アリタ）
浜の町[11]ニ泊ス

一月四日　土曜
午前七時半自働車ニ而帰宅ス
午前九時開店ス（例之祝杯ス）
一午前十一時より自働車ニ而出福、一方亭ニ安川・山口ノ両氏ト会合ス
一浜の町ニ泊ス、来客アリタ
一伊吹〔政次郎〕[12]幹事出福、一方亭ニテ面会ス

一月五日　日曜

伊藤傳右衛門君[13]出福ノ電話アリ、大分セメン〔ママ〕会社[14]及赤坂坑区[15]ノ件ニツキ打合ス

午後三時より一方亭ニ而晩食ス

一月六日　月曜

午前十時自働車ニ而帰宅ス

1　麻生屋＝太吉弟麻生太七、株式会社麻生商店取締役、嘉穂銀行取締役、嘉穂電灯株式会社取締役
2　野見山米吉＝太吉妹婿、株式会社麻生商店常務取締役、嘉穂銀行監査役、嘉穂電灯株式会社監査役
3　御法川小三郎＝株式会社麻生商店鉱務部長、この年五月退職
4　吉末三郎＝株式会社麻生商店豆田鉱業所長、この年参事
5　嘉穂銀行＝一八九六年開業（飯塚町）、太吉頭取
6　中村武文＝九州産業株式会社常務取締役、田川銀行取締役、酒造業（田川郡猪位金村）、この年八月九州産業鉄道株式会社専務取締役
7　産業会社＝九州産業株式会社、石灰採掘製造を目的として一九一七年設立（田川郡後藤寺町）、社長田中徳次郎、太吉取締役
8　一方亭＝料亭（福岡市外東公園）
9　安川敬一郎・堀三太郎＝第一巻解説参照
10　山口恒太郎＝九州電灯鉄道株式会社取締役、九州電気軌道株式会社取締役、衆議院議員、元福岡日日新聞主筆
11　浜の町＝麻生家浜の町別邸（福岡市浜の町）
12　伊吹政次郎＝筑豊石炭鉱業組合幹事
13　伊藤傳右衛門＝第一巻解説参照
14　大分セメント株式会社＝一九一八年年十二月設立、社長小野駿一、のち小野田セメント製造株式会社に合併
15　赤坂坑区＝故中野徳次郎所有の二坑区（嘉穂郡庄内村赤坂ほか）、この年六月株式会社麻生商店取得

一月七日　火曜

一午前九時飯塚駅発ニ而、伊田[1]経由別府ニ行ク、家内・孫等同車ス

午後二時四十分着ス、行橋[2]より佐藤慶太郎[3]君同車ス

一安川［敬一郎］氏病人見舞ニ行キ、○[4]ノ御馳走ニ預リ、午後九時半過キ帰宅ス

一月八日　水曜

一山本唯三郎[5]・中村精七郎[6]等ノ身上ニツキ内客［容］ヲ安川清三郎[7]氏より聞キ取タリ

一午前十二時安川氏病人見舞ニ行キ、○ヲ持参ス

午後三時別府駅発安川敬一郎翁ヲ見送リタリ

一梅谷［清一］[8]君相見へ、九水［九州水力電気］ノ件ニツキ種々聞キ取タリ

一藤沢［良吉］[9]君相見ヘタリ

一月九日　木曜

一神沢［又市郎］[10]外二人相見へ、温泉鉄道[11]ノ件ニツキ成立ノ見込相立、証拠金募集スルコトヲ聞キ取タリ

一上田穏敬[12]君温泉鉄道ニ関シ別府ニ着、相見ヘタリ、道路ノ件ニ付談合ス

一月十日　金曜

午前山水園[13]ニ自働車ニ而行キ、孫等同道ス

昼飯ヲナシ午後帰ル

金壱百円　米子［麻生ヨネ］[14]ニ遣ス

一月十一日　土曜

一午前七時四十分家内一同別府駅発ニ而福岡ニ着ス

一入歯ヲナシ、午後三時より自働車ニ而帰宅ス

　一月十二日　日曜

西園寺八郎[15]氏より、十五日晩食会見合之件電報アリ、浜ノ町より電話ス
午前山内積入場ニ臨ミ、運炭上ニツキ打合、又不都合ノ件電話ス
午前十時半嘉穂銀行ニ出頭、重役会ニ而、午後七時退散ス

1　伊田＝地名、田川郡伊田町
2　行橋駅＝豊州本線（京都《みやこ》郡行橋町）
3　佐藤慶太郎＝佐藤商店（石炭販売および高江炭坑経営）主、若松市会議長、この年四月より若松築港株式会社取締役、翌一九二〇年三菱鉱業株式会社監査役、本巻解説参照
4　○＝スッポン料理
5　山本唯三郎＝福岡鉱業株式会社長、木屋瀬採炭株式会社長
6　中村精七郎＝博多湾築港株式会社長、海運会社中村組社長
7　安川清三郎＝明治鉱業株式合資会社無限責任社員、この年四月から明治鉱業株式会社副社長
8　梅谷清一＝九州水力電気株式会社常務取締役
9　藤沢良吉＝元別府温泉鉄道株式会社（未開業）専務取締役、のち別府市会議員
10　神沢又市郎＝元別府町会議員、のち別府市長
11　温泉鉄道＝別府温泉廻遊鉄道株式会社、元別府温泉鉄道株式会社（未開業）を継承してこの月新規会社として創立、創立委員長伊藤傳右衛門、太吉取締役大株主
12　上田穏敬＝株式会社麻生商店庶務部長、一八九五年入店
13　山水園＝麻生家別荘（大分県別府町）
14　麻生ヨネ＝太吉三女、麻生義之介妻
15　西園寺八郎＝西園寺公望養子、毛利元徳の子、宮内省

帰宅、綿且〔勝〕[1]ニ而晩食ヲナシ、酒屋[2]・麻生屋・篠原〔孫六〕[3]氏等ナリ

一月十三日　月曜

午前本店出務

午後帰宅、書類整理シ、上京ノ支度ヲナシ、携帯書類ノ調査ヲナス

一月十四日　火曜

午前本店出務、各坑打合会ニ列ス

飯米引上当時見合スコトニ注意ス

午後三時十五分発ニ而下ノ関ニ大吉楼[4]ニ一泊ス

金三十円　芸妓ニ遣ス

一月十五日　水曜

午前八時三井小鑶〔汽〕鑶〔ママ〕船ニ而出迎ニ行キ、西園寺〔公望〕侯爵ニ拝謁、夫より山陽ホテール[5]ニ着シ、御挨拶申上タリ

西園寺八郎氏ヲ初、秋元〔春朝〕・乃木〔元智〕伯爵等御一同、大吉楼ニ而昼食ヲナス、小田柿〔捨次郎〕[6]・山口県知事〔中川望〕[7]・大道良太氏等招待ス

午後三時十五分発ニ而午後六時過キ博多駅へ着、直チニ引田〔疋田直太郎〕[8]眼医師ニ診察ヲ乞、浜の町ニ一泊ス

千波〔仙波太郎〕[9]師団長ニ面会ス

一月十六日　木曜

午前七時四十分博多駅発ニ而門司ニ着ス、山岡〔国利〕[10]警部〔察脱〕長博多より同車ス、門司港より警察署ノ鑶〔汽〕船ニ而山陽ホテール

ニ着ス

西園寺〔公望〕侯ニ相伺、又丹波丸[11]ニ而親シク面会、種々ト御懇談アリタリ

十二時十分出帆、途中迄見送リ、門司午後二時十五分発ニ而帰宅ス、直方より藤沢〔良吉〕君ト同車ス

金五十円　大吉楼女中ニ遣ス、川卯[12]より為持遣ス

二月十七日　月曜

午後十二時四十分自働車ニ而博多停車場より浜ノ町ニ着ス

梅谷氏ニ電話セシモ、行キ先不明ニ而其侭滞在ス

二月十八日　火曜

午前浜ノ町ニテ梅谷氏会合ノ時刻聞キ合セリ

同君ノ時刻違約ハ閉口セリ

伊藤傳右衛門君相見へ、尚松崎［三十郎］[13]・上田ノ両君ト別府温泉鉄道ノ件ニ関シ打合セリ、其ノ結果、県道工事引受ノ書面

1　綿勝＝旅館（飯塚町向町）
2　酒屋＝麻生物兵衛、嘉穂銀行取締役、元飯塚町会議員
3　篠原孫六＝嘉穂銀行取締役、中野昇商店
4　大吉楼＝旅館（下関市阿弥陀寺町）
5　山陽ホテル＝一九〇二年開業（下関市下関駅横）
6　小田柿捨次郎＝三井物産常務取締役
7　大道良太＝鉄道院九州鉄道管理局長
8　疋田直太郎＝眼科医師（福岡市）
9　仙波太郎＝留守第十二師団長、元第三・第一師団長、翌年衆議院議員
10　山岡国利＝福岡県警察部長
11　丹波丸＝日本郵船所属汽船、欧州航路就航
12　川卯＝旅館、支店（門司市）、本店（下関市）
13　松崎三十郎＝弁護士（福岡市）

捺印シテ、上田方別府ニ行キタリ
伊藤氏ト一方亭ニ行キ、食事ナス
　金十円　唐画、黒瀬〔元吉〕[1]払
　二月十九日　水曜
午前荒戸別荘[2]ニ行キタリ
午前十一時自働車ニ而伊藤君ト帰途ニツキ、飯塚浦ニテ道路悪キタメ自働車ニ故障ヲ生シ、飯塚迄歩行シ、人力車ニ而午後一時帰宅
太郎〔麻生〕[3]ハ大坂より帰着ス
　金五円ハ　自働車ノ手伝人ニ渡ス
　二月二十日　木曜
午前本店ニ行キタリ
午後一時より嘉穂銀行重役会ニ行キ、帰途本店ニ立寄、久原坑[4]ノ関係ヲ中川吉隈〔中山柳之助カ〕[5]より呼寄、調査ノ上中止スルコトニ決シ、石川君〔広成〕[6]ニ電報ス
井戸博士〔泰〕[7]来診ヲ乞、午後十二時自働車ニ而着セラル、実ハ七時半博多発ノ筈ニテ延着ノ為メ大ニ心配セリ
　二月二十一日　金曜
太郎病気ニツキ井戸博士ノ診察ヲ乞、一泊セリ、午前八時半過キ自働車ニ而帰福アリタ
藤森〔善平〕[8]町長相見ヘタリ、用件ハ別記
久原坑より石川来リ、本店ニ行キ弥取止メ候事ニ打合、帰リタリ

二月二十二日　土曜

在宿

坑業組合[9]伊吹君来リ、組合予算其他打合、午後三時十七分ニ而帰若ス

二月二十三日　日曜

三宅〔速〕[10]・井戸・山田〔駒之輔〕[11]ノ三先生診察ノ為メ自働車ニ而相見へ、三宅・山田ノ両先生ハ自働車、井戸博士ハ飯塚米吉[12]ニ立寄、午後五時半飯塚駅発ニ而帰福アリタ

太郎病気ニツキ在宅

〔麻生〕義之介[13]ニ石炭売込鉄道院契約ニ関シ電報ス

1 黒瀬元吉＝古物商（福岡市上新川端町）
2 荒戸別荘＝麻生家別荘（福岡市荒戸町）
3 麻生太郎＝太吉三男、株式会社麻生商店取締役商務部長
4 久原坑＝株式会社麻生商店久原鉱業所（佐賀県西松浦郡西山代村）
5 中山柳之助＝株式会社麻生商店鉱務部
6 石川広成＝株式会社麻生商店久原鉱業所長心得
7 井戸泰＝九州帝国大学医学部教授
8 藤森善平＝飯塚町長、元飯塚警察署長、のち福岡県会議員
9 坑業組合＝筑豊石炭鉱業組合、一八八五年筑豊五郡坑業組合として設立、この年三月太吉総長を辞任
10 三宅速＝九州帝国大学医学部教授
11 山田駒之輔＝医師（福岡市）
12 米吉＝島田本家、家具商（飯塚町本町）
13 麻生義之介＝太吉女婿、株式会社麻生商店若松出張所長、のち常務取締役

政五郎〔瓜生〕[1]、県道（八木山越[2]）修繕ノ為メ差遣ス

二月二十四日　月曜

梅谷君自働車ニ而嘉穂電灯合併[3]ノ件ニ付相見へ、内談ス、計算ヲ示シ他日打合スコトニセリ

太郎病気ニツキ在宿ス

芳雄駅[4]乗客昇降場設置ノ件ニ付、関係人民より情願〔請〕書草案調成之上、麻生物兵衛君[5]ニ渡シタリ、尚鎎〔汽〕動車運転開始ノ願書モ同時ニ情願スルコトニ草案ス

三月二十三日　日曜

一徳乗院〔故麻生太郎〕[6]二十日ノ忌明トナレリ

三月二十四日　月曜

一緒方道平氏[7]悔ミニ見へ、八木山越ニ而人力車ニ而相見ヘニ付自働車ニ而送ル、宇佐美氏〔桂一郎カ〕[8]モ墓参ニツキ同車セラル

三月二十五日　火曜

一徳乗院三七日ノ法事ヲナス、親族及坑山ノ向招待ス

一午前十一時各営業所員相集メ、将来ノ方針ニツキ尽力方懇談ス

三月二十六日　水曜

午前八時飯塚駅発ニ而門司倶楽部[9]坑業組合惣会ニ列ス

午前十二時開会、原案之通異議ナク可決ス

常議員ハ会長ノ指命〔名〕ニ而前任者ヲ撰挙ス

惣長辞任シ[10]、希望通常議員会ニ而決定、松本氏〔健次郎〕[11]ヲ惣長ニ撰挙シ、新旧惣長ノ挨拶ヲナシ、無事経過ス

〔三井〕物産会社及川卯ニ立寄、六時廿五分門司駅発ニ而帰途ニツキ、三宅博士ト折尾迄同車ス、中根〔寿〕[12]・横倉〔英次郎〕[13]両氏ト同車、

帰リタリ

三月二十七日　木曜

午前在宿、午後本店出務

午後六時〔嘉穂〕電灯会社ノ九水対合併ノ件ニ付、花村〔久兵衛〕[14]・宮本〔岩吉カ〕[15]ノ両氏ト一同調査ス

四月三日　木曜

午前本店ニ出務

1　瓜生政五郎＝株式会社麻生商店吉隈鉱業所
2　八木山越＝糟屋郡篠栗村と嘉穂郡鎮西村八木山を経て飯塚町を結ぶ峠
3　嘉穂電灯株式会社＝一九〇八年設立（飯塚町）、太吉社長、麻生太七取締役
4　芳雄駅＝筑豊本線（飯塚町立岩）、のち新飯塚駅
5　麻生惣兵衛＝嘉穂銀行取締役、株式会社飯塚栄座取締役、元飯塚町会議員
6　徳乗院＝太吉三男故麻生太郎（株式会社麻生商店取締役商務部長）、この年三月四日死去（三十三歳）
7　緒方道平＝福岡県農工銀行頭取、元福岡県書記官
8　宇佐美桂一郎＝九州帝国大学工学部教授
9　門司倶楽部＝筑豊石炭鉱業組合・門司石炭商組合・西部銀行集会所・九州鉄道によって一九〇三年十月開設された社交場
10　この日太吉筑豊石炭鉱業組合総長辞任
11　松本健次郎＝明治鉱業株式会社社長、この月若松築港株式会社会長、のち石炭鉱業聯合会長、本巻解説参照
12　中根寿＝貝島鉱業株式会社取締役
13　横倉英次郎＝貝島鉱業株式会社採鉱技師長、元麻生商店
14　花村久兵衛＝株式会社麻生商店上三緒坑機械課長、嘉穂電灯株式会社主任技師
15　宮本岩吉＝株式会社麻生商店家事部、一九〇三年入店

各営業所主任会ヲナシ、撰炭方法ニツキ協議シ、午後六時半帰宅ス

　四月四日　金曜

午前太郎命日ニツキ在宅シテ書類整理ス
預金ノ内金壱千円銀行より受取
嘉穂銀行より電話ニ而、産業会社常務取締役中村武夫〔文〕氏ニ金八千円貸付金ノ件内諾ノ電話ス

　五月十二日　月曜

午後十二時四十分飯塚駅着ニ而帰着セシモ、電信不着ノ為メ電話ヲナシ、自働車ヲ呼ヒ帰宅ス
　鯰田駅より福間且太郎〔勝次郎カ〕[1]同車ス
山内坑ニ行キ、坑内ノ注水ノ件ニ付麻生〔広〕[2]へ面談、研究ヲナサシム

　五月十三日　火曜

午前十二時四十分飯塚駅ニ而下ノ関へ行キ、小林〔正直〕[3]君支那ヨリ帰郷ニツキ面会ノ為メ出発ス
十三日ハ春帆楼[4]ニ而小林・林〔徳太郎〕[5]両氏ノ招待会ニ列ス
安川清三郎氏モ宴会ニ相見へ、築港会社ノ件ニ付松本氏ニ伝言ヲ依頼ス
大吉楼ニ一泊ス
午前ハ本店ニ出務ス

　五月十四日　水曜

午前大吉楼滞在
　長岐〔繁〕[6]君ニ対スル贈金ノ件ニ付、本田〔実清〕より法外ノ申入タル事等小林君ニ談シ、金六千円、二ケ年分給料・賞与ヲ送リ、弐千円ハ（既ニ送リタル分）見舞トスルコトニセリ

昼飯ニハ小林・林両氏ヲ関係一同ヨリ招待セリ
午後七時十分下ノ関駅ニ而小林・林両氏ヲ見送リ、大吉楼ニ而晩食、午後十時五十分急行ニ而浜の町ニ午前一時着ス
本家より鯰田より参居タル分女中［ママ］、梅村［藤夫］[7]ト出福セリ
金三十円ハお千代［柳井］[8]等三人ニ、弐十円ハ大吉女中、十円ハおあいへ遣ス

五月十五日　木曜

山口恒太郎君相見ヘタリ
九鉄・九水会社ノ件ニ付、九水博多地方ヲ譲受解決シタシト口気アリタルモ、今川橋[9]より姪ノ浜[10]迄電車布設ニ付迚モ見込ナキ、此際断然訴訟取下ケ契約事項ヲ実現セラレ、合併ハ他日トセラル、外ナキ旨答へ、又訴訟ニツキテハ充分研究セラレ、万一ニも九水ノ敗訴ト申事ナラバ中止ナスノ事ヲモ申陳ヘ置キタリ

1　福間勝次郎＝鯰田郵便局長、元麻生商店豆田鉱業所長
2　麻生広＝株式会社麻生商店山内鉱業所坑内係長、のち豆田鉱業所長
3　小林正直＝三井物産取締役、ニューヨーク支店長就任
4　春帆楼＝料亭（下関市阿弥陀寺町）
5　林徳太郎＝三井物産石炭部長就任、元上海支店長
6　長岐繁＝元麻生商店商務部長、一九一七年七月退職、元三井物産三池出張所、のち石狩石炭株式会社
7　梅村藤夫＝麻生家自動車運転手、元三井物産自動車陳列場販売員
8　柳井千代＝旅館大吉楼（下関市阿弥陀寺町）女中
9　今川橋＝樋井川架橋（早良郡鳥飼村と西新町の間）
10　姪ノ浜＝地名、早良郡姪浜町

田中徳次郎氏[1]相見へ、産業鉄道[2]ノ定款許可ノ件ニ付会談アリ、又山口君より申述ラレタル会社ノ件も聞取タルモ、山口君ト同様ノ申答ヘナシタリ

姪ノ浜及今宿[3]海岸迄自働車ニ而行キ、午後四時半後自働車ニ而帰宅ス

五月十六日　金曜

本店出務ス

横山[近平][4]君相見へ、会談ス

十文字[5]地所全部ニ而八万円余ニ而買受ノ希望アリト書面ヲ提出セリ、早速売却ノ旨申答タリ

精[製]工所[6]等ヲ検査シ、午後三時帰宅ス

五月十七日　土曜

午前在宿、十六日朝博多より日田郡々長宇津宮[宇都宮喜六]君より、後藤某[覚一]ヲ以用談アリ在宿ノ電話アリタルヲ以、用操ナシ在宅セリ

午前日田町後藤某写真営業ノ件ニ付株ノ募集ニ付相見へタリ、他日返事スルコトニセリ

午後上三緒坑ニ行キ、撰炭万石改造及クラシヤ据付ノ件ニツキ、又新坑前地所買収ノ件小川[嘉久蔵][7]ト打合セ、午後七時過キ帰宅ス

嘉一郎[麻生賀一郎][8]屋敷設備ニツキ麻生屋立会打合ス

[鞍手]中学校[9]寄付ノ件ニ付直方津田[如広][10]郡長相見へタリ、伊吹聞キ合セ、挨拶ノ事申向ケタリ

七月二十日　日曜

午前嘉穂銀行惣会ニ出席

地所買収ノ方針ニツキ惣会ノ異見ハ同意ナリシ、続々相進ミ候様トノ希望アリタリ

銀行ノ接待ニヨリ重役・各支配人松月楼[11]ニ而昼飯ヲナシタリ
自働車ニ而帰宅ス

八月二十六日　火曜

在宿
山崎〔誠八〕[12]・大塚〔万助〕[13]・高嶋〔市次郎〕[14]・花村〔久兵衛〕（電機）相見へ、打合セリ
新保〔広吉〕[15]君も相見へ、上三緒坑ニ山崎君ト同供ス

1 田中徳次郎＝九州産業株式会社長、九州電灯鉄道株式会社常務取締役、この年六月より九州産業鉄道株式会社社長
2 産業鉄道＝九州産業鉄道株式会社（この年六月設立、田川郡後藤寺町）、太吉取締役、元鎮西軽便鉄道株式会社
3 今宿＝地名、糸島郡今宿村
4 横山近平＝嘉穂郡幸袋町長
5 十文字＝株式会社麻生商店山内農場十文字出張所（三井郡大刀洗村）
6 製工所＝株式会社麻生商店芳雄製工所、一八九四年設立（飯塚町立岩）、機械製造・コークス製造・精米業
7 小川嘉久蔵＝株式会社麻生商店上三緒鉱業所課長
8 麻生賀一郎＝太吉弟故麻生八郎長男
9 鞍手中学校＝福岡県立鞍手中学校（鞍手郡直方町）、一九一八年開校
10 津田如広＝鞍手郡長
11 松月楼＝料亭（飯塚町新川町）
12 山崎誠八＝株式会社麻生商店、この年鉱務部長
13 大塚万助＝株式会社麻生商店、この年上三緒鉱業所長
14 高島市次郎＝株式会社麻生商店、この年綱分鉱業所長
15 新保広吉＝株式会社麻生商店、この年吉隈鉱業所長

一綱分下層ハ他日赤坂より採掘スルモノトシ、有安[1]ノ方より全力ヲ注キ採掘方法研究スルコト
一山内ニ撰炭及水撰機据付ルコト
　塊、[2]弐吋より六分迄（小塊）、六分以下粉炭ノ三種トシ、小塊ヲ水撰スル方法ニテ計画スルコト
一吉隈ハ現在四百五十屯ヲ以営業スルコトトシ採掘ナスコト、但、給水地元ノ給水ハ着手スルコト
一上三緒・赤坂ハ予算書之通ノ方針ニテ進ムルコト
一午後八時多賀吉〔麻生太賀吉〕[3]発熱セリ
一粕屋坑区ニ付佐賀経吉[4]君相見ヘタリ

八月二十七日　水曜

鞍手郡々長〔津田如広〕・議長〔青柳節蔵〕外一人相見へ、中学寄付金ノ相談アリタルモ、事情親シク申向ケタリ
江藤〔義成〕[5]君より辞退之申出アリタリ

九月八日　月曜

浜ノ町滞在
栄屋旅館[6]ニ熊本逓信局長河合鼇氏ヲ訪問、飯塚電信局敷地ノ件ニツキ打合、田子〔四郎治〕福岡郵便局長・西脇吉久氏モ同
席ナリシ
山田〔駒之輔〕医師并ニ三宅〔速〕博士ノ両家ニ家族一同前夜ノ礼[7]ニ行キタリ

九月十八日　木曜

一東京より午後一時帰着
一留主中事務ヲ整理シ、梅村ニ関スル不始末ニツキ吉浦〔勝熊〕[8]ノ遣リ方不都合ヲ責ム
一午後七時自働車ニ而浜の町ニ着ス

九月十九日　金曜

浜ノ町滞在

一堀〔三太郎〕氏ニ電話シ朝鮮地所ノ件聞キ合せ、其後倉知〔倉智伊之助〕[9]支配人出福ヲ乞、重役会ニテ評議ノ件ヲ打合ス、尤帰途堀氏ヲ訪問、能ク事情ヲ聞取ノコトヲ注意ス

一梅谷〔清一〕君訪問アリ、温泉鉄道ノ件ニツキ打合ス

一森田正路[10]君ニ電話ニ而、冷水線[11]布設ノ件、上京ノ模様報告ス、又山内〔範造〕[12]君ニハ出状ス

一君嶋〔八郎〕[13]博士相見へ、聖福寺[14]寄付金ノ件勧誘アリ、海外鈴木馬左也[15]氏ノ書状ヲ受ケタリ

1 有安＝地名、嘉穂郡庄内村
2 塊＝塊炭、石炭の種類、小塊・粉炭も石炭の形状による名称
3 麻生太賀吉＝太吉孫、のち株式会社麻生商店社長
4 佐賀経吉＝鉱業経営者、玄洋社
5 江藤義成＝株式会社麻生商店麻生炭鉱病院医師
6 栄屋旅館＝福岡市橋口町
7 太吉四男麻生太七郎結婚式、山田駒之輔媒酌
8 吉浦勝熊＝株式会社麻生商店主事補庶務兼麻生家執事
9 倉智伊之助＝嘉穂銀行支配人
10 森田正路＝衆議院議員
11 冷水線＝嘉穂郡内野村と筑紫郡山家村の間の冷水峠を突抜け筑豊本線長尾駅と鹿児島本線原田駅を結ぶ鉄道
12 山内範造＝衆議院議員
13 君島八郎＝九州帝国大学工学部教授
14 聖福寺＝臨済宗寺院、栄西創建の日本最初の禅寺（福岡市御供所町）
15 鈴木馬左也＝住友本社総理事、この年三月から海外出張

一星野〔礼助〕[1]氏相見ヘ、会社合併ノ際増資ノ件ニ付異見ヲ乞タリ

九月二十日　土曜

一松崎・藤沢両氏相見ヘ、温泉鉄道ニ関シ打合、又田村某推挙ノ事ヲ聞キタリ
一松田源次〔治〕[2]氏、江〔衛〕藤又三郎[3]君候補ノ件ニ付援助ノ申入アリタリ
一午後四時急行ニ而別府ニ向ケ出発ス、午後九時着ス、停車場ニハ〔麻生〕太七郎[4]等迎ニ来リ

九月二十一日　日曜

別府滞在
衛藤又三郎君相見ヘ、挨拶アリタリ

九月二十二日　月曜

別府滞在

九月二十三日　火曜

別府滞在
梅谷君相見ヘ、温泉鉄道ノ件懇談ス
松崎氏相見ヘ、温泉鉄道ノ打合ヲナス

九月二十四日　水曜

梅谷君相見ヘ、温泉鉄道ニ関シ上京ノ件ハ、和田〔豊治〕[5]氏病気ニ付全快ノ上上京シタシ、又田村秀雄君ハ九水ニ嘱托ニテ雇入温泉ノ調査為致トノ事ニ而同意ス
一松崎・藤沢相見ヘタルニツキ、梅谷君ハ九水ノ代表トシ何等疑ベキ点無之、又梅谷氏ノ申入ノ旨相咄シタリ
九水側ニ於テ増資ノ点ハ希望スル旨両人より申向ケアリタリ

一午後三時別府駅発ニ而帰途ニツク

金弐百円　麻生彦三郎[6]ニ渡シタリ

一須[首]藤三作[7]より間違ノ地所買入相談ノ件ハ、承知ス旨相答ヘタリ

九月二十五日　木曜

午前九時半自働車ニ而浜ノ町ニ行キ、十一時着

伊藤傳右衛門別荘ニ立寄、於苑[8]ニ行キ晩食ス

山口恒太郎君相見ヘ、地下線ノ件[9]打合セシモ、要領ヲ得ザリシ

吉田良春[10]氏、浜の町ニテ坑区ノ件ニ付面会ス

中西四郎平[11]君、本家より自働車ニ而浜ノ町ニ至リ、坑区引受ノ相談アリタリ

1　星野礼助＝弁護士（福岡市）
2　松田源治＝衆議院議員、のち拓務大臣・文部大臣
3　衛藤又三郎＝大分日日新聞社長、大分県会議員
4　麻生太七郎＝太吉四男、株式会社麻生商店、のち監査役
5　和田豊治＝九州水力電気株式会社相談役、富士瓦斯紡績株式会社社長、のち貴族院議員、本巻解説参照
6　麻生彦三郎＝太吉親族、株式会社麻生商店測量係
7　首藤三作＝麻生家田の湯別荘（大分県別府町）管理人
8　お苑亭＝貸席、元馬賊芸者桑原エン経営（福岡市外西門橋）
9　九州水力電気は一九一二年博多電気軌道を合併し、同社の福岡市全域の地下線による電気供給権を継承、これが九州水力電気と九州電灯鉄道の競争と合併交渉の主要課題の一つ
10　吉田良春＝住友若松炭業所長、筑豊石炭鉱業組合常議員、若松築港株式会社取締役、のち住友理事
11　中西四郎平＝太吉親族、坑区斡旋業、遠賀郡芦屋町会議員

九月二十六日　金曜

一午前十一時山口恒太郎君相見ヘタリ、会談ノ用件ハ別ニ記ス

一熊本電信局ノ訪問アリ、飯塚郵便局建築ノ件ニ付会談ス

一午後一時自働車ニ而帰宅ス、途中故障ノ為メ四時半帰着ス

九月二十七日　土曜

一午前八時坑区図面忠隈坑吉田良春氏ニ為持遣ス

一藤森町長相見へ、飯塚郵便局敷地ノ件ニ付打合セ、又冷水線鉄道布設ニ付上京中ノ有様重而報告ス

一午後三時飯塚町役場ニ行キ、郵便局敷地ノ件ニ付打合ス

九月二十八日　日曜

在宿

山内農園[1]其外山林ノ有様ヲ見タリ

坑業組合伊吹より明日訪問ノ電話アリタ

藤森町長より冷水線ノ件ニ付上京ノ挨拶ニ参リ度トノ事ナリシモ、断リタリ

九月二十九日　月曜

山崎〔誠八〕・三宅〔作太郎〕[2]相見へ、坑区含有炭ノ再調査ニ着手ス

住友吉田君ニ吉隈坑区坪数電信ナシタリ

篠原外一人相見へ、別府ノ地所ノ相談アリシモ、断タリ

九月三十日　火曜

一熊谷好〔衛脱〕[3]君相見へ、坑区ノ件ニ付内談アリタルモ、断リタリ

一中西四郎平相見へ、宇美坑区[4]買収ノ件内談アリ、五日迄ニ四万円ナラバ売渡スベキ約シ、其時ハ五百円ヲ手数料ニ相渡旨申渡シタリ
一山崎・三宅・[空白]三名来リ、坑区含有炭再調査ヲナス
一上田[穏敬]来リ、別府地所ニ関スル件ヲ聞取タリ

十月一日　水曜

一野見山[米吉]相見へ、伊万里坑区[5]ノ件ニ付内談アリタ
一麻生太[多]次郎[6]相見へ、筑豊電鉄会社[7]重役ノ件ニ付内談アリタルモ、相断タリ
一住友吉田君より二、三日帰坑延引ノ電信来リタリ

十月七日　火曜

午前七時別府駅発ニ而帰途ニツキ、午後三時帰着ス

十月八日　水曜

一午前人力車ニ而幸袋伊藤氏邸ニ行キ、自働車ニ而直方停車場ニ野田[卯太郎][8]大臣歓迎ス

1　山内農園＝株式会社麻生商店山内農場、一九〇八年設立、石炭廃鉱地試験農場（飯塚町立岩）
2　三宅作太郎＝株式会社麻生商店鉱務部
3　熊谷好衛＝熊谷石炭商店（東京市京橋区東湊町）
4　宇美坑区＝株式会社麻生商店が一九一七年末か一八年初めに桂桃一から購入した坑区（糟屋郡宇美村）
5　伊万里坑区＝株式会社麻生商店久原鉱業所（佐賀県西松浦郡西山代村）
6　麻生多次郎＝麻生家新宅、元飯塚町長、元福岡県会議員
7　筑豊電鉄会社＝筑豊電気軌道株式会社（小倉市）、この年九月設立（未開業）
8　野田卯太郎＝衆議院議員、逓信大臣

一貝嶋〔太助〕[1]氏ノ墓詣シ、夫より百〔合脱〕[2]野本宅ニ而昼飯会ニ列ス

一柳屋[3]ニ而大臣招待会ニ列ス

一午後二時四十分直方駅発ニ而福岡ニ行キ、堀・峠〔延吉〕[4]氏等一方亭ニテ晩食ス

十月九日　木曜

午前十時ニテ門司管理局ニ出頭、局長ニ面会、冷水線提案ノ情願〔請〕ス、伊藤・堀両氏同供ス

十月十二日　日曜

一浜ノ町滞在

一安川・松本両人訪問ス

松本氏より築港会社株安田より相談アリ、百円位ニ而買収ノ旨申向ケ置キタリ、幾分ニテモ持呉候様ト事ナリ、承諾ス

一午前十一時野田大臣停車場ニ出迎ス

一一方亭ニ行キ、午後五時迄安川・堀・伊藤氏ト会合ス

一福村楼[5]ニ而野田大臣招待ニ付、福岡市長〔久世庸夫〕ノ案内ニ而列席ス

一第一公会堂[6]ニ遞相招待会ニ列ス

一一方亭ニ於テ大臣招待ス

十月十三日　月曜

一午前十時自働車ニ而浜ノ町より帰宅ス

一伊藤降〔隆〕[7]家内相見へ、栄座[8]買入株小生へ売渡ノ事ヲ内談セシモ、其侭所持アル様申向ケタリ

一浜ノ町ニテ一方亭ニ電話シ、招待会費ハ七人割トスル様申向ケ置キタリ

十月十四日　火曜

一午前本店、昼飯ナシ、午後出店ス

一午後六時柴田徳次郎[9]君相見へ、貝嶋照合〔紹介〕ノ依頼アリ、電話シ中根君ニ紹介ス

十月十五日　水曜

一豊前京都郡在郷軍人団副会長陸軍騎兵中佐副地英吉氏、恩給例〔令〕増加情願〔請〕書貴族院ニ提出方ニツキ、情願書携帯相見ヘタリ

十月十六日　木曜

一地蔵山より山内坑ノ中英〔央カ〕より安丸越[10]ヲシテ、赤坂山林ニ猟ニ行キタリ、小学校之処より自働車ニ而帰宅ス

一麻生惣兵衛相見へ、栄座関係聞取、別ニ記憶帳ニ記載ス

一栄座売却ノ件ニ付伊藤傳右衛門君ニ電話シ、同意アリタリ

1　貝島太助＝第一巻解説参照
2　百合野＝地名、鞍手郡香井田村竜徳
3　柳屋＝旅館（鞍手郡直方町殿町）
4　峠延吉＝貝島鉱業株式会社取締役、この月十八日辞任
5　福村楼＝福村家、料亭（福岡市東中洲）
6　公会堂＝福岡県公会堂（福岡市西中洲）
7　伊藤隆＝のち飯塚市会議員
8　栄座＝株式会社飯塚栄座、演劇場（飯塚町）、一九一一年設立、元養老館、のち筑豊劇場
9　柴田徳次郎＝一九一七年国士館設立、のち国士館大学総長
10　安丸越＝地名、嘉穂郡庄内村綱分

一書類整理ス

十月十七日　金曜

一午前麻生屋参リ、吉田〔良春カ〕氏本朝大坂出発ノ由伝ヘタリ

一十八日福岡市長〔久世庸夫〕ヨリ招待ニツキ、今三時十七分ニ而出福ス

十月十八日　土曜

一午前十二時博多駅ニ野田大臣ヲ迎ニ行キタリ

一福村屋〔家〕ニ於テ野田大臣福岡市ノ歓迎会ニ列ス

一午後五時半一方亭ニ於テ歓迎会ニ列ス、九水・九鉄・九軌[1]三社合同

一於苑ニ立寄、喰事ヲナシ帰ル

十月十九日　日曜

一午前七時四十分野田大臣博多停車場ニ見送リタリ

一北崎久之丞[2]氏相見へ、福岡ニ紡績会社設立ニ付会談ス

一午前十時九水重役協議会ニ列ス、会場営業所

宮崎発電所出願ノケ所県庁交渉ノ顛末、梅谷常務より報告アリタリ、右ニ付野田大臣ノ前日ノ演舌ノ次第有之候ニ付、逓信省ニ上伸〔ママ〕方本社ニ而決定ノ件打合、決定ス

福岡南部ノ電鉄線評議ス

一午後一時自働車ニ而帰、三時半着ス

十月二十七日　月曜

午前四時ヨリ五時三十分迄ニ営業持続ノ決心[3]ヲナシタリ

午後七時半上京ノ積リニテ自働車ニ而浜ノ町ニ行キ、午後十時着ス（途中バネ損シタリ）

十月二十八日　火曜

本家より電話、東京梅谷より上京見合セノ打電ニ接シタリ
天野寸[4]来リ、博多坑区十一月一日迄日延申込タリ
　黒瀬〔元吉〕より三十円ニ而買収ス
一棚石〔橋〕[5]君ニ梅谷帰県ノ上上京用意ヲ乞旨、営業所々長浦田〔勇太郎〕君より交渉ヲナサシメ、承諾ヲ乞タリ
一明石〔元二郎〕[6]氏死去ニ付香典ヲ進呈ス
一東京伊藤〔傳右衛門〕君ニ、上京見合タルモ模様ニテハ上京スベキニ付模様通電ノ件打電ス
十月二十九日　水曜
午前六時五十分明石氏告別式ニ列ス、夫より博多駅ニ午前九時四十分発ニ見送リタリ
三井銀行松本〔純次郎〕支店長相見へ、坑業上ニ付種々打合ヲナス
午後一時自働車ニ而帰宅、三時半着ス

1　九水・九鉄・九軌＝九州水力電気株式会社・九州電灯鉄道株式会社・九州電気軌道株式会社
2　北崎久之丞＝紙与合名会社支配人、大分《だいぶ》軽便鉄道株式会社発起人
3　太吉、坑区を住友に譲渡して炭鉱業からの撤退を検討したが、持続に決す
4　天野寸＝坑区斡旋業
5　棚橋琢之助＝九州水力電気株式会社専務取締役
6　明石元二郎＝陸軍大将、台湾総督、元第六師団長、十月二十六日死去

十月三十日　木曜

在宿

森崎屋[1]麻生屋ニ呼ヒ、住友ヘ交渉ノ顛末詳細説明ス

藤森町長見ヘ、飯塚才判所直方ヘ移スニツキ運動中ノ由ニツキ、上京ナシタラバ注意候様依頼アリタリ

十月三十一日　金曜

拝賀ス

午後三時半自働車ニ而出福、午後七時浜の町ニ着ス

十一月一日　土曜

一午前七時四十分博多駅発ニ而門司駅ニ向ヒ、東京より帰途中ノ梅谷君ニ面会、東京ニ而温泉鉄道ニ関シ相談ノ模様ヲ聞取、棚橋君ト打合ノ必要アリ、門司駅十時四十分発ニ而別府ニ向ヒ、午後二時四十分別荘[2]ニ着ス

十一月二日　日曜

一山水園ニ行キ、屋敷取ノ打合ヲナシ、又棚橋君ハ二日朝別荘ニ而面会ノ事ニ電話ニ而打合ス

棚橋君ト温泉鉄道ノ線路踏査ヲナシ、ホテルニテ昼飯ヲナス

十一月三日　月曜

梅谷氏別荘ニ而会談ス、上京ニ付尚午後二時棚橋氏トモ会合ノ打合ヲナス

午後二時棚石〔橋〕・梅谷両氏ト会合シ、来ル六日出発上京ノ協議ヲナス

藤沢君より石垣村[3]共有地売却ノ交渉中ノ旨聞取タリ

温泉鉄道ニ対シ九水ノ態度決定迄ハ売却ニ不相成様心配方申談タリ

十一月四日　火曜

午前七時四十分別府発ニ而福岡浜の町ニ午後十二時半着ス

午後三時広沢某、衆議院議員小橋藻三衛君同供相見へ、化学上ニ付懇談アリタルモ、断タリ

十一月五日　水曜

一山口恒太郎君病気見舞タリ、田中〔徳次郎〕君モ相見へ候而、産業会社重役会ノ内議アリ、惣而同意ス

一松永安左衛門[4]君帰朝ノ祝ヒニ訪問シ、留主中ニ而帰宅ス

一十二時半博多停車場ニ伊藤傳右衛門君待受、滞京中ノ模様ヲ聞キ取リ、同別荘ニ而尚上京ニ付温泉鉄道ニ対シ九水ノ援助方法ニ付打合ス

一午後一時半自働車ニ而帰宅ス

十一月六日　木曜

一上田〔穏敬〕来リ、別府ノ件ニ付打合ス

一野見山〔米吉〕来リ、牛隈坑区[5]ノ件ニ付打合ス

十二月一日　月曜

午前九時三十分東京より帰途下ノ関駅ニ着、吉浦迎ニ来リ、直チニ浜ノ町ニ午後十二時四十分帰着ス

1　森崎屋＝木村順太郎、株式会社麻生商店監査役、酒造業（飯塚町本町）、飯塚町会議員
2　別荘＝麻生家田の湯別荘（大分県別府町田の湯）
3　石垣村＝大分県速見郡
4　松永安左衛門＝九州電灯鉄道株式会社常務取締役、衆議院議員
5　牛隈坑区＝嘉穂郡大隈町

一伊藤傳右衛門・藤沢良吉・松崎三十郎ノ三氏ト温泉鉄道ノ件ニ付、東京ニ於テ九水ノ援助ニツキ其ノ態度ハ、共有地ヲ買受、土地ノ発展ヲナシ、電灯等ノ収入ヲ目的トシテ株主ニナリ、相当援助之件等報告ナシ、来ル四日午後二時半別府ニテ同町有志者ト会合ノ打合ヲナス

十二月二日　火曜

津崎屋〔屋崎〕1ニ自働車ニ而家内ト行キ、午後二時十分博多駅発ニ而典太〔麻生〕2等一行ト帰宅ス

十二月三日　水曜

午前本店ニ出務ス、夕方帰宅ス

麻生太〔多〕次郎本家ニ相見ヘ、坑山ノ咄ヲ聞キタリ

十二月四日　木曜

午前九時飯塚駅発ニ而別府ニ、温泉鉄道布設ニ付沿線ニ添ヒタル土地買収出来得レバ援助ノ件九水会社ト交渉ナリ、其ノ為メ出発ス、典太〔麻生〕・辰子〔麻生〕3も同供ス

十二月五日　金曜

大分紡績4重役会ニ列ス

棚橋君相見ヘ、打合ノ末自働車ニ而大分ニ行キ、帰宅、自働車ニ而実地ニ伊藤君一同臨ミタリ

伊藤君別荘5ニ而別府ノ委員連ト会合、事情ノ打合ヲナス

十二月六日　土曜

大分セメ〔ン脱〕ト会社取締役曽木晋君、宴会ノ案内ニ見ヘタリ

温泉鉄道委員会ニ列ス、増資株主募集等一任アリタリ

一衛藤又三郎君相見ヘタリ

一棚橋・長野〔善五郎〕[6]両人相見へ、ホテルニテ昼飯ス

十二月七日　日曜

午前十時五十分ニ而セントメントウ〔ママ〕会社開業式[7]ニ列ス

十二月八日　月曜

御越[8]ノ村〔町〕長相見へ、該地方状況ヲ聞キ、温泉鉄道布設ニツキ充分尽力ス可キトノ事ヲ申向ケアリタリ

十二月九日　火曜

受負人小林〔森吉〕・今井〔新太郎〕[9]両人相見へ、聞取タリ

十二月十日　水曜

朝日村[10]長外一人相見へ、土地ノ件ニ付尽力アル様打合ス

別府町長武田綾太郎君相見へ、秘蜜会ハ一同賛成、十二日実地踏査ノ上正式ノ町会開催ノ上確報ノ旨申入アリタリ

1　津屋崎＝麻生家津屋崎別荘（宗像郡津屋崎町渡）
2　麻生典太＝太吉孫、のち麻生鉱業株式会社取締役
3　麻生辰子＝太吉孫
4　大分紡績株式会社＝一九一二年創立（大分市）、太吉取締役
5　伊藤君別荘＝伊藤傳右衛門別荘、別名銅御殿（大分県別府町流川通）、のち海軍に献納
6　長野善五郎＝九州水力電気株式会社取締役、大分紡績株式会社長、二十三銀行頭取
7　開業式＝大分セメント株式会社津久見工場開業
8　御越＝大分県速見郡御越町
9　小林森吉・今井新太郎＝九州水力電気蝙蝠滝工事請負小林組（広島市）
10　朝日村＝大分県速見郡

梅谷君相見へ、打合ス
大分新聞記者高橋衛雄君訪問ス
一衛藤又三郎君実弟末弘粲《サン》一君相見、肥前坑区買入ノ内談アリタ、下ノ関唐戸町

十二月十一日　木曜

午前七時四十分別府駅発ニ而帰宅ス、直方駅より銀行連ト同車ス、典太・辰子・佐伯梅次〔治〕[1]君等同供ス
幸袋工作所[2]重役会ニ列ス
本店ニ出務ス、久原坑ノ設計調査ス
瓜生長右衛門[3]来リ、久原坑ノ事ヲ聞キ、有望ノ由申向ケタリ

十二月十二日　金曜

本店出務
久原坑ノ件ニ付調査ヲナシタリ
嘉穂銀行重役会ニ列シタリ
帰途本店ニ立寄、打合ス

十二月十三日　土曜

本店ニ終日出務ス
二日市町長〔佐藤峯次郎〕[4]及大賀氏〔直次郎〕[5]外二人、鉄道ノ件ニ付訪問アリタルニ付、其筋ニ情願〔請〕ノ旨詳細申向、尚一層尽力アル様申向ケタリ、二日市助役岡部新太郎・谷勇次郎[6]・大賀直次郎

十二月十四日　日曜

午前本店出務

一吉末〔三郎〕君来リ、参事転任ニ付親シク懇談ナシタリ

一嘉穂銀行重役会ニ列ス

一後藤〔文夫〕[7]氏相見ヘタリ

十二月十五日　月曜

自働車ニ而午前十一時過キより後藤氏一同出福ス

共進亭[8]ニ而昼飯ス

後藤氏ハ知事訪問アリ、午後七時四十分博多駅発ニ而帰県セラル

政友会事務所ニ而、冷水鉄道寄付金并ニ石炭課税ノ問題打合ス

三菱松岡〔隈カ〕氏相見へ、坑山ノ件ニ付面談ス

一松崎・梅谷両氏相見へ、温泉鉄道ノ件ニ付打合ス

1　佐伯梅治＝株式会社麻生商店大阪出張所長、元若松出張所長、一九〇三年入店

2　株式会社幸袋工作所＝炭鉱機械製造（嘉穂郡幸袋町）、一八九六年合資会社として創立、前年株式会社に改組、太吉取締役

3　瓜生長右衛門＝嘉穂電灯株式会社取締役、飯塚町会議員、元麻生商店理事鉱務長、常務（一九一六年辞職）

4　佐藤峯次郎＝筑紫郡二日市町長、この月岡部新太郎に交代

5　大賀直次郎＝酒造業、元二日市町会議員、のち二日市町会議員

6　谷勇次郎＝筑紫郡二日市町会議員

7　後藤文夫＝麻生夏義兄、内務省官僚、のち貴族院議員、農林・内務大臣

8　共進亭＝西洋料亭（福岡市西中洲）

十二月十六日　火曜

一午前九時四十五分博多駅発ニ而、午後十二時四十分帰宅ス

一本店ニ而、会社組織一部改正ノ理由、并ニ転任・新設等ノ辞令ヲ付与ス

一上田ニ午前七時浜ノ町より電話ニ而別府共有地ノ件ニ付申含メタリ

一金百円香典、庄野〔金十郎〕[1]氏ニ頼ミタリ

十二月十七日　水曜

一神保〔新保広吉〕[2]君ヲ呼ヒ、営業上ニツキ親シク打合ヲナス

一麻生太〔多〕次郎相見へ、新入坑松隈〔三郎〕[3]君面会ノ事ヲ通知ス

一本店ニ行キ、午後五時帰宅

一藤森町長外三人、片嶋合併[4]ニツキ事情聞取タリ

十二月十八日　木曜

一午前八時半ヨリ浜ノ町ニ自動車ニ而行キ、別府上田〔穏敬〕ニ電話ヲナシ、別府・石垣両町村ノ関係ニ留メ、一先帰県スル様命シタリ、午後七時頃ノ通話ナリ

天野来リ、坑区ノ咄ヲナシタリ

十二月十九日　金曜

午前六時半自働車ニ而浜ノ町出発、午前八時半帰着

本店出務

鉱〔礦〕夫協会[5]本部会長吉田光利・幹事長河嶋真一〔川島慎一〕両人来リ、組織上ニツキ賛成ヲ請タルモ、目下工場法案デスラ実地ニ不適当ニツキ、尚研究ノ上再会ヲ約シタリ

十二月二十八日　日曜

午後四時自働車ニ而出福、浜ノ町ニ着ス

途中笹〔篠〕栗[6]ノ東側ニ而伊藤傳右衛門君ノ自働車ニ而行合、別府ノ模様聞キ取タリ

別府上田ニ電話シ、町会決議[7]ノ末誠意ナキ遣リ方ニツキ、一切関係ヲ絶ツ旨申入タリ

松崎氏より電話アリシモ、通話意ノ如ク分リ兼タルモ、大略ノ旨意ハ、今日ノ場合町ニ向ヒ断絶スレハ不得策ニ付、事情協義ノ為メ上田帰宅スルニ付聞キ呉レトノ事ナリ

十二月二十九日　月曜

午前九時自働車ニ而帰宅ス

本店ニ出務、打合ス、九洲炭坑調査ノコトヲ吉末ニ申談ス

松崎・上田両君相見ヘ、別府ノ件ハ明年迄委員トノ間ニ協定セリ、故ニ是非委員会ニ而会合スル様申入アリ、承諾ス

年末ノ賞与ヲ家族ニ渡シ、金額ハ別記アリ

1　庄野金十郎＝福岡日日新聞社長、弁護士
2　新保広吉＝株式会社麻生商店吉隈鉱業所長
3　松隈三郎＝三菱鉱業株式会社参事、新入炭坑長
4　片島＝地名、嘉穂郡二瀬村
5　礦夫協会＝この年八月設立（福岡市上店屋町）、糟屋炭田を主として無産運動を展開
6　篠栗＝地名、糟屋郡篠栗村
7　大分県別府町の別府温泉廻遊鉄道線路敷に関する決議

十二月三十日　火曜

発熱シテ臥付ス（前夜より）

十二月三十一日　水曜

病気ニ而臥付ス

有田［広］[1]氏相見へ、銀行員ノ心得ニツキ聞キ取タリ

参中ノ書類整理ス

年末ノ預金、大坂送金ヲ除キ四十一万五千七百円アリ

金銭出納録

大正八年一月始ヨリ上京、引続不幸ニ而、帳簿記載ヲ止メ、五月上京帰宅より始メル

金弐百十五円　加納［久宜］[2]子爵御帰リ之トキ下ノ関ニ而毛布団代、丸三[3]渡ノ分

同壱百円　黒瀬買物代ノ分

〆三百十五円　出入帳ニ而吉浦より受取

金弐十円　五月一日上京ノトキ山陽ホテール心付渡

二月十一日付トアリ

勘定済　百五十円　吉浦渡

内五十円　　川嶋〔七郎〕[4]香典

勘定済　百円　　同人渡掛物代

四十円　　扇面代

三月十八日吉浦より受取

三百円　　下ノ関・別府ニテ渡セシ分ヲ受取タリ

十三円三十六銭　　若松築港会社より重役会旅費受取

大正八年一月より六月迄賞与金

金壱千五百六十七円六十銭　嘉穂銀行受取

同三百円　　嘉穂銀行より受取

大正八年上半期手当

金四千八百円　　商店より受取

1　有田広＝麻生義之介実兄、株式会社麻生商店監査役、嘉穂銀行取締役
2　加納久宜＝故麻生太郎・野田勢次郎岳父、十五銀行取締役、貴族院議員、元鹿児島県知事
3　丸三＝呉服店（福岡市麹屋町）
4　川島七郎＝九州水力電気株式会社

内

金壱千五百円　義之介、一月より六月迄慰労金

同弐百五十円　娘等五人、一人五十円

同六十円　孫等六人、一人十円

同百円　家内

同九十円　〔麻生〕太右衛門[1]

同百円　〔太〕多賀吉全快祝

〆弐千百円

残而弐千七百円　現在

内

五百円　加納氏祝義

外ニ

五百円　残金

〆二千七百円　八月十九日現在ス

外ニ

金弐百三十円　懐中ス

〔後筆・鉛筆〕

千五百円

二百四十円
六十円
百円
三百円
〆二千二百円　　太七郎

金六十円　　九水八月分手当
同弐十六円四十七銭　　大分紡績重役会旅費
〆　　宮本〔岩吉〕より受取
同十三円三十六銭　　若松築港重役会旅費
九月一日受取
同十五円四十銭　　別府ホテール[2]食費払
別ニ受取証アリ
同五十四円八十四銭　　別府ニ而百円渡セシ残金受取、お初より

1　麻生太右衛門＝太吉長男
2　株式会社別府ホテル＝一九一一年開業（大分県別府町野口原）

九月四日現在懐中

金弐百四十五円

外ニ

金千五百円

封金アリ

一九二〇（大正九）年

一月一日　木曜

一皇室拝ス

一拾畳間ニ於テ四方ノ神社ヲ拝ス

一仏間ニ於テ先祖ヲ拝ス

一仏間ニ於テ仏霊ヲ拝ス

一午後一時半嘉穂銀行[1]ニ行キ、親シク行員一同ニ申諭シ、一同承服ス

一月二日　金曜

一前日来風邪気味ニ而静養ス

一栄座[2]ノ件ニ付伊藤傳右衛門[3]氏ニ電話シ、中野昇[4]君ノ株ハ其侭トナリ居ル旨ヲ返話アリタリ

一福間久一〔市〕[5]・麻生惣兵衛[6]ノ両氏、赤間嘉之吉[7]氏等相見ヘタリ

一五日福岡会ハ十三日ニナリ、其ノ旨堀〔三太郎〕[8]氏ニ電話ス

一棚橋琢之介〔助〕[9]君ニ、竹下駅[10]より山家[11]ニ至ル電車延長ノ件外二件出状ス

一月三日　土曜

一午前九時開店ヲナシ、出勤ス

鯣酒ニテ祝盃ヲナス

一中西四郎平[12]来リ、遠賀坑区五ケ所ニテ二百四十万坪ノ区域、一坪ニツキ四十五銭以上ノ時ハ一割ノ手数ヲ遣ス

コトヲ約シ、五日以内ニ確報ナス筈ナリ

一栢森[13]区会ヲナシタリ、予算ノ方法等将来不都合ナキ様規定ヲ設ケルコト

一月四日　日曜

一大坂片岡［直方］[14]氏一行吉隈炭坑[15]視察ノ為メ相見へ、飯塚駅八時半着ニ而朝食ヲ出シ、十二時四十分飯塚駅発ニ而吉隈坑ニ行カレ、同三時発ニ而帰坂セラル

一栄座ノ株之件ニ付、中野昇君ニ関シ篠原［孫六］[16]氏ニ電話ス、其ノ結果、伊藤ニハ売却約定ノミニ而、売戻シ之約アレハ其旨直チニ麻惣［麻生惣兵衛］之処ニ電話ス

1 嘉穂銀行＝一八九六年開業（飯塚町）、太吉頭取
2 栄座＝株式会社飯塚栄座、演劇場（飯塚町）、一九一一年設立、元養老館、のち筑豊劇場
3 伊藤傳右衛門＝第一巻解説参照
4 中野昇＝徳次郎（第一巻解説参照）長男、中野商店主
5 福間久市＝元飯塚町会議員
6 麻生惣兵衛＝嘉穂銀行取締役、株式会社飯塚栄座取締役、元飯塚町会議員
7 赤間嘉之吉＝大正鉱業株式会社監査役、衆議院議員
8 堀三太郎＝第一巻解説参照
9 棚橋琢之助＝九州水力電気株式会社専務取締役
10 竹下駅＝鹿児島本線（筑紫郡那珂村）
11 山家＝地名、筑紫郡山家村
12 中西四郎平＝太吉親族、坑区斡旋業、遠賀郡芦屋町会議員
13 栢森＝地名、飯塚町栢森、麻生本家所在地
14 片岡直方＝大阪瓦斯株式会社営業部長、のち副社長
15 吉隈炭坑＝株式会社麻生商店吉隈鉱業所（嘉穂郡桂川村ほか）、第一巻付図参照
16 篠原孫六＝嘉穂銀行取締役、中野（昇）商店、のち株式会社中野商店取締役

一温泉鉄道[1]ノ件ニ付別府町ノ委員会合日通報ノ件ニツキ、滞別中ナル松崎〔三十郎〕[2]氏ニ電信ス
一嘉穂銀行増資ノ件ニツキ野見山〔米吉〕[3]ノ異見アリ、筆記ヲ乞タリ、其結果星野〔礼助〕[4]氏ニ電話サセタルモ不在ナリシ

一月五日　月曜　〔吉浦勝熊代筆〕

一風邪之気味ニテ在宅
一電気喞筒ニテ池水揚

一月六日　火曜　〔吉浦勝熊代筆〕

一麻生惣兵衛来リ、栄座株売却打合セヲナシタリ
一麻生多次郎[5]来リ、鉱山之話ヲ聞キ、枝郷共有地処分ニ付打合ス
一上田〔穏敬〕[6]来リ、別府土地之事ニ付協議ス
一川島〔淵明〕[7]郡長・赤間代議士来リ、片島[8]合併之事ニ付打合ス
一松林安熊[9]、福島県好間炭坑転勤之挨拶ニ来ル
一池水、電気喞筒ニテ排水、鯉捕ヲナス
一〔麻生〕太賀吉・艶子〔麻生ツヤ子〕・冨代〔麻生フヨ〕・〔麻生〕典太・〔麻生〕[10]辰子、中尾〔エイ〕[11]・茂田〔つや〕[12]附添、三時十七分発列車ニテ上京

一月七日　水曜

風邪ニ而外出見合ス

一月八日　木曜

一風邪ニテ外出見合
一野見山米吉熊本より帰リ、報告ヲ聞キタリ

一月九日　金曜

一倉知〔倉智伊之助〕[13]支配人来リタルニ付、銀行決算ニツキ打合、尚増資ノ順序ニツキ打合ス

一松崎氏別府より相見へ、温泉鉄道ニ関シ別府町会ハ地所設計方針予メ申入方希望アリタル旨報告アリタリ

一風邪ニテ他出見合ス

一月十日　土曜

麻生太〔多〕次郎来リ、坑山ノ件聞取タリ

午後壱時嘉穂銀行重役会ニ列ス

1　温泉鉄道＝別府温泉廻遊鉄道株式会社（未開業）、元別府温泉鉄道株式会社、新規発起人総代伊藤傳右衛門、太吉大株主
2　松崎三十郎＝弁護士（福岡市）
3　野見山米吉＝太吉妹婿、株式会社麻生商店常務取締役、嘉穂銀行監査役、元麻生商店店長
4　星野礼助＝弁護士（福岡市）
5　麻生多次郎＝麻生家新宅、元飯塚町長、元福岡県会議員
6　上田穏敬＝株式会社麻生商店庶務部長、飯塚町会議員
7　川島淵明＝嘉穂郡長
8　片島＝地名、嘉穂郡二瀬村
9　松林安熊＝高取鉱業株式会社杵島炭坑、元製鉄所二瀬鉱業所
10　麻生太賀吉・ツヤ子・典太・辰子＝太吉孫、麻生フヨ＝太吉妹、麻生五郎妻
11　中尾ヱイ＝麻生家女中
12　茂田つや＝麻生家看護婦兼雑務
13　倉智伊之助＝嘉穂銀行本店支配人

一月十一日　日曜

一風邪ニテ在宿

一瓜生長右衛門[1]来リタリ

一月十二日　月曜

嘉穂政友会大会開会アリ、管原〔菅原伝〕・山内〔範造〕・森田〔正路〕・赤間〔嘉之吉〕[2]ノ諸氏相見ヘ、晩食会ヲ催ス

管原君ハ午後七時ニ而帰途ニツク

森田・山内ノ両人一泊アリタ

一月十三日　火曜

高田商会[3]ノ社員相見ヘ、販売方ニツキ懇談ス

一誠意ヲ以取引ナスコト

一若松・大坂ニ販売所アルモ、販売サヱ出来レバ何程ニテ増掘出来得ルコト

一商〔店脱カ〕員ハ高田会社員トシテ使用セラル、コト

〆

午前十一時自働車ニ而米ノ山越[4]ニ而福岡ニ行キ、福村屋〔家〕[5]ニテ山内・森田・赤間・伊藤・中の〔昇〕・堀〔三太郎〕・猪股〔猪俣為治〕[6]ノ諸氏ニ

昼飯ヲ出シタリ

一方亭[7]ノ坑業者ノ宴会ハ欠席、静養ス

一金壱百二十円政友会費、森田正路君ニ自働車ニ而渡ス

一棚橋君福村ニ相見ヘ、温泉鉄道断念ノコトヲ打合ス

一月十四日　水曜

松本健次郎[8]氏相見へ、若松築港会社[9]ノ件打合ス

星野及瓜生〔長右衛門〕来リ、嘉穂銀行増資ノ件ニ付打合ス

午後三時より一方亭ニテ堀・伊藤両氏ト会合ノ筈ナリシモ、堀欠席アリタ

　金五十円　　一方亭女中ニ遣ス

一月十五日　木曜

午前十七銀行古井〔由之〕[10]君ヲ訪問シ、増資株割当ノ方法ニツキ打合ス

病院ニ而田中徳次郎[11]君ヲ見舞タリ

1　瓜生長右衛門＝嘉穂電灯株式会社取締役、株式会社飯塚栄座取締役、飯塚町会議員、元麻生商店理事鉱務長、常務（一九一六年辞職）、元福岡県会議員

2　菅原伝・山内範造・森田正路・赤間嘉之吉＝衆議院議員

3　高田商会＝一八八一年設立（東京）、一九〇七年合資会社に改組した総合商社

4　米ノ山越＝嘉穂郡上穂波村山口と筑紫郡御笠村を結ぶ峠、筑豊と太宰府を結ぶ道

5　福村家＝料亭（福岡市東中洲）

6　猪俣為治＝福岡日日新聞副社長

7　一方亭＝料亭（福岡市外東公園）

8　松本健次郎＝若松築港株式会社取締役会長、明治鉱業株式会社社長、筑豊石炭鉱業組合総長、のち石炭鉱業聯合会長、本巻解説参照

9　若松築港株式会社＝一八八九年若松築港会社設立、一八九三年株式会社、太吉取締役

10　古井由之＝十七銀行常務取締役

11　田中徳次郎＝九州電灯鉄道株式会社常務取締役、九州産業鉄道株式会社社長

同夏子〔麻生〕[1]ヲ見舞タリ
午前十一時より自働車ニ而八木山越[2]ニ而帰途ニツク
本店[3]ニ行キ、崎戸坑山[4]ノ報告ヲ吉末君〔三郎〕[5]より、欠落地ノ件ニツキ上田〔穏敬〕ノ異見ハ丸而咄ニナラズ、以後関係セザル様セリ
別府ノ地所買入ノ件ニ付聞取タリ

一月十六日　金曜

午前本店出務
産米検査ノ件、賞与米分与之件ニ付、下三緒・本村[6]ノ地主及町役場より受持人相見へ、来ル廿一日再会スルコト
嘉穂銀行重役会ニ列ス
佐々[7]ノ坑区買入ノ為メ来人〔末弘餐一〕[8]アリ、綿且〔勝〕[9]ニ而面会ス

一月十七日　土曜

本店ニ出務ス
麻生太〔多〕次郎来リ、三菱ノ咄シ聞キタリ
新保〔広吉〕[10]君来リ、坑山ノ件ニツキ打合ス

一月十八日　日曜

嘉穂銀行惣会ニ出席ス
午後三時十五分飯塚駅発ニ而別府ニ向ケ出発ス
午後九時着ス

一月十九日　月曜

一別府警察署長松岡〔村〕清吉君、葛城巡査ト相見ヘタリ、親シク事情ヲ話シタリ

一神沢〔又市郎〕[11]・高橋〔欽哉〕[12]両君相見ヘタルニ付、多太〔ママ〕ノ誤解ヲ生シ候ニ付、此上進行スルトキハ別府町ニ甚タ憂慮スル事相生シニツキ、自分ニ於テ辞退ナシタキニツキ、委員会ニ申告シ別府町ニ申入ノ地所買収ハ中止スル旨相咄タルニ、忍堪〔ママ〕ス可キ旨切ニ懇望アリタリ

一温泉鉄道ノ委員会ニ臨ミ、進行見合辞退ノ申入ヲナシ、二十四日発起人会開会ノ事ニナリタ

一月二十日　火曜

午前九時別府町役場ニ行キ、温泉鉄道関係辞退セシニ付区有地買入ノ申込取消ノ旨懇談ス

午前十一時過キ旅館ニ新妻〔駒五郎〕[13]知事ニ面会シ、同様ノ意味申入断タル末、同供ノ伊藤〔傳右衛門〕[14]君より町会ガ誠意アラバ再考スル

1　麻生夏＝太吉三男故麻生太郎妻
2　八木山越＝嘉穂郡鎮西村と糟屋郡篠栗村を結ぶ峠、筑豊と福岡市を結ぶ道
3　本店＝株式会社麻生商店本店（飯塚町立岩）
4　崎戸坑山＝九州炭礦汽船株式会社崎戸炭礦（長崎県西彼杵郡崎戸村）
5　吉末三郎＝株式会社麻生商店参事、この年三月辞職
6　下三緒＝地名、飯塚町　本村＝飯塚町立岩の通称
7　佐々＝地名、長崎県北松浦郡佐々村
8　末弘餐一＝衛藤又三郎（大分日日新聞社長）弟
9　綿勝＝旅館（飯塚町向町）
10　新保広吉＝株式会社麻生商店吉隈鉱業所長、元浅野炭鉱、元石狩石炭株式会社
11　神沢又市郎＝元大分県速見郡別府町会議員、のち別府市長
12　高橋欽哉＝大分県別府町会議員、元別府町助役
13　新妻駒五郎＝大分県知事
14　伊藤傳右衛門＝別府温泉廻遊鉄道株式会社発起人総代、第一巻解説参照

旨申出候ニ付、果シテ誠意アリトスレハ再考スル旨知事ニ申答、退席ス
大分新聞高橋衛雄[1]、宇都宮則綱[2]ト来リ、温泉鉄道ノ件ニツキ会談シ、関係絶ツ旨申向ケタリ

一月二十一日　水曜

別府新聞塩沢政明[3]来リ、温泉鉄道関係ニツキ聞キタルニ付、方針ノ通咄シタリ
中山[4]ニ行キ晩食ス

一月二十二日　木曜

九洲朝日新聞社波津久剣・麻生貞山両氏来リタリ
午後中山ニ行キ晩食ス

一月二十三日　金曜

山水園[5]ニ行キタリ
東京帝国大学生塩月学外一人来リ、町民演舌会ニツキ異見発表ノ事ヲ申入タルモ断リタリ
新妻知事相見へ、温泉鉄道ノ件ニ付会談アリ、伊藤・梅谷〔清一〕[6]両氏相見へ、其後神沢・河村[7]両君相見へ、町会ニ於テ無条件ニ而決議ノ場合ハ是迄ノ通実行ノ事ニナリ、町会会日ハ規定アリ、明日ノ会儀〔議〕ハ決定迄延期シ、決定ナララ〔ママ〕ズ時ハ解散スルコトニテ散会ス
金五十円　中山茶代、金三十円　千代、金三十円　博多客人、弐十円　女中、合計金百三十円　中山ニ為持ス

一月二十四日　土曜

一亀川[8]付近ノ買入土地、自働車ニ而野見山・上田ノ両君ト一同視査ス
一別府倶楽部[9]楼上ニ於テ温泉鉄道発起人会ニ列シ、町会ノ決議ヲ待チ解散ノ決定スル筈ナリシヲ、神沢君之意向ニ而却而有益アリ、断然解散ニ決定ス、証拠金ハ自分より償却スル旨ヲ弁シ退散ス

一伊藤・野見山一同会喰ス

　一月二十五日　日曜

麻生観八[10]氏ニ温泉鉄道断絶ノ件電話ス

午前七時四十分ニテ帰途ニック、野見山君同車ス

大分日々新聞衛藤〔又三郎〕[11]君ト善通〔光〕寺駅[12]迄同車ス

小倉より直方迄柏木〔勘八郎〕[13]氏ト同車ス

　金三十円　塩月、金三十円　麻生貞山、金弐十円　別府新聞、〆八十円相遣ス

1　大分新聞＝一八八九年創刊（大分市碩田橋通り）
2　宇都宮則綱＝鬼山ホテル社長、通称「別府民衆外務大臣」、のち衆議院議員
3　別府新聞＝別府宿屋組合機関紙として一九一二年創刊（大分県別府町）
4　中山＝旅館（大分県別府町上ノ田湯）
5　山水園＝麻生家別荘（大分県別府町）
6　梅谷清一＝九州水力電気株式会社常務取締役
7　河村＝別府町会議員河村万平カ、同河村観三カ
8　亀川＝地名、大分県速見郡御越町
9　別府倶楽部＝宴会場（大分県別府町不老町）
10　麻生観八＝九州水力電気株式会社監査役、大分紡績株式会社監査役、酒造業（大分県玖珠郡東飯田村）、本巻解説参照
11　衛藤又三郎＝大分日日新聞社長、大分日日新聞（大分市唐人町）は一九一一年創刊、大分県会議員
12　善光寺駅＝豊州本線豊前善光寺駅（大分県宇佐郡高家村）
13　柏木勘八郎＝二郎熊改め、福岡県農工銀行取締役、宇島鉄道株式会社社長

金八十円　田山〔クマ〕[1]ニ渡ス

一月二十六日　月曜

一新保君来リ、小石源蔵[2]塩井〔松太郎〕[3]氏ノ処ニ加勢シ、本商店ニ従事スル事ニ付談合ス、又吉隈坑業上ニツキ周施〔旋〕料金改正ノ件等懇談ス

一小石源蔵君来リタルニツキ、塩井氏ニハ真ノ加勢トシ、本店ニ就職スル方穏当ナラント異見申陳、尚新保君トモ打合ス可キ旨申置キタリ

一有田〔広〕[4]監事相見ヘ、行談ス

一麻生太〔多〕次郎来リ、三菱ニ関スル咄シアリタルニツキ、松隈〔三郎〕[5]氏ニ親シク会見ス可キ旨申答置キタリ

一麻生太一〔市〕[6]区長〔栢森〕就職ニツキ、執務上ニ付書面ヲ以親シク申付置キタリ

一月二十七日　火曜

一高田商店員相見ヘ、満鉄ニ石炭売込ニ付荒井商店ニ而契約セシ時ハ名義丈ケ高田商店ニ引受、手数料ナシニテ取扱フ事ニツキ懇談アリ、承諾ス

一九水会社ニ電力料金ニ関シ出状ニツキ、花村〔久兵衛〕[7]君ト打合ス

一区長〔栢森〕代理瓜生茂七来リ候ニ付、執務方親シク申付置キタリ

麻生太〔多〕次郎来リ、松隈氏ニ明日午後五時博多ニ而面会ノ事ヲ約ス

一月二十八日　水曜

本店出務

嘉穂銀行重役会ニ出席

一月二十九日　木曜

午前八時半自働車ニ而福岡ニ行キ、上京ノ途ニツク

三月一日　月曜

午前ヨリ本店出務

吉隈坑新保・綱分坑高嶋〔市次郎〕[8]両君来リ、坑業上ニツキ協議ス

帰途山内坑ニ行キ、水撰[9]模様ヲ聞キ取、又視察ナシタリ

三月三日

仏事ニツキ在宿

〔欄外〕四月ヲ三月ノ積リニテ記載セリ、四ヲ三トス

三月四日

仏事ニツキ在宿

1　田山クマ＝麻生家浜の町別邸管理人兼茶道・華道家庭教師、元小学校教師
2　小石源蔵＝元石狩石炭株式会社若鍋坑
3　塩井松太郎＝元石狩石炭株式会社
4　有田広＝嘉穂銀行取締役兼監事、株式会社麻生商店監査役
5　松隈三郎＝三菱鉱業株式会社参事、筑豊鉱業所長
6　麻生太市＝株式会社麻生商店家事部
7　花村久兵衛＝嘉穂電灯株式会社技術部長
8　高島市次郎＝株式会社麻生商店綱分鉱業所長
9　水撰＝石炭を水洗機によって選別すること

麻生太〔多〕次郎ニ松隈氏面会ノ意味大ニ相違ノ旨申向ケ候処、本人も誠ニ申訳ケナキニツキ早速誤解ナキ様申入旨ヲ約シタリ

三月五日

武田三郎氏[1]滞在ニ付在宿

三月十八日

午前十二時四十分博多駅ニ着ス
下ノ関ニ而吉浦〔勝熊〕[2]君出迎アリ、折尾駅より典太〔麻生〕ト別レタリ
冨安〔保太郎〕[3]・太田〔清蔵〕[4]・伊藤〔傳右衛門〕ノ三君ト同車シ、又長崎・佐賀ノ前代議士ト同車ス
伊藤氏ヲ訪問シ、普請場ヲ見テ、一方亭ニ行キ晩食ス

三月十九日

安川〔敬一郎〕[5]氏ヲ松本別荘[6]ニ訪問シ、福岡市ノ代議士撰挙ノ件ニ付会談ス
十一時半より福村楼〔家〕[7]ニ行キ、昼飯ヲナシ、本部寄付金ノ件ニツキ打合、庄野〔金十郎〕[8]・伊藤・太田・森田〔正路〕・冨安五名ナリ
三時半松崎氏浜の町別荘[9]訪問アリ、種々会談ス
一方亭ニ行キ、伊藤君ト晩食ヲナス

三月二十日

午前十時九水営業所ニ行キ、夫より引返シ、因幡町[10]より梅谷氏ニ逢ヒ、同氏ト九水ノ海陸連続地ノ実地踏査ヲナシ、午後一時営業所ニ而九州重役協議会[11]ヲ開キタリ
　坑山ノ件ハ調査スルコトニナリタ
　埋立地ハ買入ルコトニナリタ

今井〔三郎〕[12]君尚調査アル筈ナリ
　現在ノ築港地ノ市有地ヲ借リ入ルコトヲモ実行スルコトニナリタ
一方亭ニ而晩食ヲナス
　二十円、三十七円

三月二十一日

午前八時三十五分博多駅発ニ而浜の町より帰途ニツク
折尾駅より赤間嘉之吉君ト小竹駅[13]迄同車ス
終日在宿、帳簿及書類整理ス

1　武田三郎＝加納久宜女婿、陸軍中将、元陸軍砲兵工学校長
2　吉浦勝熊＝株式会社麻生商店主事補庶務部兼麻生家執事
3　冨安保太郎＝元衆議院議員、この年五月より衆議院議員
4　太田清蔵＝十七銀行取締役、徴兵保険株式会社専務取締役、元衆議院議員
5　安川敬一郎＝第一巻解説参照
6　松本別荘＝松本健次郎家別荘（福岡市大名町）、松本健次郎は本巻解説参照
7　本部＝立憲政友会本部
8　庄野金十郎＝福岡日日新聞社長、弁護士
9　浜の町別荘＝麻生家浜の町別邸（福岡市浜の町）
10　因幡町＝地名、福岡市
11　九州重役協議会＝九州水力電気株式会社九州在住重役協議会
12　今井三郎＝九州水力電気株式会社取締役、元同社技師長、のち常務取締役
13　小竹駅＝筑豊本線（鞍手郡勝野村）

三月二十八日　日曜

午後一時半東京より帰リタリ

福岡伊藤傳右衛門君ニ電話シ、皇大〔ママ〕子殿下ノ拝謁、又献上随行者招待ノ件ニ付打合ス

新保・高嶋ト電話ス

三月二十九日　月曜

午前本店出務ス

午後三時二十分飯塚駅発ニ而、大分紡績会社[1]重役会ニ付出席ノ義電信ニ接シ候ニ付出発シ、午後十時半別府ニ着ス

三月三十日　火曜

別府滞在中、午前九時半より電車ニ而大分紡績本社ニツキ、今回新設ノ分、工場敷地買入、社長・常務及専務ニ一任ス、昼飯ヲナシ退会ス

九水会社ニツキ、鉱山買入及博多地所買入ニ付協議ス

三月三十一日　水曜

一別府滞在中麻生観八君相見へ、種々懇談ス

一午前ハ山水園ニ行キタリ

午後二時五十分ニ而帰途ニツキ、別府より西野〔恵之助〕[2]氏ニ同車ス

午後八時半帰着、折尾より林田〔晋〕[3]ト同車、帰宅セリ

四月一日　木曜

本店出務

午後一時嘉穂銀行重役会出席

本店ニ赤間嘉之吉君相見へ、候補ノ希望アリタリ
正恩寺[4]ノ事ニ付麻生屋[5]・麻生惣兵衛両人相見ヘタリ

四月三日

［記載なし］

［欄外］三月ヲ四月ト取違ヒ記入セシニ付、三ヲ四ト訂正ス

四月十四日

午前在宿
午後本店出務
麻生藤七[6]死去ニ付会葬ス
瓜生長右衛門来リ、衆議院撰挙之件ニ付会談ス

四月十五日

午前九時飯塚駅発ニ而出福ス

1 大分紡績株式会社＝一九一二年設立（大分市生石）、太吉取締役、のち一九二一年富士瓦斯紡績株式会社に合併
2 西野恵之助＝東洋製鉄株式会社常務取締役
3 林田晋＝株式会社麻生商店商務部長
4 正恩寺＝麻生家菩提寺、浄土真宗本願寺派寺院（飯塚町川島）
5 麻生屋＝太吉弟麻生太七、株式会社麻生商店取締役、嘉穂銀行取締役、嘉穂電灯株式会社取締役
6 麻生藤七＝元麻生商店

四月二十九日　木曜

午前八時三十五分博多駅発ニ而戸畑ニ行キ、松本〔健次郎〕氏訪問セシモ不在ニ而、河村茂十郎[1]君ニ面会、撰挙[2]依頼ス、明治坑ノ小籏善氏[3]ニ照合〔ママ〕ノ名刺ヲ貰ヒタリ

東鉄[4]ニ行キ、西野〔恵之助〕氏ニ面会、撰挙ノ依頼ス、昼飯ヲ頂キタリ、工作部長矢野美章・製銑工場長一本木清三・宇和川武夫[5]・原安太郎ニモ依頼ス

午後一時三十三分戸畑駅発ニ而折尾ニ立寄、依頼ノ状況ヲ報告ス、福岡ニ行キ、松本氏ニ電話ニ而尚依頼ス

四月三十日　金曜

午前八時三十五分博多駅発ニ而帰途ニツキタリ

三好事務所[6]より浜の町ニ電報アリ、明治坑ノ件ニ付松本〔健次郎〕氏ニ電話、又電報ス

折尾町小田清八氏[7]又々相見候ニ付、河村茂十郎君ニ電話ヲ呼出ス

五月五日　水曜

午前九時八分飯塚駅発ニ而田川郡池尻駅ニ至リ下車、豊洲炭坑[8]ヲ視察シ、尚連続鉱脈調査ヲナス為メ上山田駅[9]ニ向ケ陸行ス、伊田駅[10]より池尻駅ニ至ル間ニ於テ弁当ヲ食ス、山崎〔誠八〕[11]同行ス

上山田ヨリ陸行、吉隈坑ニ而一時半余新保〔広吉〕・大森〔林太郎〕[12]等ノ諸君ト打合、七時四十八分臼井〔ママ〕駅ニ而帰宅ス

五月六日　木曜

一大正坑業〔鉱〕[13]撰挙ノ件ニツキ伊藤寿一[14]君ト交渉ノ結果、面白カラザル模様アリ、尚今夕打合ス筈ニツキ、伊藤傳〔傳右衛門〕君ニ交渉スル様藤田佐七郎[15]君相見ヘタルニツキ、早速電話ヲナシタルニ、何等従来ニ異状ナク旨返話アリ、安心セラル様申含メ返シタリ

午後三時瓜生〔長右衛門〕・篠崎〔団之助〕[16]・岸田〔牛五郎〕[17]・野見山〔平吉〕[18]ノ四氏、撰挙ノ件ニ関シ金員援助ノ懇談アリタルニ付、伊藤君ト打合確報ス

可キモ極力尽力アル様申向ケ、其為メ諸氏ニ出金ハサセザル旨明言ヲナシタリ
午後三時二十七分飯塚駅発ニ而出福ス
伊藤傳天神ノ町別荘[19]ニ訪問、赤間〔嘉之吉〕撰挙費補助、其他大正撰挙ノ事等ニ付打合ス

1　河村茂十郎＝明治鉱業株式会社取締役
2　第一四回衆議院議員選挙
3　小籏善＝明治鉱業株式会社明治坑長
4　東洋製鉄株式会社＝一九一七年設立、太吉取締役
5　宇和川武夫＝東洋製鉄株式会社戸畑事務所長付
6　三好事務所＝三好徳松衆議院議員候補選挙事務所
7　小田清八＝元遠賀郡折尾村長
8　豊州炭坑＝福田定次経営（田川郡川崎村）、元豊州炭坑株式会社
9　上山田駅＝筑豊本線（嘉穂郡熊田村）
10　伊田駅＝伊田線（田川郡伊田町）
11　山崎誠八＝株式会社麻生商店鉱務部長
12　大森林太郎＝株式会社麻生商店、のち豆田鉱業所長、採鉱係長
13　大正鉱業株式会社＝一九一四年設立（遠賀郡長津村）、社長伊藤傳右衛門
14　伊藤寿一＝伊藤傳右衛門養弟、伊藤家分家
15　藤田佐七郎＝太吉親族、藤田別家（遠賀郡底井野村）
16　篠崎団之助＝元福岡県会議員
17　岸田牛五郎＝福岡県会議員、佐藤（慶太郎）商店
18　野見山平吉＝福岡県会議員
19　天神ノ町別荘＝伊藤傳右衛門家別荘（福岡市天神町）、別名銅御殿、この年建設

五月七日　金曜

堀氏相見へ、大正坑業撰挙ニ付、目下問題ノ三好[徳松][1]大正損害ノ件ハ撰挙済後ニテ如何トノ質問アリ、無論撰挙済ノ旨ヲ同意ノ旨相答、尚遠賀銀行[2]金融上ニ付内話アリタリ

一九水会社ニテ棚橋君ト面会ス

豊洲炭山ノ一件　電灯直[値]上ケノ一件

工事上ニ関[シ脱]注意ノ件　別府地所代払入ノ請求アリタリ

嘉穂電灯[3]ト交渉ノ一件

一石崎崎[ママ]太郎君相見へ、金融上ノ懇談アリタルモ、初会ノ事トテ要領ヲ不得、相分レタリ

五月八日　土曜

午前八時博多駅発ニ而帰宅ス、本店出務

柴田直敏[4]君相見ヘニ付、瓜生・篠崎ニ尚内談アル様相含メタリ、其時ノ報告ニ、大分・上穂波[5]三百五十、頴田[6]百七十、五百二十

遠賀四千七百ノ内二千七百、七百カホ[嘉穂]、三百鞍[鞍手]、三千七百

販売上ニツキ打合会ニ列ス

五月九日　日曜

本店出務、販売上ニツキ坑所ト打合会ヲナス、終日出席ス

五月十日　月曜

本店出務

一上高雄炭坑[7]支配人坂口覚ト申人本店ニ訪問アリ、試験之件ニ付依頼アリタ、適否ニ不拘買収ノ意向も有之候モ、

相断タリ
一赤坂撰炭機・吉隈坑採掘方法・社宅ノ敷地ニ付打合ス（新保君・大塚［文十郎］[8]工場［長脱］・山崎）
一撰挙場所ニ行キ撰挙ス
一新保君より小石［源蔵］ノ身上ニ付内談アリタリ
一午後七時帰宅ス
一福間久一［市］君相見ヘタルモ、麻生屋ト内談スルトテ帰ラレタリ
一三好徳松君代理久保田安平君大正坑業撰挙ノ件ニ付相見ヘ、電話ニテ差止メ、赤間君出浮タリ

五月十一日　火曜

午前在宅
午前十二時四十四分飯塚駅発ニ而別府ニ向ケ出発ス

1　三好徳松＝三好鉱業株式会社長（遠賀郡折尾町）
2　遠賀銀行＝一八九七年設立（遠賀郡芦屋町）
3　嘉穂電灯株式会社＝一九〇八年設立（飯塚町）、太吉社長
4　柴田直敏＝元遠賀郡島門村長
5　大分＝地名、嘉穂郡大分《だいぶ》村　上穂波＝地名、嘉穂郡上穂波村
6　頴田＝地名、嘉穂郡頴田村
7　上高雄炭坑＝上高雄炭礦株式会社（嘉穂郡幸袋町・二瀬村）、この直後日本採炭株式会社に譲渡
8　大塚文十郎＝株式会社麻生商店芳雄製工所長

五月十二日　水曜

午前九時電車ニ而九水営業所ニ行キ、棚橋〔琢之助〕・梅谷〔清一〕両氏ニ面会、豊洲炭坑ノ件ニ付今井〔三郎〕君ノ異見アリ、又水量多量ニ要スル旨承知セリ、十四日ニ再会ヲ約シ、十一時半大分紡績会社重役会ニ列シタリ

五月十三日　木曜

野見山〔米吉〕・花村久兵衛ノ両氏、九水ニ対シ電力料ノ件ニツキ相見ヘタリ

山水園ニ行キ、吉村同供、建築場所ノ打合ヲナス

野見山・花村両人ハ大分九水会社ニ而電力料打合相済、午後弐時ニ而別府発ニ而帰途ニツキタリ

五月十四日　金曜

午前七時五十分別府発ニ而梅谷氏一同九水会社ノ営業所ニ行キ、豊洲炭坑ノ件ニ付長野〔善五郎〕・麻観〔麻生観八〕・梅谷・棚橋・今井ノ諸氏ト打合ヲナシ、午後三時大分駅発ニ而別府ニ帰リタリ

五月十五日　土曜

麻生観八氏相見ヘタリ

衛藤又三郎君相見ヘタリ

五月十六日　日曜

午前七時四十分別府駅発ニ而今井君同供豊洲炭坑ヲ調査、地盤・水量等、尚炭脈ノ勾配等実地ニツキ詳細打〔以下空白〕

午後三時四十分池尻駅発ニ而、午後五時四十分帰宅ス

岸田・野見山両県会議員相見ヘ、撰挙ノ不結果ニ付郡ノ関係者カ不服セシ旨会談アリ、謝罪ス可キニ何故不法ノ事ヲ申スカ、其侭ニテハ難打捨旨申向ケ置キタリ

五月十七日　月曜

午前立岩・下三緒[1]地内踏〔陥〕落地ノ件ニ付聞取タリ
坑内測量ハ中止願ヲ進達スルコトニ栢森区委員ト協定ス
正恩寺ノ件ニ付福間久一〔市〕外四人相見へ、会談ス

五月十八日　火曜

午前本店出務
郵便局長并ニ藤森〔善平〕[2]町長相見へ、家屋建設・家賃ノ件ニ付義之介〔麻生〕[3]立合打合ス
芳雄停車場[4]拡張願・和田豊治[5]氏分温[6]草案等調製ス
午後一時四十分軌道車ニ而赤坂坑[7]ニ行キタリ

五月二十日　木曜

〔十行抹消〕
〔欄外〕六月ノ間違

1　立岩・下三緒＝地名、飯塚町
2　藤森善平＝飯塚町長、元飯塚警察署長、のち福岡県会議員
3　麻生義之介＝太吉女婿、株式会社麻生商店会計部長、のち常務取締役
4　芳雄停車場＝筑豊本線（飯塚町立岩）、のち新飯塚駅
5　和田豊治＝九州水力電気株式会社相談役、富士瓦斯紡績株式会社長、本巻解説参照
6　和田豊治別府別荘（到楽荘）への温泉水分配
7　赤坂坑＝株式会社麻生商店赤坂鉱業所、一九一三年開坑、のち綱分鉱業所の管轄下に置かれる

六月四日　金曜

午後十二時四十分東京より帰宅ス

本店ニ出務、所長会ニ列シ、経材〔ママ〕上ノ談話ヲナシタリ

有田広君ニ電話ニ而出店ヲ乞、銀行〔嘉穂〕郡県支金庫ノ件ニ付打合ス

倉知〔倉智伊之助〕支配人一同有田君も相見へ、県郡支金庫之件ニ付内談ス

六月五日　土曜

午前ハ本家〔麻生家〕諸帳簿取扱規定ヲ設ケ、其ノ打合ヲナシタリ

午後本店ニ出務、所得税々則ニツキ綜合税ノ利害ニツキ研究ス

六月六日　日曜

午前麻生太〔多〕次郎・麻生尚敬〔敏〕[1]及麻生太一〔市〕ノ諸君ト、忠隈坑[2]ノ為メ欠落地ノ件ニ付打合ス

午前十時自働車ニ而浜の町ニ典太等一同行キ、午後十二時二十分頃着ス

星野〔礼助〕氏相見へ、県郡支金庫不始末ニ付法律上ノ研究ヲ乞タリ

伊藤傳右衛門氏相見へ、午後九時頃県郡支〔金脱〕庫之件ニ付談合ス

六月七日　月曜

浜の町滞在

別府広嶋屋入江準吉[3]君ニ電話シ、後藤寺〔九州水力電気〕営業所長電話ニ掛ラレ馬見区[4]電灯ノ件ニ付注意ス

福岡営業所々長浦田〔勇太郎〕君ヲ以、棚橋氏ニ電灯架設ノ件、馬見ニ関スル分注意ス

六月八日　火曜

浜の町滞在

午前十一時堀氏ト一方亭ニテ会合ス、中根〔寿〕[5]・伊藤両氏モ相見ヘタリ

六月九日　水曜

午前八時三十四分発ニ而別府ニ向ケ出発ス

博多駅より伊藤傳右衛門君折尾駅迄同車ス

六月十日　木曜

午前十一時十分別府駅発ニ而大分紡績重役会ニ列席ス

停車場ニテ伊藤君相見へ、九水電力ノ件ニ付援助之内談アリタ

午前十二時重役会ニ而昼食ヲナシ、午後二時過キ相済タルニ付九水ニ行キ、中鶴坑[6]電力ノ件ニ付打合セリ

午後四時二十分ニ而帰宅ス

川波〔半三郎〕[7]・篠原〔孫六〕・麻生〔物兵衛〕・伊藤〔傳右衛門〕ノ四氏ト別荘ニ而、銀行ニ関シ県郡支金庫ノ件ニ付秘蜜ニ会談ス

中山旅館ニ招待、晩食ヲ出ス

1　麻生尚敏＝麻生物兵衛養子、酒造業（飯塚町立岩）、この年十二月より福岡県会議員、元飯塚町会議員、のち嘉穂銀行取締役
2　忠隈坑＝住友忠隈炭礦（嘉穂郡穂波村他）、元麻生太吉経営
3　入江準吉＝嘉穂郡足白村長
4　馬見区＝地名、嘉穂郡足白村
5　中根寿＝元貝島鉱業株式会社取締役
6　中鶴坑＝大正鉱業株式会社中鶴坑（遠賀郡長津村）
7　川波半三郎＝嘉穂銀行監査役、元嘉穂郡桂川村長、元飯塚町長

六月十一日　金曜

伊藤氏別邸[1]ニ篠原・川波・麻生ノ三氏招待アリ、出席ス

六月十二日　土曜

滞在ス

六月十三日　日曜

山水園ニ行キ、建築ニツキ打合ス

午後二時五十分別府駅発ニ而帰途ニツキ、午後八時五十分ニ而帰着ス

六月十四日　月曜

午前十一時飯塚駅発ニ而、直方駅ニ於而貝嶋栄四郎君[2]ヲ迎ヒ、十二時二十分発ニ而帰宅ス

麻生太〔多〕次郎相見へ、欠落地ノ件ニ付出福之義内談アリタ、又産業鉄道合併[3]ノ希望アリタ

有田氏相見へ、県郡支金庫ノ件ニ付打合ス

六月十五日　火曜

午前本店出務

産業会社[4]中村堅太郎君相見へ、払込金之件ニ付内談アリ、承諾ス

午後三時廿五分飯塚駅発ニ而浜の町ニ向ケ出発ス

別府別荘[5]麻生彦三郎[6]へ電話セシモ通話出来ヌ

六月十六日　水曜

午前十一時自働車ニ而浜の町ヲ発シ、午後二時頃帰宅ス、昼食後午後四時頃より本店ニ出務ス

別府別荘麻生彦三郎へ電話セシモ不突合ニテ通話出来ヌ

別府工事上ニ付、中山〔柳之助カ〕[7]君十七日午前七時発ニ而出張ヲ命ス、又十八日朝七時ニ而帰宅ヲ命ス
婦人科[8]藤本〔乙次郎〕・影山〔蔭山巌〕[9]両人相見ヘタルニ付、方針ヲ説話ス
　官立より私立ニ移候患者ニ対シ取扱方丁寧ニセラレ、又将来降〔隆〕盛ニナスニハ諸氏ノ一致協力セラヘ〔ママ〕旨申向ケタリ

六月十七日　木曜

在宿、書類整理ス
麻生惣兵衛君訪問ス

六月十八日　金曜

在宿、書類整理ス

六月十九日　土曜

本店出務ス

1　伊藤氏別邸＝伊藤傳右衛門別荘、別名銅御殿（大分県別府町流川通）、のち海軍に献納
2　貝島栄四郎＝貝島合名会社代表業務執行社員、元貝島鉱業株式会社長
3　産業鉄道＝九州産業鉄道株式会社、一九一九年設立（田川郡後藤寺町）、九州産業株式会社を買収して石灰製造および鎮西軽便鉄道（未開業）を継承した輸送業を目的、太吉取締役のち社長
4　産業会社＝九州産業鉄道株式会社
5　別府別荘＝麻生家田の湯別荘（大分県別府町田の湯）、元久保貢別荘五六庵
6　麻生彦三郎＝太吉親族、株式会社麻生商店測量係
7　中山柳之助＝株式会社麻生商店本店鉱務部
8　婦人科＝株式会社麻生商店麻生炭鉱病院産婦人科、前年一九一九年設置
9　藤本乙次郎・蔭山巌＝麻生炭鉱病院産婦人科医師

篠崎団ノ助〔之〕君相見へ、赤間〔嘉之吉〕[1]一件打合ス
一三好〔徳松〕氏挨拶ニ見ヘタリ

六月二十日　日曜

一瓜生長右衛門訪問ス、赤間ノ一件打合ス
一伊藤傳右衛門福岡滞在ニ付、赤間一件郡有志者より安河内〔麻吉〕[2]知事へ質問ノ件電話ス
一藤森町長相見へ、忠隈坑関係欠落地問題ニ付、坑山より両三日日延ノ申込アリシ旨聞取タリ、芳雄駅拡張ニ付門司管理局出頭ノ件モ聞取タリ
一午後一時半本店出務、所長会ニ列ス

七月三十日　金曜

午後十二時四十分飯塚駅着、帰宅ス
太賀吉・典太一同川漁ニ行キ、漁師連レタリ、一本木[3]より自働車ニ而帰宅ス

七月三十一日　土曜

本店出務

八月一日　日曜

在宅
正恩寺ノ件ニ付福間久一〔市〕氏等相見ヘタリ、他日再会ヲ約ス
木村順太郎[4]・和田六太郎[5]・田中伊之介〔助〕[6]ノ諸氏相見へ、町会議員ノ件[7]ニ付打合ス

八月二日　月曜

午前本店出務

午後二時嘉穂銀行重役会ニ列ス
本店ニ出務、晩方帰宅ス
本店ニ而ハ高嶋[市次郎]来リ、綱分坑業上ニ付打合ヲナス（赤坂撰炭方法）
豆田[8]地元ノ件ニ付上田来リ、打合ス

八月三日　火曜

午前七時操子[麻生ミサヲ][9]一同自働車ニ而出福ス
壱方亭ニテ中根・貝嶋・上野[英太郎][10]等ノ諸氏ト会食ス

八月四日　水曜

午前七時安河内知事官舎ニ訪問、山本[三郎][11]一件秘蜜ニ内願シ、斉藤[行三][12]警察部長ニモ同様相願、内諾ヲ得タリ

1　五月十日第一四回衆議院議員選挙嘉穂鞍手遠賀政友会協定選挙区で赤間嘉之吉落選
2　安河内麻吉＝福岡県知事
3　一本木＝地名、嘉穂郡飯塚町上三緒
4　木村順太郎＝森崎屋、酒造業（飯塚町本町）、株式会社麻生商店監査役、飯塚町会議員
5　和田六太郎＝和田屋、呉服商兼醤油醸造業（飯塚町本町）、飯塚町会議員
6　田中伊之助＝藤井合名会社長、飯塚町会議員
7　飯塚町会議員九月改選
8　豆田＝地名、嘉穂郡桂川村
9　麻生ミサヲ＝太吉長男麻生太右衛門妻
10　上野英太郎＝貝島鉱業株式会社
11　山本三郎＝嘉穂銀行書記
12　斎藤行三＝福岡県警察部長

福井県知事湯地[幸平]氏官舎ニ而面談シ、福村屋[家]ニ而昼飯ヲナス
午後四時一方亭ニ行キ、中根・貝嶋ノ両氏ニ会費[ママ]ス

八月五日　木曜

午前十二時博多駅発ニ而別府ニ向ケ出発ス、折尾駅ニ而ふよ子[麻生フヨ][1]ト同車シ、午後六時四十分別府ニ着、直チニ田之湯別荘ニ着ス

八月六日　金曜

午前山水園ニ加納様[鐙子][2]訪問、建築ニ付指図ヲナシ、昼飯ハ中山旅館ニ貝嶋亀吉君[3]ト会食ス、下ノ関於政[北島][4]参リ居リタルニ付金百弐十円遣ス

八月七日　土曜

午前山水園ニ行キ、建築ノ打合ヲナシ、昼食ヲナシ、和田[豊治]氏ノ建[別荘]築場ニ臨ミ帰リタリ
午後七時中山旅館ニ而中野金次郎[5]氏ニ面会ス
午後八時四十分夏子[麻生]着、直チニ自働車ニ而山水園ニ行キタリ

八月八日　日曜

石垣村々長[6]帆足蔵太君相見へ、種々ナル話ヲナシ、又貸金返却ニ付地所買入ノ件申込アリタリ
九州産業[鉄道脱]会社中村武夫[文][7]君来リ、種々事業上ニ付異見ヲ聞キ取タリ
東京芝区桜川町二番地風柳館方中倉万次郎[8]君ニ電報発シタリ（控ハ本宅ニ留メアリ）
午後二時四十分別府駅発ニ而加納様出発、帰京セラレタリ

八月九日　月曜

午前七時二十四分別府駅発ニ而浜ノ町ニ、午後○時四十分福岡駅ニツキ、自働車迎ニ来リ、直ニ浜ノ町ニ着ス

飯塚町議員撰挙ニ付電話アリ、直チニ自働車ニ而帰途ニツキタルモ、帰宅ノ上何等異状ナシ、撰挙場ニハ不参ス

金弐百円　彦三郎〔麻生〕ニ渡ス

同百円　中山払

同弐十円　彦三郎家内へ

同十円　彦三郎娘外一人ニ遣ス

八月十日　火曜

在宿

午後嘉穂銀行重役会ニ列ス

飯塚警察署長小柳多市氏相見へ、山本関係ノ始末打合ス

幸袋工作所[9]職工木戸健治、大日本労働物同盟友愛会[10]幸袋支部伊藤俊市、同白土稔・福間五郎外一人解職ノ件ニ付

1　麻生フヨ＝太吉末女

2　加納鎰子＝故加納久宜妻、麻生夏母

3　貝島亀吉＝貝島合名会社業務執行社員、貝島鉱業満之浦鉱業所長

4　北島マサ＝料亭大吉楼（下関市阿弥陀寺町）女中

5　中野金次郎＝内国通運株式会社相談役、のち社長、元巴組門司支店長

6　石垣村＝大分県速見郡

7　中村武文＝九州産業鉄道株式会社専務取締役、田川銀行取締役、福岡県会議員、元九州産業株式会社常務取締役

8　中倉万次郎＝長崎県農工銀行頭取、佐世保軽便鉄道社長、衆議院議員

9　株式会社幸袋工作所＝一八九六年合資会社として創立、一九一八年株式会社に改組（嘉穂郡幸袋町）、太吉取締役

10　大日本労働総同盟友愛会＝一九一九年改称、元友愛会（一九一二年結成）、のち日本労働総同盟（一九二一年）

面談ヲ求メタルニ付、責任上何等確答ノ出来ザル理由ヲ親シク説明シ分袖ス
大日本帝国愛国同志会寺嶋天園外一人来リ、新聞発行ニツキ援助ノ希望アリ、鑵〔汽〕車代トシテ金弐百円遣シタリ

八月十一日　水曜

午前在宿
家内・孫等一同自働車ニ而出福ス、金五千円本店交際費受取タリ

八月十二日　木曜

午前七時三十分飯塚駅発ニ而出福ス
福間駅より太賀吉外一行ト同車ス
博多駅より自働車ニ而浜の町ニ着ス
午後四時於苑[1]ニ於テ吉原氏〔正隆〕[2]ニ面談ス、赤間君援助之相談ス、猪股〔猪俣為治〕・森田〔正路〕・瓜生〔長右衛門〕も相会ス

八月十三日　金曜

伊藤傳右衛門氏訪問ス
梅谷氏相見へ、九洲ニ関シ炭田調査ノ件ニ付挨拶アリタリ
斉藤〔斎藤行三〕警察部長ニ面会、山本一件詳細報告ス

八月十四日　土曜

午前十時より自働車ニ而福岡より帰宅ス
麻生太次〔多〕郎相見へ、忠隈欠落地ノ件解決ノ事ヲ聞キ及タリ
飯塚警察署長相見へ、山本ノ一件聞取タリ、意外ニモ検事より銀行ハ株ヲ受ケ込欠金セシ由ヲ聞キタルニ付、直チニ有田氏ヲ呼ヒ、株ノ直〔値〕段付ヲ為持、事実ヲ調査ノ旨申入タリ

八月十五日　日曜

藤森町長相見へ、忠隈坑欠落地ノ交渉相纏リタル始末、及飯塚川東宅地埋立ノ件ニ付談合、他日再会ヲ約ス

日曜日ニ付在宿

九水より贈与ヲ受ケタル十七国〔ママ〕銀行千円小切手、吉浦氏ニ預ケル

午後十二時四十分飯塚駅発ニ而別府ニ向ケ出発ス

八月十六日　月曜

午前十一時巡査相見へ、病人有無聞合ス

山水園ニ行キ工事ノ打合ヲナス

午前十二時電車ニ而九水重役会ニ列ス、午後六時自働車ニ而帰府ス

八月十七日　火曜

午前麻生観八氏相見へ、九水会社ノ件ニ付談話ス、又九洲重役ノ協議会ノ希望アリ、同意ス

午前十一時十九分別府駅発ニ而大分績紡〔ママ〕会社ノ重役会ニ列ス

現在買入綿代償却百六十万円ハ、大坂売約差金三百三十万円ノ半高アレハ償却済トナル、目下六歩五厘より六分位ニ而交渉中ニ付、多分熟儀〔ママ〕成立ス可シ見込〔ママ〕リ、左スレハ弐割五分ノ配当ハ継続ス

午後四時退会、九水自働車ニ而別府ニ帰ル

1　お苑亭＝貸席、元馬賊芸者桑原エン経営（福岡市外西門橋）

2　吉原正隆＝衆議院議員

八月十八日　水曜
午前七時二十九分別府駅発ニ而帰途ニツク、午後一時帰着ス
八月十九日　木曜
在宿
瓜生長右衛門来リ、家政上ニツキ聞取タリ
上田ヲ呼ビ、瓜生ノ事実ト川嶋下[1]ノ土地ノ件ニ付打合ス
八月二十日　金曜
在宿
八月二十一日　土曜
一麻病ニ而洗除〔ママ〕ノ為メ在宿
八月二十二日　日曜
一正恩寺住職〔井上叩端〕并ニ福間・麻生両人一同相見ヘ、正恩寺ノ不心得ノ件ニツキ意味ヲ能ク申向ケ、従来之通ニ解決セリ
麻病ニツキ洗除ノ為メ在宿ス
八坂甚八外二氏[2]、鳥栖・田主丸[3]間ノ鉄道布設ニツキ援助ノ件相談アリタリ
八月二十三日　月曜
瓜生長右衛門来リ、現業ノ坑区弐千三百万円ニ而買入可申ニ付売渡呉レ候様内談セリ、其ノ人ハ多田某・蔵原某ノ両人ナリ、尤貯炭ト倉庫品ハ別ニ直〔値〕段ニ而引受ルトノ事ナリニ依リ、現金三四百万円持込候トキハ確実ニ交渉可致ト申答ヱ、又此ノ咄ニツキ費用ヲ遣ザル様呉々モ注意ヲナシタリ
病気ニ付遠慮シテ在宿ス

八月二十四日　火曜

病気ニ而他行遠慮シ在宿

高嶋来リ、綱分坑ノ宮ノ浦[4]区域採掘方針ニ付調査ノ件ヲ打合ス

八月二十五日　水曜

在宿

所得税ノ書類整理ス

八月二十九日　日曜

午前十一時自働車ニ而浜ノ町ニ着ス

中村清三郎[5]氏訪問アリ、集丸炭山[6]ノ話シタリ

午後五時中村氏より招待ヲ受ケタリ

金百円　小□〔徳カ〕外弐人ニ遣ス

九月十二日　日曜

午前七時半自働車ニ而浜ノ町より帰宅

1　川島下＝地名、飯塚町川島
2　八坂甚八外二氏＝八坂甚八、柴田百城、内田真　八坂は八坂甚二（門司市輸送業）の親族、柴田は元麻生商店藤棚一坑主任
3　田主丸＝地名、浮羽郡田主丸町
4　宮ノ浦＝地名、嘉穂郡庄内村
5　中村清三郎＝元鞍手郡香井田村坑区所有者カ
6　集丸炭山＝集丸炭坑（嘉穂郡桂川村）

瓜生長右衛門来リタリ

　金六百円　吉浦より受取

麻生惣兵衛君相見へ、無名投書渡シ銀行取調ノコトヲ頼ミタリ

午後三時飯塚駅発ニ而上京ノ途ニツク

　九月二十四日　金曜

東京より午後一時帰宅ス

郡長[川島淵明]及藤森町長相見へ、区才[所脱]判ノ昇格願ノ件ニ付打合ス

　九月二十五日　土曜

午前麻生太[多]次郎相見へ、下三緒・栢森、忠隈坑ノ為メ被害地ノ契約案ヲ製成ス

郡役所ニ而飯塚区[裁脱]判所昇格願ノ協義ヲナス

金壱百五十円、家内出福ニ付渡ス

　九月二十六日　日曜

瓜生長右衛門来リ、肥前坑区[1]ノ件ニ付多田[鉄男カ][2]より書面相達シ、右ニ付発電ス

　九月二十七日　月曜

午前十時嘉穂銀行ニ而伊藤傳右衛門君ト会談ス、才判所昇格願并ニ宮崎県電力願ノ件ニ付打合ス

栄屋[座]売却ノ件ニ付瓜生・篠崎・麻惣[麻生惣兵衛]ノ三君相見へ、伊藤君ト一同打合ス

山本三郎呼ヒ相約候モ打明シ不申候、折柄九洲証券会社[3]より電報相達、事実明瞭ナリシモ、其他ハ打明シ不申、無止其筋ノ手数ヲ煩スノ外ナキ見込ナリ

十月三日　日曜

午前五時自働車ニ而帰宅、浜ノ町より
嘉穂銀行臨時株主会ニ於而山本一件ニ付行務上ノ報告ヲナシタリ
藤森町長・木村〔順太郎〕・和田〔六太郎〕三氏相見へ、神社昇格願・廃川地処分ノ件[4]ニ付会談アリ

十月六日　水曜

斉藤〔斎藤行三〕[5]警察部長相見ヘタリ
倉知〔倉智伊之助〕支配人相見へ、辞任ノ申出アリタリ

十月七日　木曜

午前八時二十分自働車ニ而典太一同、午後十二時半帰宅ス
午後八時藤森町長外数人、山本三郎ノ一件ニ付相見ヘタリ

十月八日　金曜

午前十一時本店ニ立寄、病気ニ罹リ帰宅、療養セリ、日誌記載ヲ略ス

1　肥前坑区＝瓜生長右衛門所有立岩炭坑（佐賀県西松浦郡西山代村）カ
2　多田鉄男＝株式会社麻生商店、のち大阪出張所長
3　九州証券株式会社＝一九一九年設立（筑紫郡住吉町春吉）、取締役中牟田久兵衛外
4　飯塚川廃川による市街地埋立地処分問題
5　斎藤行三＝福岡県警察部長九月三十日付で奈良県内務部長に転勤

十二月七日　火曜

十月八日より病気ニ罹療養中ナルモ、五ケ瀬川[1]水理〔利〕権出願ニ付、野田〔卯太郎〕逓相ヲ初九水会社ニモ数回電信ヲ発シ、又本日惣理〔原敬〕大臣及野田逓相ニ最後ノ電信ヲ発ス、書類ハ別ニ留メアル、本家ヘ日誌ニ明瞭ス

十二月二十日　月曜

浜の町別荘ニ森田正路君相見ヘ、宮崎県水利権出願問題ニツキ逓相トノ間ニ面白カラザル件生シ由ニ付、心配シテ伊藤・堀両氏も大ニ憂慮セラレタル旨、種々親切ナル懇談アリタリ、右ニ付前日迄ノ成行ヲ咄シ、其ノ為メ上京ニ其ノ厚意ヲ伝候タメ、村上功〔巧〕[2]児君上京ノ筈ナリト答ヱタリ

梅谷・村上・麻観〔麻生観八〕ノ三氏ト九水〔水脱〕利権問題ニ付地方ニ而友人ノ心配セシ事柄ヲ打合、村上君四時急行ニ而上京ヲ乞、和田〔豊治〕相談役ニ報告セリ

一田川銀行[3]ノ件ニ付中村武夫〔文〕君相見ヘ、種々申入〔ママ〕リアリタリ

午後六時博多駅発ニ而帰途ニツク

安川〔敬一郎〕・松本〔健次郎〕両家ノ一行ト折尾迄同所〔車〕、貝嶋家ノ諸氏ト直方迄同車ス

十二月二十一日　火曜

一書類ノ整理ヲナシ在宿ス

十二月二十三日　木曜

午後八時日高民蔵[4]・中村〔武文〕・細田〔福田繁次郎〕[5]外一名ノ田川銀行重役相見ヘ、救済之件ニ付懇談アリ、二十四日堀氏ト打合ノ上返事ヲナスコトニテ、午後九時飯塚駅発ニ而帰郡アリ、中村武夫〔文〕氏ハ二十四日福岡ニ而面会ノコトヲ約ス

堀氏福岡別荘ニ電話シ、二十四日会合ヲ約ス

十二月二十四日　金曜

午前十一時飯塚駅発ニ而出福ス

政友会支部ニ堀氏及森田氏ト会合ノ上、田川銀行救済之件打合、一方亭ニ於而晩食ス

十二月二十五日　土曜

浜ノ町滞在

［欄外］先

午後二時二十分博多駅発ニ而別府ニ向ケ出発ス、看護婦同供ス、午後七時半大下痢ヲナシタリ

「欄外」前

午前八時中村・細田［福］田川銀行重役相見ヘ、又堀・森田ノ両氏立会、打合ノ結果、年内ニ調査書ヲ製シ十年一月三日浜ノ町ニ会合ヲ約ス

但、森田氏ヲ以事情ヲ東京ノ先輩者ニ申入、東京より堀・小生ニ尽力方申込セシ候様ニ順序ヲ打合セ、同意アリタリ

1　五ケ瀬川＝宮崎県西臼杵郡向坂山に源を発し、延岡で日向灘に注ぐ川
2　村上巧児＝九州水力電気株式会社営業部長、翌年取締役、本巻解説参照
3　田川銀行＝一八九九年設立（田川郡後藤寺町）
4　日高民蔵＝田川銀行取締役、地主
5　福田繁次郎＝田川銀行取締役、元田川郡後藤寺村長

十二月二十六日　日曜

前夜より下痢ノ為メ養生ス

十二月二十七日　月曜

村上君帰県ニ而東京之模様報告アリ、最初逓相之電力会社組織ノ件ニ團〔琢磨〕[1]氏仲介尽力中ノ由等詳細聞キ取タリ

山水園ニ行キタリ

十二月二十八日　火曜

山水園ニ行キ、植木移植ニ付着手ス

十二月二十九日　水曜

棚橋君相見へ、東京之報告アリ、又川嶋七郎[2]君入〔退〕社ノ希望申入アリタ、鯰田[3]地内買入ノ内談アリタ

山水園付近ニ猟師ヲ連レ行キタリ

午後八時梅谷君相見へ、社員ニ関スル件、及麻生観八氏ノ尽力ニ対スル玖珠〔大分県〕郡ニ而殖林ニヨリ利益ヲ与ヘル方法研究ノ件等、懇談アリタリ

十二月三十日　木曜

午前九時九分別府駅発ニ而帰途ニツク、鏮〔汽〕車中速見郡々長〔竹田武男〕并ニ吉田〔嘉一郎〕元別府町長等同車ス

一観海寺[4]地所三千円、堀田[5]ノ地所弐千三百円、山水園クヌ木百三十円、以上売却ノ件ヲ打合ス

十二月三十一日　金曜

終日在宿

書類整理、又出状等分夫々発状ス

別府建築工事ニ付中山より夫々通報致サセタリ

金銭出納録

大正九年一月十日

金三百円　　大正八年七月より十二月迄銀行手当

内

四十円　　秋期運動会寄付

壱円十五銭　　川波［半三郎］氏見舞

○残而金二百五十八円八十五銭　受取

大正八年前半期ノ分取調ノコト

金壱百円　　大正八年上半期博済会社[6]手当

同壱百九円三十二銭　　大正七年後半期賞与金

手当受取居ル由ニツキ調査ノコト

1　團琢磨＝三井合名会社理事長
2　川島七郎＝九州水力電気株式会社
3　鯰田＝地名、飯塚町
4　観海寺＝地名、大分県速見郡石垣村南立石
5　堀田＝地名、大分県速見郡石垣村南立石
6　博済会社＝博済無尽株式会社（飯塚町）、太吉社長、博済貯金株式会社として一九一三年設立（嘉穂郡大隈町）一九一五年改称

金壱百円　　大正八年後半期手当
　内
　八十五銭　　藤嶋〔伊八郎〕[1]氏見舞
残而金九十九円十五銭
同金壱百十弐円　　大正八年上半期賞与金
○〆金四百二十円四十七銭
○二ツ金六百七十九円三十二銭
　金六百六十五円　　封金

金弐千七百九十二円四十銭　大正八年七月より十二月迄嘉穂銀行賞与
　内
金九十円　　行員病気引ノ者ニ救与金
同五十円　　家内渡ス
残而弐千六百五十二円四十銭
　二千六百五十円　　封金

金壱万五千円
　内
四千円　　野見山

三千円　麻生屋
千五百円　瓜生
弐百円　宮柱〔喜代太〕[2]
〆八千七百円
壱千五百円　義之介
三百円　〔麻生〕太七郎[3]
弐百四十円　夏子〔麻生ヨネ〕[4]・米子〔麻生きみを〕[5]・君生・富代
百二十円　孫六人
百円　家内
弐百円　〔麻生〕太右衛門[6]・操
〆二千四百六十円
壱万壱千百六十円
残而三千八百四十円

1　藤島伊八郎＝博済無尽株式会社取締役
2　宮柱喜代太＝株式会社麻生商店
3　麻生太七郎＝太吉四男、のち株式会社麻生商店監査役
4　麻生ヨネ＝太吉三女、麻生義之介妻
5　麻生きみを＝麻生太七郎妻
6　麻生太右衛門＝太吉長男

一月二十七日

現在六百六十五円

　内

　百五円　　茂《つや》田行ノトキ渡ス

残而五百五〔ママ〕十円　　現在

弐千六百五十円

弐百四十円

〆三千四百四十円　　封金

　外ニ四十円　　懐中

東京帰リ以来手勘定

　金壱千円

　同百七十円　　封金

　同八十円　　懐中

〆千二百五十円

　内

　二百四十円　　懐中

　百二十円　　政友会費、森田氏払

　八十円　　別府新聞連ニ遣ス

百三十円　中山旅館払
八十円　田〔ママ〕山渡
百四十円　中山ニ而遣ス
百円　福田ニ遣ス
〆千〔ママ〕九十円
残而百六十円　不足

大正九年六月十八日
八百円
内
三百円　懐中
五百円　封中
〆
六百九十五円
状袋アリ

大正九年八月十一日　渡ス
金壱千五百円　義之介
同百円　家内

同百円　　太右衛門
同五十円　操子
同五十円　夏子
同五十円　米子
同五十円　君代
同五十円　ふよ
同三百円　太七郎
同六十円　太賀吉・典太・つや・たつ・義太賀〔麻生〕・太助〔麻生太介〕[1]
〆二千三百十円

金壱百円　大正九年一月より六月迄手当
同六十円　同賞与
〆博済会社ノ分
同三百円　大正九年一月より六月迄手当
同千三百三十一円六十銭　同賞与　嘉穂銀行
〆千七百九十一円六十銭　八月二日麻生屋代印ニ而受取

金三十円　給仕・小使心付
同五円　一日宴会松月[2]心付

同五十銭　　六月廿一日弁当料
〆三十五円五十銭　　仕渡ス

八月一日調査ノトキ帰宅迄ノ残金
百九十一円
百六十円

九年八月十一日現在
金五百円　　別封、二十九日ノ残八百四十五円アリ
同千五百円　　別封
同五十円　　懐中

同九月八日封アリ
六百七十五円　　黒瀬［元吉］[3]　百七十五円

1　麻生義太賀・太介＝太吉孫
2　松月＝松月楼とも、料亭（飯塚町新川町）
3　黒瀬元吉＝古物商（福岡市上新川端町）

浜ノ町家費　五百円

金壱百円　大正九年七月より十二月迄手当
　博済会社ノ分

大正九年十二月二十五日野見山ノ伝ヘニ而義之介より受取

九年十二月三十一日

金壱千五百円　義之介
同五十円　米
同弐十円　義太賀・太助
〆千五百七十円
同百円　太右衛門
同五十円　操
〆百五十円
同三百円　太七郎
同五十円　君代
同十円　たき〔麻生多喜子〕1
〆百六〔ママ〕十円
同四十円　太賀吉・つや子・典太・たつ子

同五十円　夏子
同百円　家内
　〆百九十円
〆二千二百七十円

1　麻生多喜子＝太吉孫

一九二一（大正十）年

一月一日　土曜

神武天皇遥拝ス
明治天皇遥拝ス
御聖影ヲ拾畳間ニ奉安シ、拝礼ス
四方ノ神社ヲ拝ス
諸仏及先祖ヲ仏間ニ於テ拝礼ス
店員新年ノ賀客ヲ迎ヒタリ
午後一時嘉穂銀行[1]ニテ新年ヲ迎ヒ行員一同ニ一層努力セラル、様申話シタリ

一月二日　日曜

田川銀行員[2]同行ノ調査書類ヲ持参ス
太賀吉〔麻生〕[3]等一同山内[4]ノ農園付近ニ而初猟ニ行ク

一月三日　月曜

午前九時商店[5]ニ於而開店ノ祝盃ヲ催シ、太賀吉・典太〔麻生〕[6]両人連レ出店ス
午前十一時三十分飯塚駅発ニ而田川銀行救済ノ件ニ付出福、直方より堀氏〔三太郎〕[7]同車、浜ノ町[8]ニ一同自働車ニ而着ス
森田正路[9]君立会、中村武文[10]・福田繁次郎[11]ノ両氏ト談話シ、弐▨〔百カ〕万円ノ担保提供ノコトヲ申向ケ、五日迄ノ返事ノ筈ニ而堀氏ニ其ノ返事ヲ待ツコトニシタリ、晩食ヲナシ一同解散ス

一月四日　火曜

午前八時三十分博多駅発ニ而別府ニ向ケ出発ス
折尾駅より典太一行同車ス

小倉駅より和田豊次〔治〕[12]氏一行ト同車、又伊藤傳右衛門君[13]も同車、午後二時二十分別府駅ニ着キ、自働車ニ而和田氏ノ別荘[14]ニ行キ、○[15]ノ馳走ヲ頂キタリ、又鏃〔汽〕車中ニ而水利権問題[16]ニ付遞相〔野田卯太郎〕ノ内意アリ、安心スル様内話アリタリ

一月五日　水曜

伊藤傳右衛門君別荘[17]ニ立寄、水利権問題ノ顛末ヲ話シ、一歩先キニ和田氏別荘ニ行キタリ

1　嘉穂銀行＝一八九六年設立（飯塚町）、太吉頭取
2　田川銀行＝一八九九年設立（田川郡後藤寺町）
3　麻生太賀吉＝太吉孫、のち株式会社麻生商店社長
4　山内農園＝株式会社麻生商店山内農場、一九〇八年（一九一〇年とも）設立、石炭廃鉱地利用試験農場（飯塚町立岩）
5　商店＝株式会社麻生商店、一九一八年五月設立（飯塚町立岩）、太吉社長
6　麻生典太＝太吉孫、のち麻生産業株式会社専務取締役
7　堀三太郎＝第一巻解説参照
8　浜ノ町＝麻生家浜の町別邸（福岡市浜の町）
9　森田正路＝元衆議院議員
10　中村武文＝田川銀行取締役、九州産業鉄道株式会社専務取締役、福岡県会議員、元九州産業株式会社常務取締役
11　福田繁次郎＝田川銀行取締役、元田川郡後藤寺村長
12　和田豊治＝九州水力電気株式会社相談役、富士瓦斯紡績株式会社社長、本巻解説参照
13　伊藤傳右衛門＝第一巻解説参照
14　和田氏別荘＝到楽荘（大分県速見郡別府町）
15　○＝スッポン（亀）
16　熊本県と宮崎県の県境に源を発し、延岡で日向灘に注ぐ五ヶ瀬川の水利権
17　伊藤傳右衛門別荘＝通称銅御殿（大分県別府町）

田川銀行ノ返事ニ付福岡堀君より電話アル筈ニ付、十時頃より夕刻迄山水園[1]ニ而相待チ、午後六時半頃田之湯別荘[2]より電話シ、重役会ニ而両三日中返事延期ノ電話アリタ

一月六日　木曜

和田氏別荘ニ而棚橋〔琢之助〕[3]・梅谷〔清一〕[4]両人一同和田氏ノ居間ニ於テ会シ、和田氏より宮崎水利権問題ハ逓相より新会社組織ノ上許可アルコトニ内談アリ、又新会社組織ニハ創立委員長ニ内諾セリト明言アリタ、右ニ付逓相及三井團〔琢磨〕[5]氏ニ挨拶書状発スル様内談アリタ

昼飯ハ別荘ニ而馳走ニナリ、晩食ハ中山[6]ニ命シ○ヲ調理、伊藤君ト持出シタリ

東京より常盤屋主人[7]来リ、酒井正吉〔以下空白〕

別府不吉〔ママ〕町古物屋中谷桂邪より焼物弐品ニ而代金百六十円ニ而買取タリ

一月七日　金曜

常盤屋主人土産物持参、田湯別荘ニ参リタリ

午前九時別府駅発ニ而和田豊治氏一行出発アリ、見送リタリ

逓相・三井ノ團ノ両氏ニ出状ス

朝鮮亀浦林省三君[8]来リ、地所買入ノ件内談アリタルニ付、本店ニ而詳細申入アル様相伝ヘタリ、会談中大別府新聞[9]ノ安達文暢訪問セリ

一月八日　土曜

長野善五郎氏[10]相見へ、長時間種々ノ要件会談ス

野見山米吉[11]相見へ、商店ノ用向、則月俸増加ノ件ニ付打合ス

棚橋〔琢之助〕君相見へ、日比谷〔平左衛門〕[12]社長病気重体ニツキ上京ノ旨内談アリタリ

山水園ニ行キタリ

一月九日　日曜

山水園ニ野見山一同行キ、野見山ハ十時四十分別府駅発ニ而帰郡アリタ

須［首］藤三作[13]来リ、三反二畝歩（田地三好君より買入ノ分ナリ）六千円ニ而売却ノコトヲ打合ス

一月十日　月曜

梅谷［清一］君相見へ、会社内ノ事ニ付種々不折合等ノ事迄聞取タリ、又職制等モナク不規則ノ旨伝声ス

自由公論高山真剣禅ト申人来リ、金五十円遣ス

1　山水園＝麻生家別荘（大分県別府町）
2　田之湯別荘＝麻生家別荘（大分県別府町田の湯）
3　棚橋琢之助＝九州水力電気株式会社専務取締役
4　梅谷清一＝九州水力電気株式会社常務取締役
5　團琢磨＝三井合名会社理事長
6　中山＝旅館（大分県別府町上ノ田湯）
7　常盤屋＝花屋常盤、料亭（東京市日本橋区浜町）
8　林省三＝朝鮮農場主、のち株式会社麻生商店安眠島林業所長
9　大別府新聞＝一九一九年宿屋組合機関紙別府新聞から分離（大分県別府町）
10　長野善五郎＝九州水力電気株式会社取締役、二十三銀行頭取、大分紡績株式会社社長
11　野見山米吉＝太吉妹婿、株式会社麻生商店常務取締役、嘉穂銀行監査役、元麻生商店店長
12　日比谷平左衛門＝九州水力電気株式会社社長、日比谷銀行頭取、元日清紡績株式会社会長、一月九日死去
13　首藤三作＝麻生家田の湯別荘（別府町）管理人

大別府〔新聞〕ノ安達文暢来リ、先年来温泉鉄道[1]記事ニ関スル不法ノ事ヲ申向ケ、赤面セリ、町ノ不為メトナリ居ルニツキ将来十二分ノ尽力シ町ノ利益ヲ発達スル様注意ス

山水園ニ行キ、終日工事ヲ見而午後五時帰ル

日比谷社長ノ不幸ニ付〔日比谷〕新次郎氏ニ弔電ヲ発ス

一月十一日　火曜

梅谷氏山水園ニ而会ス、和田氏別荘ノ囲ヒ石垣三尺、土盛弐尺ニテ、壱間工事弐十七円トノ由ニ付、日役ニ而工事□〔試カ〕ラル、コトヲ注意ス

大分紡績会社より[2]、重役会十五四〔ママ〕両日ニ取極メ度キトノ事ニ而電話アリ、十四日ニ希望ノ旨電話ス

佐藤慶太郎[3]君より石炭採掘制限ノ件ニ付面談シタシト電話アリタ

一月十二日　水曜

佐藤慶太郎君相見へ、石炭採掘制限ノ内談アリ、三井・三菱ノ内諾ノ必要アリ、其上ニ而発表シタシ、又両社ハ内諾ノミナラズ内部ニ於テハ実行ノ出来得ル様援助ノ頼ム必要アリ、其旨含マル、様申向ケ、左モナクシテハ実行六ツケ敷旨ヲモ打合ス

山水園ニ行ク

一月十三日　木曜

大分万寿寺[4]紫山禅師ノ読経ニ而故日比谷社長ノ霊ヲ遥拝ス、会社々員一同ナリ

大分西洋料理屋ニ而社員一同ニ昼飯ヲ出ス

午後自働車ニ而帰リタリ

麻生観八[5]氏相見へ、午後八時過キ帰宅アリタ

一月十四日　金曜

大分紡績会社ノ重役会ニ十一時十分別府駅発ニ而出席ス

新年宴会アリ、午後八時半過キ九水[6]自働車ニ而麻生観八・中里丈太郎[7]ノ両氏ト一同帰宅ス

別府新聞[8]河野芦舟・山西残月・梅田百三ノ三人ニ金弐十円遣ス、中山［旅館］ニ金五十円、お千代ニ金弐十円遣ス

一月十五日　土曜

午前松本健次郎[9]・佐藤慶太郎両君相見へ、石炭採掘制限問題ニ付打合候末、東京ニ而三井・三菱ノ両社ニ内談、其上ニ而進行スルコトニ談話ス、松本氏及小生上京何れカ早キカ早キ方より内談ノ上通報スルコトニセリ

山水園ニ行キタリ

午後二時五十分別府駅発ニ而出発シ、福岡浜ノ町ニ午後八時頃着、直チニ自働車ニ而別荘ニ着ス

1　温泉鉄道＝別府温泉回遊鉄道株式会社（未開業）、元別府温泉鉄道株式会社、太吉大株主
2　大分紡績株式会社＝一九一二年設立（大分市）、太吉取締役、翌一九二二年二月富士瓦斯紡績株式会社に合併
3　佐藤慶太郎＝佐藤商店主（石炭商）、高江炭坑経営者、三菱鉱業株式会社監査役、若松築港株式会社取締役、本巻解説参照
4　万寿寺＝臨済宗妙心寺派寺院（大分市金池町）
5　麻生観八＝九州水力電気株式会社監査役、大分紡績株式会社監査役、酒造業（大分県玖珠郡東飯田村）、本巻解説参照
6　九水＝九州水力電気株式会社、一九一一年設立（東京市）、太吉一九一三年から取締役
7　中里丈太郎＝大分紡績株式会社監査役
8　別府新聞＝別府宿屋組合機関紙（大分県別府町）、一九一二年創刊
9　松本健次郎＝明治鉱業株式会社社長、若松築港株式会社社長、筑豊石炭鉱業組合総長、この年十月石炭鉱業聯合会副会長、本巻解説参照

一月十六日　日曜

堀三太郎・森田正路両氏相見へ、田川銀行ノ救済ノ件ハ、去ル八日中村武文・福田繁次郎ノ両氏堀方ヲ訪問セラレ、重役会ニ而決定不致ニ付相断ル旨ノ申入アリタルコトヲ報告アリ、右ニ付書類一切同銀行ニ指返シ関係ヲ絶チタリ、

金百五十円政友会支部費、森田正路君ニ渡ス

昼飯ヲナシ相分レタリ

水利権問題和田氏ノ口気ニヨレハ逓相モ能ク了解アリ、安心スルコトニナリタ、其ノ内意ハ和田氏ト逓相トノ間ニテ外部より申分難申尽旨申答、自分ハ最初より逓相ノ内意ノ通ナレハ異存ナキナリ、又周囲ノ事情ニ而九鉄[1]ノ名義ニ而許可アルモ其侭会社ニ提出アレバ夫レモ異義ナシ

［欄外］一方亭[2]ニテ堀・伊藤ノ両氏ト会ス

野田〔勢次郎〕[3]・義ノ介〔麻生義之介〕[4]浜の町ニ相見へ、販売上ニ付貝嶋・三井ノ関係ヲ打合ス

一月十七日　月曜

午前八時三十分博多駅発ニ而帰宅ス、田嶋県官ハ折尾迄同車ス、十一時過キ着ス

義ノ介屋敷ノ差図ヲナシタリ

一月十八日　火曜

午後一時嘉穂銀行重役会ニ出席ス

午後一時棚橋氏より電力会社創立ノ件ニ付電報アリタ

一月十九日　水曜

午後二時四分飯塚駅発ニ而別府ニ行キタリ、午後十時三十分着ス

一月二十日　木曜
山水園ニ行キ、玄関ノ屋根浦〔裏〕ヲ改良ス
一梅谷氏相見ヘ用談ス

一月二十一日　金曜
山水園ニ行キ、湯場并ニ便所ノ建築場所ヲ変更ス
第一ノ滝ノ工事ハ、水溜西側ノ平地ノ溝ヲ両側ノ石垣ヲナシ西側ノ大石ノ土取ヲ初メタリ
石垣ハホテール側ノ処ヲ一段ヲ済マシ、北側ニ少シ寄掛リ居タリ
北側ノ松林ノ根切ヲ二十日より初メタリ
玄関ノ屋根ノ平瓦丈ケヲ葺キタリ
一山水園家屋ノ卸歯ハ赤銅ニ葺クコトヲ止メ、桧皮ニテ葺クコトニセリ
一鯰田[5]地所買入ハ見合セリ

一月二十二日　土曜
典太前日より病気ニ而、四十度弐分ノ高熱ニ達シ、看護婦ヲ雇ヒ十分看護ヲナス

1　九鉄＝九州電灯鉄道株式会社、一九一二年博多電灯軌道株式会社と九州電気株式会社が合併して発足（福岡市）、翌一九二二年関西電気株式会社と合併して東邦電力株式会社となる
2　一方亭＝料亭（福岡市外東公園）
3　野田勢次郎＝株式会社麻生商店常務取締役、前年十月入社、元久原鉱業株式会社
4　麻生義之介＝太吉女婿、株式会社麻生商店会計部長、のち常務取締役
5　鯰田＝地名、飯塚町

午後二時五十分ニ而帰途ニツキ、午後八時四十分帰宅、折尾より瓜生〔長右衛門〕[1]ト同車、又直方より山野坑冨田〔太郎〕[2]氏ト同車ス

一月二十三日　日曜

一午前十時嘉穂銀行惣会ニ出席、会議済後昼食ヲナシ帰宅ス

一博多お秋〔津田〕夫婦来リ、売楽〔薬カ〕資本金ノ件ニ付相談ヲナシタルモ、担保ナキヲ以相断リタリ

一瓜生長右衛門来リ、肥前佐々ノ[3]坑区売却致呉度トノ希望ヲ申入タリ

一月二十四日　月曜

在宿

上田〔穏敬〕[4]ニ電話シ、肥前佐々坑区ノ模様聞合せ、出張セシメタリ

一月二十五日　火曜

午前十時幸袋工作所[5]重役会ニ出席、職員不行届キノ件ニ付協議ス

午後五時より松月[6]ニテ新年ノ宴会ヲ催ス

一月二十六日　水曜

一若松築港会社[7]ノ宴会ニ付福村[8]ニテ催シタルニ付出席ス（県庁）

一月二十七日　木曜

浜ノ町ニ滞在

一方亭ニテ昼飯ヲナス

一三宅〔速〕[9]博士ニ別荘ニ而診察ヲ受ケタリ

一月二十八日　金曜

一堀氏相見へ、上京ノ事ニ付打合ス

一午後六時一方亭ニテ知事〔安河内麻吉〕[10]一行招待ス

一月二十九日　土曜

一堀氏相見へ、中嶋〔徳松〕坑区ノ件上京ニテ協義ノ事ニ打合ス

一午後二時博多駅発ニ而別府ニ行ク、午後八時半着ス

一金百円、家内ニ遣ス

一月三十日　日曜

別府滞在、山水園ニ行キ建築ノ指図ヲナシ、又彦三郎〔麻生〕[11]より相談ニツキ、須藤〔首藤三作〕ニハ四千円、三千円、弐千三百円、五千五百円ノ四口ニ而、三百円口銭相払候様命シタリ

1　瓜生長右衛門＝嘉穂電灯株式会社取締役、株式会社飯塚栄座取締役、飯塚町会議員、元麻生商店理事鉱務長、常務（一九一六年辞職）、元福岡県会議員

2　冨田太郎＝三井鉱山株式会社山野鉱業所長

3　佐々＝地名、長崎県北松浦郡佐々村

4　上田穏敬＝株式会社麻生商店庶務部長、飯塚町会議員

5　株式会社幸袋工作所＝一八九六年合資会社として設立、一九一八年株式会社に組織変更（嘉穂郡幸袋町）、太吉取締役

6　松月楼＝料亭（飯塚町新川町）

7　若松築港会社＝一八八九年設立、一八九三年若松築港株式会社と改称、太吉取締役

8　福村家＝料亭（福岡市東中洲）

9　三宅速＝九州帝国大学医学部教授

10　安河内麻吉＝福岡県知事

11　麻生彦三郎＝太吉親族、株式会社麻生商店測量係

一月三十一日　月曜

午前七時二十分別府駅発ニ而福岡ニ行キ、停車場ニ而棚橋君ニ合〔ママ〕ヒ、同車シテ浜ノ町別荘ニテ宮崎県電力会社組織ノ順序ニ付詳細聞キ取タリ

和田氏ニ上京ノ事発電スル様申込アリ、直チニ明日出発ノ電報ス

午後六時十六分博多駅発ニ而帰途ニツク

帰着候処、藤森〔善平〕[1]町長・森崎屋[2]・和田屋[3]・藤井〔善七〕[4]ノ四氏相見へ、才判所甲部支部昇格願ノ件ニ付懇談アリタリ

二月一日　火曜

一山崎〔誠八〕[5]君相見へ、吉隈坑区[6]北側ノ部分、中嶋坑業会社[7]より相談ノ区域、調査書持参ス

一山内第二坑ノ下層採掘ニ付方針決定ニ付、両様ノ調査書麻生広持[8]参ス、新キ坑口ヲ開ク方適当ナリト話ス、本店ニ而尚調査スルコトヲ談ス

一欠落田地ノ件、栢森・下三緒[9]両区より相談アリ、九年度ノ例ニヨリ一ケ年延期シテ仕戻スコトニテ協定アル様、「タ〔麻生多次郎〕[10]・尚敬〔麻生尚敏〕[11]・区長〔麻生太市〕ノ三人ニ注意ス

四月三日　日曜

午前七時二十九分別府発ニ而帰途ニツキ、小倉より梅谷君ト地所会社[12]合併ノ件打合ス

午後一時帰宅

梅谷君より電話アリ、土地会社合併ノ件

四月四日　月曜

瓜生長右衛門来リタリ

藤森〔善平〕町長相見へ、級別□〔廃カ〕シニ付特別条例ノ件、及郡制廃シニ付組合組織ノ件、及田川郡交通ノ件ニ付打合ス

午後嘉穂銀行重役会ニ列ス
堀氏より電話、来ル九日出福ノ打合ス
伊藤氏ト電話、五日午後五時頃帰宅ノ電話ス

四月五日　火曜

午前七時より上三緒浦〔ママ〕山より赤坂西側ヲ経、飛川[13]、下三緒之馬之瀬、夫より日隠[14]、麻生屋[15]東、天神坂ヲ経而帰宅ス
伊藤傳右衛門君相見へ、土地会社〔博多土地建物〕合併ノ一件ニ付梅谷君ト打合ノ件示談アリシモ、意外ノ点アリ、別府ニ而打合ヲ

1　藤森善平＝飯塚町長、元飯塚警察署長、のち福岡県会議員
2　森崎屋＝木村順太郎、飯塚町会議員、株式会社麻生商店監査役、酒造業（飯塚町本町）
3　和田屋＝和田六太郎、飯塚町会議員、呉服商兼醬油醸造業（飯塚町本町）
4　藤井善七＝飯塚町会議員、藤井合名会社長（飯塚町宮ノ下町）
5　山崎誠八＝株式会社麻生商店鉱務部長
6　吉隈坑区＝株式会社麻生商店吉隈鉱業所（嘉穂郡桂川村ほか）
7　中島鉱業株式会社＝一九一八年設立（若松市）、社長中島徳松
8　麻生広＝株式会社麻生商店山内坑、のち豆田鉱業所長
9　栢森・下三緒＝地名、飯塚町
10　麻生多次郎＝太吉親族、麻生家新宅、元福岡県会議員、元飯塚町長
11　麻生尚敏＝麻生物兵衛養子、福岡県会議員、酒造業（飯塚町栢森）、元飯塚町会議員
12　地所会社＝博多土地建物株式会社（福岡市官内町）、一九一三年頃設立
13　飛川＝地名、嘉穂郡庄内村綱分
14　日隠＝地名、飯塚町下三緒
15　麻生屋＝太吉弟麻生太七、株式会社麻生商店取締役、嘉穂銀行取締役、嘉穂電灯株式会社取締役

協議ス

四月六日　水曜

太賀吉《[麻生]》ヲ初メ加納《[鑑子]》[1]様一行御見送リシタリ

川嶋《[淵明]》[2]郡長寄付金納付ニツキ挨拶ニ見ヘタリ

野田勢次郎氏相見ヘ打合ス

有田広君[3]瓜生貸金ノ件ニ付相談ニ相見ヘ、重役会開設ノ上決定ヲ注意ス

木村《[順太郎]》[4]・有田《[広]》、検査《[監]》役[5]報洲《[酬]》ノ礼ニ見ヘタリ

四月七日　木曜

午前九時飯塚駅発ニ而別府ニ典太一同行ク

金弐百円家費持参、茂田《[つや]》[6]ニ渡ス

午後四時着別ス

伊藤君別荘ニ而梅谷君一同土地会社ノ打合ヲナシ、意外ノ事ニナリタリ

一金壱千円、宮本《[岩吉]》[7]より受取

四月八日　金曜

堀氏相見へ、送電会社[8]ノ株申込ヲ打合ス、同氏ハ五千株、伊藤君ハ弐千株ト決定ス

中山《[旅館]》ニ而晩食ス、堀・伊藤両氏一同ナリ、午後十一時過キ帰ル

四月九日　土曜

山水園ニ行キ、堀氏相見へ、屋敷地案内ス

昼食ハ中山旅館ニ伊藤君相見へ電話アリ、会喰ス、午後七時半別荘ニ帰ル

棚橋君相見へ、九水之件ニ付打合ス、和田氏来別迄ニ調査ヲ頼ム
　働力ノ投資額及壱キロ宛金額
　電灯ノミノ経営
　十一年六月払込ニ対スル利害

四月十日　日曜

午前七時二十九分別府駅発ニ而帰途ニツク、伊藤君ト折尾迄同車、又小倉より伊丹〔弥太郎〕九鉄社長ト同車ス、昼食ハ伊藤君之厄介ニナリタリ
　金五十円　中山旅館ニ茶代

四月二十一日　木曜

午後一時博多駅ニ着、直チニ自働車ニ而浜ノ町ニ着ス
伊藤傳右衛門君相見へ、土地会社ノ件ニ付内談ス

1　加納鎰子＝故加納久宜妻、故麻生太郎・野田勢次郎義母
2　川島淵明＝嘉穂郡長
3　有田広＝株式会社麻生商店監査役、嘉穂銀行取締役監事
4　木村順太郎＝森崎屋、株式会社麻生商店監査役
5　監査役＝株式会社麻生商店監査役
6　茂田つや＝麻生家看護婦兼雑務
7　宮本岩吉＝株式会社麻生商店家事部、元麻生商店製工所、一九〇三年入店
8　送電会社＝九州送電株式会社、この年一月創立発起委員会開催、宮崎県の県外送電反対運動のため設立遅延

午後五時より一方亭東鉄[1]ノ招待会ニ列ス
同家ニ而伊藤・堀両氏ト会合ス

四月二十二日　金曜

大工末村ヲ呼ヒ、床板并ニ杢板（別府化粧室并ニ涼場天井板買入方ヲ托ス
梅谷・棚橋・伊藤ノ三氏相見へ、土地会社六十万円ニテ買入ノ談判シ、成立ス
午後五時一方亭ニ行キ晩食ス、堀氏モ相見ヘタリ
黒瀬〔元吉〕[2]より買物、五百円ニ而買入タリ

四月二十三日　土曜

午前八時半博多駅発ニ而別府ニ向ケ出発ス
午後二時別府駅着、直チニ山水園ニ行キ工事上ニ付打合ス

四月二十四日　日曜

別府滞在、山水園工事上ニ付打合ス

四月二十五日　月曜

午前七時二十九分別府発ニ而帰途ニツク
小倉駅より中間[3]迄大正坑業[4]ノ今井君ト同車ス
折尾駅より住友森君ト飯塚駅迄同車ス
麻生屋及新宅[5]欠落地ノ件ニ付参リ候間、昨年ノ標準ニテ進行ノ件打合ス

四月二十六日　火曜

午前六時飯塚駅発ニ而八幡製鉄所ニ長官〔白仁武〕ニ面会ス、并ニ次長〔中川友次郎〕・主任永井氏ト会談ス

午後八幡駅発ニ而博多ニ向、浜ノ町ニ泊ス

四月二十七日　水曜

午前九時博多駅発ニ而帰村、午後一時本店ニ出務ス

四月二十八日　木曜

製工所[6]并ニ本店ニ而整理方打合ス

四月二十九日　金曜

本店出務

四月三十日　土曜

本店出務、朝七時半ニ而若松〔築脱〕港会社重役会ニ出席セシモ、吉隈坑ノ件ニ付来店ノ約束アリ、鯰田駅より引返シタリ

別府建築ノ件ニ付棟梁〔大内田〕大工来リ、打合ス

五月一日　日曜

親族及各営業所重〔ママ〕立タル人々、并ニ栢森区懇親之方々ヲ相招キ、宴〔ママ〕遊会[7]ヲ催ス

1 東洋製鉄株式会社＝一九一七年設立、設立時社長中野武営、この月から八幡製鉄所の委託経営となる、太吉取締役
2 黒瀬元吉＝古物商（福岡市上新川端町）
3 中間＝筑豊本線中間駅（遠賀郡長津村）
4 大正鉱業株式会社＝一九一四年設立（遠賀郡長津村）、社長伊藤傳右衛門
5 新宅＝麻生多次郎、元福岡県会議員、元飯塚町長
6 製工所＝株式会社麻生商店芳雄製工所、機械製造・コークス製造・精米を目的として一八九四年設立（飯塚町立岩）、一九一九年コークス製造廃止、精米業を分離して芳雄製工所と称する
7 太吉末女フヨ・麻生五郎結婚披露の花見園遊会

午後五時飯塚駅発ニ而出福、浜ノ町別荘ニ行ク

五月二日　月曜

午後五時東公園一方亭ニテ末広〔忠介〕[1]氏ヲ招待ス、野田〔勢次郎〕・義之介〔麻生〕・太七郎〔麻生〕[2]・五郎〔麻生〕[3]等出席

五月三日　火曜

午前九時博多駅発ニ而帰途ニツク

午後一時各営業所主任以上召集シ、坑山維持ノ件ニ付実際之有様ヲ相咄シ、尽力方申述タリ

五月四日　水曜

午前在宿、書類整理ス、吉原〔正隆〕[4]秘書官より電話之件ニ付打電アリ、返信ス

午後十二時四十分飯塚駅発ニ而別府ニ向ケ出発ス

金七百五十円　買物代、宮本〔岩吉〕より受取

五月五日　木曜

別府滞在

午前中山旅館ニ農商務大臣〔山本達雄〕訪問ス

午後四時大道〔良太〕[5]・中野両氏相見へ、望月〔圭介〕[6]氏成田〔栄信〕[7]氏方滞在之事ヲ聞付電話シ、相見ヘタリ、晩食ヲス

五月六日　金曜

成田氏招宴ニ列シタリ

棚橋氏相見へ、上京ニ付打合

午後六時半望月・大道・中野三氏相見ヘタリ

佐賀松尾広吉[8]君相見ヘタリ

五月七日　土曜

朝倉文夫氏[9]相見へ、山水園ニ而昼飯ス、下谷六千五百四十九、東京下谷区谷中天王寺町二十番地

村上巧児君[10]相見へ、九洲電力統一ノ件ニ付打合ス

一大分県属竹中米蔵君、朝倉文夫氏ノ友人ニテ相見ヘタリ

五月八日　日曜

西田〔熊吉〕[11]・藤沢〔幹二〕[12]外二医学士相見へ、大分へ自働車ニ而案内シ、又山水園ニ而喰事ヲ出ス

五月九日　月曜

大分紡績会社ノ重役会ニ列ス

1　末広忠介＝九州帝国大学工学部教授
2　麻生太七郎＝太吉四男、この年一月株式会社麻生商店監査役就任
3　麻生五郎＝太吉女婿、のち株式会社麻生商店取締役
4　吉原正隆＝衆議院議員、野田卯太郎逓信大臣秘書
5　大道良太＝鉄道省神戸鉄道局長、元鉄道院九州鉄道管理局長
6　望月圭介＝衆議院議員
7　成田栄信＝衆議院議員、別荘は四海荘（別府町田の湯）
8　松尾広吉＝佐賀県伊万里町長、松尾工場（東京、各種機械製作）主、元貴族院議員
9　朝倉文夫＝彫刻家、この年東京美術学校教授
10　村上巧児＝九州水力電気株式会社営業部長、この年七月取締役、翌年常務取締役、本巻解説参照
11　西田熊吉＝医師（福岡市下洲崎町）
12　藤沢幹二＝太吉四男麻生太七郎義兄、医師、市立小倉病院長

午後四時帰別ス

五月十日　火曜

大別府新聞并ニ別府新聞社員芦田竹水外三人訪問ス、金五十円遣ス

麻生観八君相見へ、種々会社ノ事ニ付懇談アリタリ

五月十一日　水曜

滞在

五月十二日　木曜

高橋琢也[1]氏亀ノ井旅館[2]ニ訪問ス

山本達雄[3]氏午後六時半喰事指上度招待ス

五月十三日　金曜

午前九時別府駅発ニ而山本〔達雄〕大臣帰京ニ付見送ル

五月十四日　土曜

山水園ニ行キタリ

西脇三郎君相見へ、坑区ノ検査ノ事ニ付懇談アリタリ

五月十五日　日曜

午後二時別府駅発ニ而帰途ニツキ、戸畑駅より中根寿君[4]、折尾駅より峠〔延吉〕[5]君同車ス

折尾駅より義之介〔麻生〕・操〔麻生ミサヲ〕[6]等同車ス

五月十六日　月曜

義之介家屋建築ニ着手

赤間嘉之吉[7]君相見へ、同君上京ニ付飯塚才判所甲号支部建設・電話架設・芳雄積入場ノ件ニ付打合、惣而進行上ニ付注意ヲナシタリ

峠延吉君相見へ、種々懇談ス

五月十七日　火曜

義之介家屋棟上ケヲナス

藤森町長相見へ、電話架設ノ件打合ス

五月十八日　水曜

在宿

書類整理ス

梅谷君ニ電信ス

伊藤傳右衛門君より電話ニ付、照山〔滋カ〕君より東京梅谷より電信ノ件通信アリタルニ付、別府用向済次第帰郡ノ件電話ス

1　高橋琢也＝東京医学専門学校理事長、貴族院議員
2　亀ノ井旅館＝油屋熊八経営（大分県別府町不老町）、一九一一年創業
3　山本達雄＝農商務大臣、元日本銀行総裁、大蔵大臣、のち内務大臣
4　中根寿＝元貝島鉱業株式会社取締役
5　峠延吉＝貝島合名会社理事、大辻岩屋炭礦株式会社専務取締役
6　麻生ミサヲ＝太吉長男麻生太右衛門妻
7　赤間嘉之吉＝大正鉱業株式会社監査役、元衆議院議員、のち衆議院議員

五月十九日　木曜

午前山内ヱントレス[1]線実地ノ踏査ス

午後十二時四十分飯塚駅発ニ而福岡ニ行ク、夏［麻生］[2]・操等同車ス

五月二十日　金曜

浜ノ町滞在

一方亭ニ行キ中根氏ト立会ス

五月二十一日　土曜

午前浜ノ町滞在

午後六時博多駅発ニ而帰途ニツク

五月二十二日　日曜

在宿

製工所ニ行キ、山内積入場及旧鉄道跡片付ニ付注意ス

五月二十三日　月曜

在宿

山内積入場運炭線布設ニ付吉川［庄兵衛］[3]坑長ト立会実測ナシ、本店ニ行ク

五月二十四日　火曜

在宿

午前製工所ニ行キ注意ス

五月二十五日　水曜

午前麻生屋・吉川坑長等製工所整理方ニ付実地ニ立会、打合ス
金弐千円吉浦〔勝熊〕[4]より受取、先日五百円ノ分ハ返ス
午後三時二十四分飯塚発ニ而上京ス
郵便局敷地代ノ件ニ付郵便局長并ニ麻生屋ト打合ス

六月十二日　日曜

午前九時大分績紡〔ママ〕会社臨時重役会ニ出席、利率引上ケ之決定ス
午後六時大分旧知事〔新妻駒五郎〕御夫婦及桑原〔一郎〕[5]氏、外ニ長野〔善五郎カ〕・棚橋〔琢之助〕・大上ノ諸氏ヲ別府別荘[6]ニ招待ス（送別宴会ナリ）

六月十三日　月曜

山水園ニ行キ、吉村来リ工事ノ打合ヲナス
　湯場北側ノ溝ノ石垣十二時迄ニ竣工ス
　庭先キ池ノ東側広メ工事ニ着手セリ
二階工事全部竣工、戸袋工事ニ着手セリ

1　エンドレス＝炭車運搬用の環状索道
2　麻生夏＝太吉三男故麻生太郎妻、加納久宜六女
3　吉川庄兵衛＝麻生商店山内鉱業所長、のち株式会社麻生商店常務取締役
4　吉浦勝熊＝株式会社麻生商店主事補庶務部兼麻生家執事
5　桑原一郎＝大分県警察部長、この月転出
6　別府別荘＝麻生家田の湯別荘（大分県別府町田の湯）

午後二時五十七分別府駅発ニ而浜ノ町ニ着ス、田山〔クマ〕[1]・杉蔵ハ折尾より本宅ニ帰ル

百円ハ家費トシテ茂田〔つや〕ニ、十円ハ前夜ノ芸者ノ祝義ニ遣ス

桑原〔一郎〕警察部長見送リタリ

六月十四日　火曜

浜ノ町滞在

森田〔正路〕氏相見へ、小倉市長ノ件[2]ニ付打合ス

六月十五日　水曜

午後十二時一方亭ニ行キ昼食ヲナシ、午後八時過キ帰宅、中野〔昇〕[3]氏等久方振会合ス

浜ノ町滞在

天野〔寸〕[4]君相見へ、山林買入ノ件申入アリ

午後一時産業会社[5]重役会ニ出席（九鉄階上）

田中〔徳次郎〕[6]氏ノ自働車ニ而田中氏ヲ訪問シ、間野〔間宮英宗〕[7]禅師ニ面会、種々有益ナルコトヲ声〔聞〕キ、夫より田中・中野〔昇〕両氏ト於苑亭[8]ニ行キ晩食ス

六月十六日　木曜

浜ノ町より午前九時四十分博多駅発ニ間野禅師ヲ見送、折尾より帰宅ス

午後一時帰着、大分梅谷君ニ電話ス

六月十七日　金曜

午前野見山・義之介両氏相見へ、営業上ニ付打合ス

六月十八日　土曜

在宿

山内ヱントレス修繕ヲ視査ス

六月十九日　日曜

麻生屋病気ニ而上京見合ス

上田〔穏敬〕・福間〔久一郎カ〕[9]両人相見ヘ、鯰田地所ノ件ニ付打合ス、従来交渉ノ手抜ケヲ責リタリ

伊吹〔政次郎〕[10]君ヲ呼ヒ、運賃引下ケ情〔請〕願ニツキ打合ス

六月二十日　月曜

麻生屋病人折合候ニ付、午後三時飯塚駅発ニ而上京ノ途ニツク

1　田山クマ＝麻生家浜の町別邸管理人兼華道茶道家庭教師、元小学校教師
2　小倉市長公金横領事件引責辞任後の次期市長選任問題
3　中野昇＝中野徳次郎（第一巻解説参照）長男、中野商店主、嘉穂銀行取締役
4　天野寸＝坑区斡旋業
5　産業会社＝九州産業鉄道株式会社（田川郡後藤寺町）、一九一九年設立後九州産業株式会社買収、太吉取締役
6　田中徳次郎＝九州産業鉄道株式会社長、九州電灯鉄道株式会社常務取締役
7　間宮英宗＝臨済宗方広寺派管長、元鉄舟寺（静岡県）住職、のち栖賢寺（京都市）住職
8　お苑亭＝貸席、元馬賊芸者桑原エン経営（福岡市外西門橋）
9　福間久一郎＝株式会社麻生商店本店庶務部
10　伊吹政次郎＝筑豊石炭鉱業組合幹事

下ノ関駅ニ而梅谷君ニ食堂ニ而面会、上京用向ヲ頼ミ、三田尻駅[1]ニ下車シ、石田屋旅館ニ一泊ス

六月二十一日　火曜

午後七時四十分三田尻駅発ニ而帰途ニツク

石田屋ニ金十円宿料、女中ニ六円五十銭払フ

午後一時帰宅ス

六月二十二日　水曜

麻生屋ニ而三宅〔速〕先生ノ診察アリ、別条ナキヲ確カメタリ

午後松本〔健次郎〕氏ニ電話ノ為メ外出見合ス

六月二十三日　木曜

在宅

松本氏電話ノ為メ他出見合ス

六月二十四日　金曜

午前中沢勇雄[2]君相見へ、〔若松〕築港会社誤リ之件訂正ニ関スル打合ヲナシ、幸袋工作所重役会、引続キ惣会ニ出席、午後五時帰ル

六月二十五日　土曜

午前八時半所得税調査委員町役場ニ於而撰挙ス

芳雄製工所ニ行キ打合ス

午後五時飯塚駅発ニ而浜ノ町別荘ニ着ス

六月二十六日　日曜

浜ノ町滞在、十一時半一方亭ニ行キ、老人連押掛ケタリ

六月二十七日　月曜

午後五時一方亭ニ行ク

六月二十八日　火曜

博多駅八時三十分発ニ而別府別荘ニ行ク

六月二十九日　水曜

山水園ニ行キ昼食ヲス

南側ノ石垣ヲナシ小溝ヲ設ケル

金弐百円　家内ニ渡ス

原〔敬〕[3]・野田〔卯太郎〕[4]・山口〔恒太郎〕[5]・守永〔平助〕[6]・新妻〔駒五郎〕[7]ノ諸氏ニ市〔小倉〕長当撰ニ付発電ス

1 三田尻駅＝山陽本線（山口県佐波郡防府町）、のち防府駅
2 中沢勇雄＝若松築港株式会社支配人、翌年同社取締役
3 原敬＝総理大臣、元逓信大臣、元内務大臣、この年十一月四日刺殺される
4 野田卯太郎＝逓信大臣、元福岡県会議員、のち商工大臣
5 山口恒太郎＝九州電灯鉄道株式会社取締役、元福岡日日新聞主筆、元衆議院議員、のち衆議院議員
6 守永平助＝小倉市議会議長、小倉商工会長、のち小倉市長
7 新妻駒五郎＝小倉市長当選、この月十八日就任、元大分県知事

六月三十日　木曜

午前自働車ニ而孫等一同演習ヲ見テ、午後五時帰ル
湯場ノ石段二段迄浚〔竣〕工ス

七月一日　金曜

午前七時二十四分別府駅発ニ而福岡浜ノ町別荘ニ着ス
午後五時伊藤・中根両氏ト会合ス
古沢〔好雄〕[1]先生ニ面会、冨〔隆明〕[2]氏ノ件ニ関シ同氏ノ希望ヲ打合ス

七月二日　土曜

棚橋氏停車場ニ而面会、九水ノ件及電機起業者来福ニ付打合ス
午後六時伊丹〔弥太郎〕[3]氏ノ招待会ニ出席
返礼トシテ翌三日夕招待セシモ操〔ママ〕合出来ズ
伊丹・福沢〔桃介〕[4]ノ両氏より堀〔三太郎〕[5]氏検〔監〕査役承諾アル様勧誘方伊藤ト一同相談ヲ受ケ、承諾ス

七月三日　日曜

堀氏相見へ、九水九鉄ニ関スル訴訟事件[6]日延ノ相談アリタルニ付、聞キ合セシニ、九月五日迄延期トナレリ
九鉄ノ来賓連中ヲ博多駅発十二時四十分ニ見送リタリ
帰途福村屋〔家〕ニテ伊藤〔傳右衛門〕[7]・貝嶋ト会合打合ス、午後六時過キ帰ル、費用ハ伊藤ト折半ノ事ヲ福村屋ニ申付置キタリ
竹岡陽一[8]ト中九鉄社員、来賓招待ノ厚意ヲ謝意ヲ表セラレ浜ノ町別荘ニ見ヘタリ

七月四日　月曜

一ノ宮〔一宮房治郎〕・有馬〔秀雄〕・吉原〔正隆〕[9]ノ諸氏水害視察ニ相見ヘ居タルニ付、代議士ト一同歓迎会ヲ福村屋ニテ催シタリ

堀氏検〔監〕査役ノ件ニ付伊丹氏福村屋ニ相見へ、貝嶋・小林〔作五郎カ〕[10]・伊藤ノ三氏ト立会、他日中〔仲〕裁者ノ立場ニハ毛頭関係ナク故承諾之義申入アリ、証人立会就任ノ事ニ申合セ、直チニ其手続キヲナシタリ
午前安川〔敬一郎〕[11]氏ヲ訪問シ、牧北〔牧田環〕[12]氏よりノ書状ヲ東京南山松本〔健次郎〕氏ノ旅館ニ発送ス

七月五日　火曜

田辺ト申広嶋人来リ、東京帰リ旅費十五円遣ス
午後五時一方亭ニ行キ、安川氏ト会合ス

七月六日　水曜

午前十時より一方亭ニ行キ、安川氏ト会合ス

1　古沢好雄＝九州帝国大学医学部講師
2　富隆明＝株式会社麻生商店飯塚病院（麻生炭鉱病院改称）医師
3　伊丹弥太郎＝九州電灯鉄道株式会社長、のち東邦電力株式会社長
4　福沢桃介＝九州電灯鉄道株式会社相談役、大同電力株式会社長
5　堀三太郎＝九州電灯鉄道株式会社監査役に六月就任、第一巻解説参照
6　九州水力電気が九州電灯鉄道に対し福岡市地下線敷設区域電気営業権の譲渡を要求して提起した訴訟
7　貝島＝貝島太市貝島商業株式会社長カ貝島栄四郎貝島鉱業株式会社長カ
8　竹岡陽一＝翌年東邦電力株式会社常務取締役、のち同社長
9　一宮房治郎・有馬秀雄・吉原正隆＝衆議院議員
10　小林作五郎＝酒造業（糟屋郡宇美村）、元福岡県会議員
11　安川敬一郎＝第一巻解説参照
12　牧田環＝團琢磨女婿、三井鉱山株式会社常務取締役、太平洋炭礦株式会社相談役

七月七日　木曜

郡長《川島淵明》及嘉穂郡参事会員相見へ、公会堂[1]建設寄付金之件ニ付懇談アリタリ

九鉄田中《徳次郎》常務相見へ、堀《監》君検査役就任承諾之挨拶アリタリ

午後五時福村屋《家》ニ於テ坑業組合[2]より田中《隆三》[3]次官招待会ニ出席、主人側ノ挨拶ヲナシタリ

於福《おふく》[4]ニ於テ一同遊ビタリ

七月八日　金曜

午前栄屋旅館[5]ニ田中次官ヲ訪問ス、熊本大林区署・公《鉱》務署長等居合セアリタ

お□《苑カ》ニテ昼餐会ヲ催ス（田中次官其他多数ナリ

四時博多駅ニ次官ヲ見送リ、福村屋ニテ土地会社[6]ノ招待会ニ出席

鹿野県属ニ高橋氏《琢也》医科学校寄付金三百円為持遣ス

七月九日　土曜

午前よね子《麻生ヨネ》[7]診察ノ為メ小野寺先生《直助》[8]ニ面会ス、病状委細聞キ取タリ、南側屋敷買収ニ付勧誘ノ意ヲ洩シタリ

午後五時お苑ニ於テ博多土地会社下沢《善右衛門》[9]・深見《平次郎》[10]等等ノ諸氏ヲ九水ヨリ招待ス（梅谷氏ト二人ナリ

七月十日　日曜

午前八時半博多駅発ニ而別府ニ向ケ出発ス

武谷《広》[11]先生福間駅迄、旭先生《憲吉》[12]小倉迄同車ス

午後二時四十分別府駅着

山水園ニ行キタリ

七月十一日　月曜

午前十一時別府駅発ニ而大分紡績重役会ニ出席
午後二時四十分西大分駅より乗車、長野《〔善五郎〕》氏上京ニ同車、別府駅ニ而下車ス

七月十二日　火曜

江《〔衛〕》藤又三郎[13]君相見へ、新妻《〔駒五郎〕》氏ノ一件聞キ取タリ、直チニ木挽町《〔東京市〕》別荘ニ宛テ長野氏ニ発電ス
九洲社ノ主幹川口某ニ金百円遣ス
別府ノ新聞ノ河野芦舟へ金弐十円遣ス
山水園ニ行ク

1　公会堂＝嘉穂郡公会堂、この年九月竣工、一九三一年飯塚町に移管
2　坑業組合＝筑豊石炭鉱業組合、一八八五年筑豊五郡坑業組合（若松）として設立
3　田中隆三＝農商務省事務次官、元農商務省鉱山局長、のち文部大臣
4　おふく＝料理屋（福岡市南新地）
5　栄屋旅館＝福岡市橋口町
6　土地会社＝博多土地建物株式会社（福岡市官内町）、一九一三年頃設立
7　麻生ヨネ＝太吉三女、麻生義之介妻
8　小野寺直助＝九州帝国大学医学部教授
9　下沢善右衛門＝博多土地建物株式会社取締役、小間物商（福岡市中間町）、元田川採炭株式会社取締役、元博多築港株式会社長
10　深見平次郎＝博多土地建物株式会社相談役、鋳物業（福岡市上土居町）、元福岡市会議員
11　武谷広＝九州帝国大学医学部教授
12　旭憲吉＝九州帝国大学医学部教授
13　衛藤又三郎＝大分日日新聞社長、大分県会議員

七月十三日　水曜

山水園ニ行ク

南側ノ大石ノ処迄溝設ケタリ

雨天ニ而中止ス

七月十四日　木曜

前夜より服〔腹〕痛ニテ臥付、末綱〔陽和〕[1]先生ノ診察ヲ乞タリ

江〔衛〕藤又三郎氏相見ヘタリ

守永〔平助〕氏出発ニツキ新妻〔駒五郎〕氏ト会合ノ件小倉神崎〔慶次郎〕[2]氏より電話アリ、九水ニ依頼シ新妻氏ニ来別ヲ乞、守永氏ト一同会見シ、市長御裁可ノ上ハ極力尽ス可キトノ確答ヲ得テ、松田参事ニも守永氏一同発電ス、長野氏ニ又守永氏より山口氏ニ発電アリタ

江〔衛〕藤氏一同晩食ヲナシ、午後七時ニテ帰倉アリタ

午後九時又々服痛シ、末綱氏ノ診察ヲ乞タリ

七月十五日　金曜

長野氏ニ出状、并ニ大坂ニ止置ノ電報ヲナス

七月十六日　土曜

午後弐時三十分別府駅発ニ而、午後八時半飯塚駅ニ着ス

七月十七日　日曜

午前八時嘉穂銀行ニ行キ打合ス

飯塚駅ニ小平〔保蔵〕[3]局長ヲ迎ヒ、構内ノ案内ヲナシ帰リ、直チニ銀行惣会ニ出席ス

松月楼ニ而昼食ヲナシ、支配人一同ニ監督方ニ付懇々申謝シタリ
　金三十円　松月女中
　同三十円　銀行給仕中
有田[広]氏より分配残リ弐十円送金アリ、落手ス

　七月十八日　月曜
例ノ胆石病再発シ静養ス

　七月十九日　火曜
療養中

　七月二十日　水曜
病気療養

　八月二日　火曜
胆石病ニ而引蔵[籠]リ療養セシモ、別ニ故障ナキヲ以歯痛ニ付出福ス、午後八時飯塚駅乗車、午後十一時博多駅着、典太同車ス

　八月三日　水曜
浜ノ町滞在

1　末綱陽和＝医師（大分県別府町）
2　神崎慶次郎＝小倉市会議員、元福岡県会議員、のち小倉市長
3　小平保蔵＝鉄道省門司鉄道局長

八月四日　木曜

浜ノ町滞在

八月五日　金曜

博多十二時ニ而福間駅ニ太賀吉待受相迎ヒタリ

宮地〔嶽脱〕神社[1]ニ参詣、午後三時福間駅ニ而別府ニ向ケ、大分紡績重役会出席ノ為メ出発シ、午後八時半別府駅ニ着ス

八月六日　土曜

別府別荘ニ長野氏相見へ、紡績合併ノ件[2]打合セ、夫より和田氏別荘ニ御老母ヲ訪問ス（自働車）

山水園ニ而昼食ヲナシ、長野善五郎氏ハ帰宅アリ

八月七日　日曜

午後三時別府駅発ニ而浜ノ町ニ向ケ帰リ、八時半博多駅ニ着、自働車迎アリ、直チニ浜ノ町ニ着ス

八月八日　月曜

九水招宴ニ出席（東〔西カ〕中洲公会堂）

八月九日　火曜

元田〔肇〕鉄道大臣歓迎会ニ席ス（常盤館[3]）

福村屋〔家〕ニ而二次会ノ宴会ヲ催ス

八月十日　水曜

午後九時博多駅ニ元田鉄道大臣ヲ見送リタリ

堀氏ノ招宴ニ出席（東公園一方亭）

午後六時吉塚駅ニ而津屋崎[4]ニ行ク

八月十一日　木曜

津屋崎滞在

午後七時頃より病気ニ罹リタリ

八月十二日　金曜

午後三時福間駅より博多ニ向ケ来リ、共進亭[5]階上ニ而休息ヲナシ、電車ニ而浜ノ町ニ着ス

一山田〔駒之輔〕[6]先生ノ診察ヲ乞タリ

八月十三日　土曜

浜ノ町ニ滞在

山田先生ノ診察ヲ乞タリ

八月十四日　日曜

午後六時博多駅発ニ乗車、午後八時四十分飯塚駅着ニ而帰宅ス

八月十五日　月曜

在宿

1　宮地嶽神社＝宗像郡津屋崎町

2　大分紡績株式会社は翌一九二二年二月に富士瓦斯紡績株式会社に合併

3　常盤館＝料亭（福岡市外水茶屋）

4　津屋崎＝麻生家別荘（宗像郡津屋崎町渡）、この日太吉誕生日（旧暦七月七日）につき祝宴

5　共進亭＝西洋料亭（福岡市西中洲）

6　山田駒之輔＝医師（福岡市上名島町）

阿野［季忠］[1]子爵御一行御出浮アリタリ
西田［熊吉］先生診察ヲ乞タリ

　八月十六日　火曜

旧盆ニ而在宿
西田先生診察ヲ乞タリ

　八月十七日　水曜

旧盆十四日ニ而在宿

　八月十八日　木曜

旧盆十五日、在宿

　八月十九日　金曜

旧十六日
郡会委員諸氏建築費[2]寄付之義ニ付相談ニ見ヘタリ
加納［鐐子］様一行十一時半出発アリタ
午後三時七分紡績重役会ニ出席ノ為メ飯塚駅［発脱］ニ乗車ス

　八月二十日　土曜

午前八時大分紡績会社重役会ニ出席、午後三時電車ニ而帰宅ス

　八月二十一日　日曜

米道旅館ニ鉄道大臣訪問ス、秘書官秋本［秋元春朝］[3]氏ニも面会ス
和田［豊治］御老母及令夫人并梅谷令夫人相見ヘタリ

山水園ニ行ク

八月二十二日　月曜

九水重役会ニ午前八時営業所ノ自働車ニ而大分営業所ニ行ク
十二時三十五分大分駅発ニ而帰リタリ
午後三時別府駅発ニ而、浜ノ町ニ午後八時半着、田山熊《クマ》同供（自働車ニ而停車場より浜ノ町別荘迄）

八月二十三日　火曜

伊藤傳右衛門君訪問、寄付金壱千五百円ノ承諾ヲ受ケタリ
午後一時一方亭ニ行キ、堀・伊藤ト会食ス
製鉄所売込炭ノ件ニ付、林田《晋》[4]より電話スルニ付自分より申入ル旨ノ返話ス

八月二十四日　水曜

浜ノ町滞在
伊藤君寄付金承諾ヲ得タルニ付、進行方郡長ニ申入アル様吉浦《勝熊》ニ電話ス

八月二十五日　木曜

午後四時博多駅発ニ而田山熊連レ別府ニ向ケ出発シ、午後十時半着ス

1　阿野季忠＝野田勢次郎妻八重子および故麻生太郎妻夏の義兄
2　嘉穂館（嘉穂郡議事堂）解体後の公会堂建築費
3　秋元春朝＝子爵、のち貴族院議員
4　林田晋＝株式会社麻生商店商務部長

八月二十六日　金曜

山水園二階ニ泊ス

八月二十七日　土曜

山水園ニ二階ニ泊ス

八月二十八日　日曜

後藤文夫氏[1]ノ奥〔後藤治子〕[2]サント令息連レラレ山水園ニ相見ヘタリ
田之湯〔別荘〕ニ泊ス

八月二十九日　月曜

渡辺皐築君[3]所得税ノ件ニ付相見ヘ、物而一任ス
午後十時半ニ而柳が浦駅[4]迄乗車アリタ
田之湯別荘ニ泊ス

八月三十日　火曜

午前七時別府駅発ニ而梅谷氏一同九水重役会ニ出席ス（午後一時営業所二階ナリ）、城南線[5]ノ件ニ付打合ス
浜ノ町ニ一泊ス

八月三十一日　水曜

午前八時九水自働車ニ而鯰田地内火力発電所[6]実地ニ臨ミタリ（棚橋〔琢之助〕・村上〔巧児〕・新開〔真貝貫一〕[7]ノ諸氏ナリ）、昼食ヲナシ帰宅アリタリ
書類整理ス
判事先日挨拶ニ見ヘタリ

金七百五十円　取替ノ分受取（宮本〔岩吉〕より）

九月一日　木曜

在宿

九月二日　金曜

在宿

午後八時鯰田日高謙也氏ノ養子〔日高日出東〕[8]相見へ、九水発電所地所ノ件ニ付、先年官地払下ノ時ニ誤悔〔ママ〕ノ為メ悪感情ヲ有セラレシモ、全ク事実ニナキ事了解セラレ、其為メ相見ヘタリ、藤森町長・瓜生・上田ノ三氏同供アリタ

全国石炭聯合会[9]組織ノ件ニ付、伊吹〔政次郎〕幹事東京ノ模様打合ニ見ヘタリ

九月三日　土曜

午前九時氏神社殿ニ於テ東宮殿下御帰朝[10]ニ付祝賀会ニ列ス

1 後藤文夫＝内務官僚、のち農林大臣、内務大臣、大政翼賛会副総裁
2 後藤治子＝野田勢次郎妻八重子の妹、故麻生太郎妻夏の姉
3 渡辺阜築＝株式会社麻生商店会計部長、一九二〇年入社、元税務署員、翌一九二二年九州産業鉄道株式会社専務取締役
4 柳ケ浦駅＝豊州本線（大分県宇佐郡柳ケ浦村）
5 城南線＝北筑軌道起点今川橋（早良郡西新町・鳥飼村）と九州水力電気市内電車（福岡市渡辺通）を結ぶ電車線
6 鯰田火力発電所＝九州水力電気の水火併用発電の先駆発電所（飯塚町）、一九一三年完成
7 真貝貫一＝九州水力電気株式会社技師長
8 日高日出東＝飯塚町会議員、元帝国油肥株式会社社長、のち飯塚商工学校長
9 石炭鉱業聯合会＝この年十月内地石炭需給統制を目的として創立、太吉会長
10 皇太子（のちの昭和天皇）この年二月二八日から九月三日まで英仏等ヨーロッパ五ケ国歴訪

九月五日　月曜
山水園ニ行キタリ
九月六日　火曜
山水園ニ行キタリ
九月七日　水曜
山水園ニ行キタリ
九月八日　木曜
午前七時二十七分別府駅発ニ而福岡浜ノ町別荘ニ向ケ出発ス、小倉より宇佐川君〔宇和川武夫〕[1]ト同車シ、博多駅より自働車ニ而県庁ニ行キ、知事官舎ニ安河内氏〔麻吉〕ヲ訪問シ、埋立地ノ件[2]ニ付方針ヲ聞キ、重而会談ヲ約シ、宇佐川君ト浜ノ町ニ而顚末書ヲ調成シ、本社ニ復命ノ打合ヲナシタリ、尤県庁ノ事跡ヲ調査スルコトニセリ、宇佐川武夫
一方亭ニ行キ、伊藤傳右衛門君ト会食ス
九月九日　金曜
上司〔塚脱〕[3]衆議院議員・美和〔作次郎〕[4]ノ両氏来訪、柴田徳次郎[5]君洋行旅費補助ノ相談アリ、金弐千円送金ノ事ヲ諾ス、坑業者一同ニ相談ノ件ハ断リタリ
宇佐〔和〕川君相見へ、県庁ニ於而彼ノ埋立地願ノ前後調査シ、又港湾調査会ノ方線〔ママ〕決定等ノ模様ヲモ明瞭トナリ、帰京アリタリ
堀・伊藤両君相見へ、九水九鉄訴訟弁論期日延期ノ相談アリ、浦田〔勇太郎〕[6]君ヲ以棚橋君ニ電話ヲ乞、重而棚橋君ニ電話シ、東京ニ電報アリ、其旨両氏ニ返事シタリ

九月十日　土曜

午前八時三十分博多駅発ニ而帰途ニツク、博多駅より折尾駅迄九洲日報[7]主筆篠《［篠崎昇之助］》　《［一字空白］》君ト同車ス

午後十一時半帰着ス

書類整理ス

大分紡績専務横溝《［方吉］》君ニ欠席ノ発電ス

九月十一日　日曜

午前七時三十分飯塚駅発ニ而出福ス

午後一時聖福寺葬式[8]ニ列ス

午後四時半一方亭ニ行キ、堀《［三太郎］》・田中《［徳次郎］》・伊藤《［傳右衛門］》ノ諸氏ト会食ス、方広寺[9]再建寄付金五千円承諾ス

1　宇和川武夫＝東洋製鉄株式会社支配人
2　東洋製鉄敷地のための埋立地
3　上塚司＝衆議院議員、のち国士館高等拓殖学校長
4　美和作次郎＝玄洋社、のち玄洋社長
5　柴田徳次郎＝一九一七年国士館設立、のち国士館大学総長
6　浦田勇太郎＝九州水力電気株式会社福岡営業所長
7　九州日報＝玄洋社機関紙福陵新報として一八八七年創刊、一八九八年改題（福岡市）
8　聖福寺（福岡市御供所町）第一二八代住職東瀛自関禅師本葬儀、八月六日死去
9　方広寺＝臨済宗方広寺派大本山（静岡県引佐郡引佐町）

九月十二日　月曜
旭《〔憲吉〕》先生相見へ、仏教青年会[1]ニ於テ施療ノ医薬投斉《〔ママ〕》ヲ初メ療養所建設ニ関スル寄付懇談アリ
田中《〔徳次郎〕》氏、方広寺巨嶋定山氏（静岡県□引佐郡奥山村三生院住職）同供相見へ、建築費寄付ノ挨拶アリタリ

九月十三日　火曜
滞福

九月十四日　水曜
滞福
控訴院問題ニ付上京ノ内談アリタリ（山下《〔彬麿〕》[2]弁護士）より電話
書画類整理ス

九月十五日　木曜
午前十時九鉄《〔九州電灯鉄道〕》階上ニテ産業《〔九州〕》鉄道重役会ニ列ス
一クラシヤ并ニサクガンキ一切ニ而約三万円
一現在則予《〔ママ〕》算ノ計画ニテ普通営業ヲナス得ルモ、砂利ノ販売カ将来有望トナレバ尚三万円ノ拡張ヲ要スレバ其
ノ目的ヲ達ス
午後五時一方亭ニ行キ、伊藤《〔傳右衛門〕》・中根《〔寿〕》氏等会食ス

九月十六日　金曜
午前村上《〔巧児〕》君相見へ、熊本県水力電力会社[3]出願及会社創立[4]ニツキ懇談アリ、承諾ス
十時より九水会社ニ而協義会ヲ開キ、鯰田火力発電所設計ニツキ打合ス
午後六時より一方亭ニテ森田・伊藤・村上君等ヲ初メ外六名招待、晩食ヲナス

九月十七日　土曜

午前八時三十分博多駅発ニ而帰途ニツク
博多駅より折尾迄棚橋専務・伊藤〔伊東喜八郎〕[5]内〔務脱〕部長ト同車ス
直方駅より吉川〔庄兵衛〕山内坑長ト同車ス

九月十九日　月曜

午前七時半飯塚駅発ニ而製鉄所ニ行キ、吉隈納炭ニ関シ中川〔友次郎〕次長・経理部長并ニ長崎課長ト立会、別記ノ通談話シ、不満ナガラ解結〔ママ〕セリ
午後一時八分八幡駅発ニ而門司ニ行キ、階上ニ而昼食ヲナシ、小平〔保蔵〕局長ニ面会、芳雄駅[6]ノ拡張ハ困難ニ付乗客丈ケノ易便〔ママ〕ノ特別法ヲ設ケタキ旨意ヲ内話アリタリ
電車ニ而折尾ニ帰リ、直方ニ待合セ、七時二十分同発ニ而帰ル
義ノ介〔麻生義之介〕・林田〔晋〕参リ居タルニ付、製鉄所談話ノコトヲ話シタリ

1　仏教青年会＝社団法人九州帝国大学仏教青年会（会長旭憲吉医学部教授）、一九〇七年京都帝国大学福岡医科大学仏教青年会として設立
2　山下彬麿＝弁護士（福岡市）、この年五月より福岡市会議員
3　水力電力会社＝小国水力電気会社（熊本県阿蘇郡北小国村）出願（未開業）
4　のちの杖立川水力電気株式会社（一九二三年設立）
5　伊東喜八郎＝福岡県内務部長
6　芳雄駅＝筑豊本線（飯塚町立岩）、のち新飯塚駅

十月一日　土曜

午後一時飯塚駅着ニ而帰宅ス（吉浦君下ノ関迄出待アリ）
中学校長〔内田亭〕[1]転勤ニ付挨拶ニ見ヘタリ

十月二日　日曜

藤森町長〔ママ〕ニ相見ヘタルニ付、才判〔所脱〕昇格願ノ件ニ付打合ス
瓜生来リ、繁美〔麻生〕[2]身上ニ付依頼ス

十月三日　月曜

午前九時飯塚駅発ニ而出福、博多駅ニ而伊藤君自働車ニテ待受アリ、山口君〔恒太郎〕着博ヲ待一同一方亭ニ行キ、国士館連洋行ニ付旅費補助ノ件ニ付野田氏〔卯太郎〕より内談ノ事ヲ山口氏より懇談アリ、一同承諾アリタ（堀・伊藤・中野・貝嶋・麻生）
一方亭ニテ昼食ヲ接待ス（伊藤・山口）

十月四日　火曜

午前安川氏〔敬一郎〕訪問セシニ、黒田家祭典[3]ノ件ニ付寄付ノ件ニ付意向ヲ聞キタルモ、現今ノ時勢ニ付知事并ニ市長ニ面会、其後東京ニ而打合スルコトニ申合セリ
一方亭ニテ伊藤・堀ノ両氏ト会食ス

十月五日　水曜

午前浜ノ町別荘ニ堀三太郎氏訪問アリ、北海道坑区ニ関スル件打合ス、又同氏ハ伊藤君〔傳右衛門〕ニ対スル事柄[4]ニ付、友人ノ親宜として忠告ノ意味ニ而親切ナル意向ヲ以談話ス
午後十二時二十四分博多駅発ニ而福間駅ニ下車シ、津屋崎別荘ニ行キ、籾田〔喜三郎〕[5]ニ申付、福間駅五時二分発ニ而帰リタ

リ

十月六日　木曜

午前四時半川田〔紀夫〕[6]君立寄、津屋崎別荘植物ニツキ打合、六時ノ飯塚駅発ニ而津屋崎ニ行カル

渡辺〔阜築〕部長相見へ打合ス

金五千円預金ヲ引出ス、宮本〔岩吉〕より受取

十月七日　金曜

午前七時飯塚駅発ニ而別府ニハ吉浦君ヲ遣シタリ

午前九時飯塚駅発ニ而渡辺君同供、浜ノ町ニ行キタリ、星野〔礼助〕[7]氏ニ分与財産ノ手続ニツキ法律上ノ研究ヲ乞タリ

田中〔徳次郎〕・伊藤〔傳右衛門〕ノ両人相見へ、産業鉄道ノ件ニ付打合ス

黒瀬〔元吉〕より買物八百円ヲナシ、五百円ハ三井銀行ニ預ケルナリ

十月八日　土曜

博多駅ニ而安河内知事ニ面会、奉賛会[8]組織上ニ付詳細聞キタリ

1　内田亨＝県立嘉穂中学（飯塚町）校長
2　麻生繁美＝元株式会社麻生商店久原炭坑、前年同炭坑休止
3　黒田家祭典＝元福岡藩主黒田家三百年祭
4　伊藤傳右衛門妻燁子（白蓮）の件、この月二十日家出、二十二日大阪朝日新聞に絶縁状発表
5　籾田喜三郎＝麻生家津屋崎別荘（宗像郡津屋崎町）庭師兼雑務
6　川田紀夫＝川田十弟、株式会社麻生商店山内農場主任
7　星野礼助＝弁護士（福岡市）
8　奉賛会＝元福岡藩主黒田家三百年祭奉賛会

帰途市役所ニ立寄候処、久世〔庸夫〕[1]市長在宅ノ由ニ付直チニ自宅ニ訪問、奉賛会ノ顛末聞取タリ、又郵便〔平塚運吉〕[2]局長相見ヘタルニ付、直方より福岡廻しニ而電話不便ノ利害ヲ申向ケ、直通ノ事ヲ市長ニも申向ケタリ
午後十一時半より自働車ニ而八木山越[3]ニ而帰宅ス
義ノ介転宅自祝ニ付、同家ニ而晩食ス
忠隈坑山[4]欠落地補償ノ件ニ付、栢森区ノ協議ヲナシタリ

十月九日　日曜

午前在宿
午後三時飯塚駅発ニ而上京ス、吉浦君同車ス

十一月十三日　日曜

午前九時半博多駅発ニ而帰途ニツク
柏木〔勘八郎〕[5]氏ト折尾迄同車ス
折尾駅より直方駅迄加藤研一[6]氏ト同車ス
午後一時帰宅
徳光屋敷[7]并ニ麻生屋ニ見舞ニ行キ、午後七時過キ帰ル

十一月十四日　月曜

飯塚警察署長〔名和朴〕・瓜生長右衛門・花村久兵衛[8]相見ヘ、昼食ヲナス
書類整理ス

十一月十五日　火曜

分配所建築場ヲ見而病院[9]ニ至リ、西田〔得一〕[10]先生ノ診察ヲ乞タリ

十一月十六日　水曜

在宅

博多土地売却ノ件ニ付岡松〔金次郎〕[11]・武田〔星輝〕[12]両人来ル

十一月十七日　木曜

中学校基金之件ニ付赤間〔富次郎〕[13]外五人相見へ談判ス

午前十二時飯塚駅発ニ而出福ス

1　久世庸夫＝福岡市長
2　平塚運吉＝福岡郵便局長
3　八木山越＝糟屋郡篠栗村と嘉穂郡鎮西村八木山を経て飯塚町を結ぶ峠
4　忠隈坑山＝元麻生太吉経営忠隈炭坑（嘉穂郡穂波村）、一八九四年住友に譲渡
5　柏木勘八郎＝二郎熊改名、井上馨甥、宇島鉄道株式会社長、福岡県農工銀行取締役
6　加藤研一＝太吉親族、三井鉱山本洞炭鉱、元麻生商店藤棚第一鉱業所長
7　徳光屋敷＝麻生義之介家（飯塚町徳光）
8　花村久兵衛＝嘉穂電灯株式会社技術部長、元麻生商店上三緒坑機械課長
9　病院＝株式会社麻生商店飯塚病院、前年麻生炭鉱病院を改称し一般診療開始、一九一一年竣工、一八年麻生炭鉱病院として社内診療開始
10　西田得一＝医師、株式会社麻生商店飯塚病院長
11　岡松金次郎＝株式会社麻生商店庶務係、一九〇七年入店、元嘉穂郡役所書記、のち嘉穂郡穂波村助役
12　武田星輝＝麻生夏義兄武田三郎陸軍中将甥、株式会社麻生商店土地係、のち土地係長、庶務係長
13　赤間富次郎＝県立嘉穂中学校教師、翌年五月より県立嘉穂高等女学校長

十一月十八日　金曜

福岡滞在

十一月十九日　土曜

博多八時三十分発ニ而帰宅ス

十一月二十日　日曜

間宮〔英宗〕禅師相見へ、午前十時より聴集ニ広メ掛ケラレタリ

午後一回婦人ノ為メニ講話アリタリ

十一月二十一日　月曜

間宮禅師飯塚〔嘉穂〕中学校[1]へ行キ、学生一同ニ講話アリ、臨席ス

自動車ニ而一同帰宅ス

午後三時二十四分飯塚駅発ニ而、女中連レ別府別荘ニ行キタリ

十一月二十二日　火曜

別府滞在

一棚橋氏相見へ、九水会社ノ打合ヲナス

十一月二十三日　水曜

別府滞在

伊吹政次郎相見へ、直方会[2]出席ノ内談アリタ

十一月二十四日　木曜

山水園ニ行キタリ

十一月二十五日　金曜
山猟ニ行キタリ
十一月二十六日　土曜
由布村[3]ニ自働車ニ而行キ、別府立石ノ所有林ヲ調査ス
十一月二十七日　日曜
山猟ニ行キタリ
十一月二十八日　月曜
松田［源治］[4]氏紅葉館[5]ニ訪問ス
梅谷氏ト面会ス
午後二時五十分発ニ而帰途ニツク
十一月二十九日　火曜
午前九時飯塚駅発ニ而直方坑業組合常議員会ニ列ス
午後三時直方駅発ニ而帰途ニツク

1　嘉穂中学校＝一九〇二年郡立中学として創立、〇八年県立移管
2　直方会＝十一月二十九日開催筑豊石炭鉱業組合直方会議所常議員会、協調会提議の労働委員会法案審議
3　由布村＝大分県速見郡
4　松田源治＝衆議院議員、弁護士、のち拓務大臣、文部大臣
5　紅葉館＝旅館（大分県別府町）

野田〔勢次郎〕氏ト球摩郡〔熊本県球磨〕神瀬村石灰山買収ノ件ニ付打合ス、調査報告聞取タリ

十一月三十日　水曜

上田〔穏敬〕・渡辺〔阜築〕・野田・麻生屋〔麻生太七〕相見へ、熊本県石灰山買入ノ手順打合ス

十二月一日　木曜

在宿

郡書記相見へ、公会堂建築費寄付金願ニ調印ス

十二月二日　金曜

〔瓜生〕与九郎氏宅ニ悔ニ行キタリ

〔麻生〕義太賀[1]等連レ山猟ニ行ク

十二月三日　土曜

午前九時飯塚駅発ニ而後藤寺不破〔熊雄〕[2]氏訪問、採掘制限問題[3]ニ付懇談シ、一時五十分伊田駅[4]発ニ而直方ニ来リ、停車場ニ而堀〔三太郎〕氏ト会シ、〔伊藤〕燁子夫人ノ件[5]ニ付打合ス、四日十一時出福ヲ約ス

浜ノ町より電話アリ、別府門[6]建築ハ六日ニスル様返話ス

十二月四日　日曜

午前十一時飯塚駅発ニ而出福ス

小竹駅[7]より中間駅迄赤間嘉之吉君ト同車、在京中ノ模様聞キタリ

福間駅より堀氏ト同車ス

浜ノ町ニ至リ、夫より午後四時伊藤君住宅[8]ニ堀君ト一同会シ、燁子一件ノ始末ニ付打合ス

一方亭ニ行キタリ

県庁条《〔茶カ〕》会▨《〔之カ〕》ノトキ長崎控訴院問題起リ、知事ニ断念セラヌ様申伝ヘタリ

十二月五日　月曜

伊藤君ノ一件片付タルニ付東京ニ出状ニツキ、照山《〔滋カ〕》君相見ヘ出状ノ文案打合セ、成案ス
午前十一時県庁ニ出頭、紺綬褒章下賜[9]ノ御沙汰ヲ蒙リタリ
粕屋郡長《〔小林新三郎〕》[10]より吉塚線[11]ノ件ニ付借地ノ申入アリ、浦田《〔勇太郎〕》君ニ粕屋郡役所ニ出頭ノ打合ヲナシタリ

十二月六日　火曜

贈与株ニ対スル将来授与者株主ノ心得違セザル様、誓約書ヲ星野氏ト野田《〔勢次郎〕》・渡辺《〔皐築〕》ノ両君ト浜ノ町ニ而打合ス

1　麻生義太賀＝太吉孫
2　不破熊雄＝三井鉱山田川鉱業所長
3　採掘制限問題＝一九二一年五月の全国主要炭鉱主の申合せ、石炭鉱業聯合会成立後は聯合会が引継ぎ、さらに一九二二年も引続き制限継続
4　伊田駅＝田川線（田川郡伊田町）
5　伊藤傳右衛門妻燁子（白蓮）家出絶縁状事件
6　別府門＝麻生家別荘山水園（大分県別府町）の門
7　小竹駅＝筑豊本線（鞍手郡勝野村）
8　伊藤傳右衛門別荘（福岡市天神町）、別名銅御殿
9　太吉この年紺綬褒章受章
10　小林新三郎＝元福岡県理事官
11　吉塚線＝篠栗線、吉塚駅（筑紫郡堅粕町）と篠栗駅（糟屋郡篠栗村）間の鉄道、一九〇四年開通

十二月七日　水曜

午前八時半博多駅発ニ而渡辺君ハ折尾、野田君ハ小倉迄同車ス（野田君ハ十三日坑業者招待ノ件ニ関シ貝嶋太一〔市〕[1]君ニ打合ノ為メ下ノ関行ナリ）

午後二時半別府ニ着ス

山水園ニ自働車ニ而行キタリ

十二月八日　木曜

九水会社ノ協議会ニ大分営業所ニ出席ス

中山旅館ニ知事〔田中千里〕[2]ヲ招待ス、麻生〔観八〕・棚橋・梅谷・今井ノ諸氏招伴〔ママ〕人トシテ出席ヲ乞タリ

十二月九日　金曜

有田愛之介君九水会社ニ採用申入候処、既ニ東京ニ而本人ニ逢ヒ承諾セラル旨棚橋君より聞キタリ

十二月十日　土曜

別荘滞在

同　十二月十一日　日曜

同　十二月十二日　月曜

午後二時五十八分別府駅発ニ而浜ノ町ニ向ケ、典太同車ス

別府駅より小久保喜七[3]氏ト小倉迄同車ス

十二月十三日　火曜

安河内知事相見ヘタリ

森田正路君訪問ス

午後四時より坑業者[4]一方亭ニ招待シ、〔採掘炭〕制限問題ニ付打合ス

十二月十四日　水曜

進藤喜平太氏[5]ヲ訪問ス

久世〔庸夫〕市長相見へ、三百年祭奉賛会ノ件ニ付打合ス

城南線布設ノ件ニ付九水ニ内談ノ申入アリタリ

安河内知事訪問ス（自働車）

一方亭ニ行キ、安川〔敬一郎〕男ニ面会、奉賛成〔ママ〕会ノ件ニ付市長ト会談ノ件打合ス

十二月十五日　木曜

星野氏相見へ、送付株主ノ誓約書案ニツキ打合ス

上田来リ、海岸埋立ニ付許可ナキ様書面ヲ調成シ、森田君外関係者ノ懇談ノ事ヲ申伝ヘル

1　貝島太市＝貝島合名会社代表業務執行社員、貝島商業株式会社社長、本巻解説参照

2　田中千里＝大分県知事

3　小久保喜七＝衆議院議員、のち貴族院議員

4　筑豊石炭鉱業組合の主要鉱業家二十数名

5　進藤喜平太＝玄洋社長、元衆議院議員

黒瀬ト同道ニ而買入物ニ歩行ス
午後四時三分博多発ノ急行ニ而別府ニ向ケ出発ス、棚橋君ト小倉迄同車ス
森田正路君相見へ、海岸埋立許可ナキ様上伸方ニ付打合ス

十二月十六日　金曜

山水園ニ行キ、夫より大分紡惣会ニ出席（九水自働車借用）
帰途モ麻観〔麻生観八〕君帰途ニ同車シテ別府迄帰リタリ
花村〔徳右衛門〕[1]ト打合、自働車ニ而山水園ニ行キタリ

十二月十七日　土曜

午前七時二十九分別府駅発ニ而帰途ニツキ、午後一時帰宅ス
折尾より野田・渡辺両氏、篠崎ハ直方迄同車ス
直方駅ニ而古田〔栄一〕[2]母病死ニ付香典ニ五十円ヲ添へ百円ヲ送リタ（宮本ニ渡ス）
受贈者株主ノ誓約書案ヲ渡辺君ニ渡ス
書類整理ス
黒瀬より電話アリ、又麻生屋来訪アリタ

十二月十八日　日曜

野田君・義ノ介来リ、賞与ノ件打合ス
中山〔柳之助〕・加納〔狩野嘉市〕[3]両人来リ、病院并ニ製工所建物ニ付義ノ介一同打合ス
森崎屋相見へ、相談役ノ内談アリ、承諾ス
藤森町長相見へ、才判所ノ件ニ付不当ノ手続キヲ論シ、仕直ノコトヲ打合ス

森田正路君ニ打合ス（遠賀田代［丈三郎］[4]君ノ件）
上田ト打合、埋立願ニ反対願書ノ件

十二月十九日　月曜

午前野田［勢次郎］・山崎［誠八］ノ両君ト中嶋［徳松］申込ノ吉隈坑区ノ調査尚重而命ス
午後三時廿五分飯塚駅発ニ而上京ス

十二月三十一日　土曜

在宅
後藤寺産業会社［九州産業鉄道］ニ会計上ニ付社債ノ記入方ニ付電話ス
書類整理ス
堀氏ニ電話、産業会社ノ社債記入方ニ付同会社ニ電話セシニ付、同株買入ハ当分調査済マテ見合ノ件
梅谷氏博多より、九鉄・関西電気合併ニ付松永［安左衛門］[5]君より棚橋氏ニ懇談ノナリシ［ママ］、右ニ付九水調査方梅谷君ニ十分申入置キタリ

1　花村徳右衛門＝太吉親族、株式会社麻生商店家事部
2　古田栄一＝太吉親族（鞍手郡直方町）
3　中山柳之助・狩野嘉市＝株式会社麻生商店鉱務部
4　田代丈三郎＝福岡県会議員
5　松永安左衛門＝九州電灯鉄道株式会社常務取締役

金銭出納録

十年五月十八日調査

十年四月二十日帰京ノトキ壱千弐百十五円アリ

内

金五百四十円　別府滞在中仕払分

同弐百五十円　現金

同三百六十円　懐中

〆千百五十円

残而六十五円　不足

此分ハ鎎[汽]車中ノ費用、別府ニテ自働車心付等ノ入用ナリ

金弐千七十三円　嘉穂銀行大正十年上半期賞与金一月より六月迄

内

金三十円　松月楼女中

同三十円　銀行小使

本期引入行員ナキヲ以給与ヲ見合ス

残而弐千十三円

内

金弐百円　米子《ヨネ》臨時療養費、義ノ介《麻生義之介》渡ス
同千百二十円　左記之仕払
残而六百九十三円
○印　弐百十円　別段封金アリ
○印　〆九百三円　現金　八月二日現在

金壱百円　家内
同壱百円　太右衛門[1]
同五十円　操《ミサヲ》
同五十円　夏
同五十円　米《ヨネ》
同五十円　君生《きみを》[2]
同五十円　冨代《フヨ》[3]
同七十円　太賀吉・典太・つや子《ツヤ子》・辰子・義太賀・太介・多喜子[4]

1　太右衛門＝太吉長男
2　きみを＝太吉四男麻生太七郎妻
3　フヨ＝太吉四女、麻生五郎妻
4　ツヤ子・辰子・太介・多喜子＝太吉孫

〆十円ツヽ

同三百円　太七郎

同三百円　五郎

〆千百弐十円　大正十年旧盆、一月より六月迄

金五千円　十年七月義之介より受取

内

壱千百二十円　家内外数人前記遺金

弐百円　米子《ヨネ》臨時遺金

壱千五百円　義之介十年一月より六月迄賞与

〆二千八百二十円

残而金弐千百八十円　現在ス

外ニ千三百二十円　前ノ銀行ニ而仕払セシ分

〆三千五百円

内

弐千五百円　三井銀行預

残而壱千円

八月二日記載ス　吉浦立会ノ上調査
壱千九百七十一円八十五銭
右ハ黒瀬買物代払
三百円
右ハ別府滞在中家費払
〆二千二百七十一円八十五銭
内
壱千円　八月四日福岡送金受取
五百円　八月十日別府行ノトキ受取
壱千円　六月十九日上京ノトキ受取
〆弐千五百円
残而弐百二十八円十五銭　現金有

大正十年八月十五日入金トナレリ
金七百弐十五円
同壱千七百九十九円
〆弐千五百弐十四円
内
金五百円　大正十年八月十五日吉浦持参ノ分、浜ノ町ニ而受取

同壱千円　　三井銀行より受取

同三百七十五円　　同断

〆千八百七十五円

△印　残而六百四十九円

○印　入金九百〇三円　　前ノ現金

○印　入金弐百十円　　封金

金弐百廿八円十五銭　　残金

同壱千円　　三千五百円残リ

〆二千三百四十一円十五銭

内

六百四十九円　　前ノ現金

二百二十五円　　現金　別封

三百八十円　　懐中

八月十五日現在

〆千二百五十四円

残而千八十七円十五銭　　不足

百円　　大分万寿寺寄附金

五百円　君鶴外四人遣ス
弐百円　渡辺君香料
十二月十七日出入帳ニアル
千二百十八円　黒瀬より買物数口
内
三百三十円　浜ノ町より直払
残而八百八十八円
外ニ弐百円　諸口払出
三百円　別府ニテ取替
〆壱千三百八十八円
内
壱千円　十二月十二日出入帳ニ而受取分
残而三百八十八円　懐中より
外ニ壱百円　別府ニ而相渡
〆

一九二二（大正十一）年

一月一日　日曜

神武天皇・明治天皇、遥拝

御聖影拾畳間ニ奉安、家族一同遥拝

氏神ニ参詣、四方神社ヲ拝ス

諸仏及墓所ニ参詣、先祖ヲ拝ス

午前十二時嘉穂銀行[1]祝賀会ニ列シ、行員ニ努力方親シク申諭シタリ（責任ニ付、貯蓄銀行法ノ如ク政府も大切ニ責任ヲ重ゼシコトヲ実証シテ、責任ノコトヲ申加ヘタリ）

一月二日　月曜

午前［麻生］太賀吉[2]等自働車ニ而高山[3]迄ユキ、初猟ニ赤坂山ヲ廻リ、中村君［武文］[4]訪問ノ電話アリ、赤坂より綱分[5]ヲ経而、飛川[6]より山内坑[7]山内ヲ経、天神坂より帰リタリ（四人猟師来リ、十三円遣ス）

産業会社[8]中村武文君外一人相見へ、会計上ノ事ニ付申入アリタルモ、四日ニ渡辺部長［皐築］[9]ヲ遣スコトニ約ス

和田豊治[10]氏ニ電信ノ返電、及村山巧二君［村上巧児］[11]ニ九鉄［九州電灯鉄道］ノ合併ニ付原弁護士［嘉道］ト打合ノ事ヲ電報ス（棚橋君［琢之助］[12]上京ニ付出発ニ後レル恐レアリ、村上君ニ頼ム）

一月三日　火曜

午前十一時列車ニ而出福ス

一堀氏［三太郎］ト伊藤傳右衛門氏[13]邸ニ行キ、将来同氏ノ謹慎及燁子［伊藤］[14]夫人ノ荷物ニ付打合セシニ、柳原家御養子［柳原博光］[15]より其侭預リ呉レトノ事ニ而、御受セリトノ事ニ而、其ノ由和田氏ニ出状ス

一一方亭[16]ニ行キ晩食ヲナス

一月四日　水曜

吉浦〔勝熊〕[17]ヲ呼ヒ、新年宴会ノ案内状ヲ出ス
田中〔徳次郎〕・松永〔安左衛門〕[18]両氏相見ヘ、関西会社[19]ト合併ニ関シ詳細申入アリタリ

1 嘉穂銀行＝一八九六年設立（飯塚町）、太吉頭取
2 麻生太賀吉＝太吉孫、のち株式会社麻生商店社長
3 高山＝地名、飯塚町上三緒、太吉姉吉田フユ家所在地
4 中村武文＝九州産業鉄道株式会社専務取締役、田川銀行取締役、酒造業（田川郡猪位金村）
5 赤坂・綱分＝地名、嘉穂郡庄内村
6 飛川＝地名、嘉穂郡庄内村綱分
7 山内坑＝株式会社麻生商店山内鉱業所（第一巻付図参照）
8 産業会社＝九州産業鉄道株式会社（田川郡後藤寺町）、一九一九年設立、既設九州産業株式会社買収、この年十月太吉社長就任
9 渡辺皐築＝株式会社麻生商店会計部長、この年十月九州産業鉄道株式会社専務取締役
10 和田豊治＝九州水力電気株式会社相談役、富士瓦斯紡績株式会社社長、本巻解説参照
11 村上巧児＝九州水力電気株式会社取締役、この年常務取締役、のち九州電気軌道株式会社社長、貴族院議員、本巻解説参照
12 棚橋琢之助＝九州水力電気株式会社専務取締役
13 堀三太郎・伊藤傳右衛門＝第一巻解説参照
14 伊藤燁子＝伊藤傳右衛門妻、柳原前光伯爵の庶子、歌人白蓮
15 柳原博光＝海軍機関学校教官、のち海軍機関学校長、伯爵
16 一方亭＝料亭（福岡市外東公園）
17 吉浦勝熊＝株式会社麻生商店主事補家事部長、一八九八年入店
18 田中徳次郎・松永安左衛門＝九州電灯鉄道株式会社常務取締役
19 関西会社＝関西電気株式会社（名古屋市）、名古屋電灯株式会社と関西水力電気株式会社が合併して一九二一年成立、社長に伊丹弥太郎（九州電灯鉄道社長）副社長に松永安左衛門（九州電灯鉄道常務取締役）就任

一月五日　木曜

一方亭ニ行キ、新年宴会ニ列ス

金七百円　芸者及一方〔亭脱〕連中ニ遣ス

一月六日　金曜

福岡市耕地整理委員重岡〔篤〕[1]外四氏相見へ、九水[2]ノ寄付金三十万円ノ外ニ今川橋[3]付近ノ人家取払費五万円寄付ノ内談アリタルニ付、当局者ニ詳細予算書ヲ以申入方注意ス

午後八時四十八分操子〔麻生ミサヲ〕[4]ト一同帰宅ス

一月七日　土曜

藤森〔善平〕[5]町長・木村〔順太郎〕[6]・和田〔六太郎〕[7]等ノ諸氏相見へ、裁判所員居宅ハ町費ヲ以建設貸家ノ方ニ同意ス

一典太〔麻生〕[8]学習ノ為メ上京出発ス、午後三時飯塚駅発ニ而、兄太賀吉〔麻生〕ヲ初メ加納様〔鐙子〕・夏子〔麻生〕[9]共同車ス

一池上〔駒衛〕聯合会書記[10]相見へ一泊ス

一月八日　日曜

午前九時飯塚駅発ニ而直方坑業組合[11]常議員会ニ列ス

一午後五時閉会後堀氏ニ年賀ニ行キ、産業会社株券買入ニ付、千五百株位ハ買入可キモ、其他ハ会社ノ整理ノ上ナラデハ買入出来ザル旨ヲ打合ス

柳屋[12]ニ招待ヲ受、十時三十分直方駅発ニ而帰宅ス、金三十円柳屋女中ニ遣ス

一月九日　月曜

瓜生〔長右衛門〕[13]来リ、カスリンホンプ買入方相談セシモ、右ハ栢森区[14]有ヲ売払片付度ニ付夫迄融通スルコトヲ承諾ス、夫迄三千八百円一時商店より融通ヲ吉浦ニ申付ル

一若松三井銀行支店長宇木《〔辛吉〕》氏相見ヘタルニ付、各地ニ支店又ハ出張所ヲ設置ノ件ニ付懇談ス
一午後四時郡内有志新年宴会ヲ催シ、松月[15]ニ行キ、午後十時過キ帰宅ス

一月十日　火曜

午前七時半飯塚駅発ニ而別府ニ向ケ出発ス
一折尾駅ニ而待合中、大正鉱業[16]ノ長井《〔於菟四郎〕》ニ面会シタルニ付、坑業組合ニ向ケ惣長代理中ニ於ケル事柄ニ関シ上伸ノ件不法ニ付不消《〔ママ〕》方申入タリ、直チニ取消ノ旨申向ケアリタ

1　重岡篤＝福岡市会議員
2　九水＝九州水力電気株式会社、一九一一年設立（東京市）、一九一三年より太吉取締役
3　今川橋＝樋井川に架かる橋（早良郡西新町・鳥飼村）
4　麻生ミサヲ＝太吉長男麻生太右衛門妻
5　藤森善平＝飯塚町長、元飯塚警察署長、のち福岡県会議員
6　木村順太郎＝飯塚町会議員、株式会社麻生商店監査役、森崎屋、酒造業（飯塚本町）
7　和田六太郎＝飯塚町会議員、和田屋、呉服商（飯塚本町）
8　麻生典太＝太吉孫、のち麻生鉱業株式会社専務取締役
9　加納鎰子＝故加納久宜妻　麻生夏＝太吉三男故麻生太郎妻、加納久宜六女
10　聯合会＝石炭鉱業聯合会、送炭調節を主目的として一九二一年十月設立（東京、日本工業倶楽部内）、太吉会長
11　坑業組合＝筑豊石炭鉱業組合、一八八五年筑前国豊前国石炭坑業組合として結成（若松）、太吉常議員、元総長
12　柳屋＝旅館（鞍手郡直方町殿町）
13　瓜生長右衛門＝嘉穂電灯株式会社取締役、飯塚町会議員、元麻生商店理事兼鉱務長、元福岡県会議員
14　栢森区＝飯塚町立岩、麻生本家所在地
15　松月＝松月楼とも、料亭（飯塚町新川町）
16　大正鉱業株式会社＝古河と伊藤商店の折半出資で一九一四年設立（遠賀郡長津村）、社長伊藤傳右衛門

一月十一日　水曜

一午前八時半頃西硯南・安達文暢[1]ノ両人別荘ニ来リ、地方名鑑編集中ニ付援助ノ申込セリ、成本ノ上ハ一部引受可キコトヲ約ス、記名并ニ談話ハ謝絶ス

一午前九時半九水自働車ニ而大分営業所ニ行キ、九洲重役協議会[2]ニ列シ、関西・九鉄合併[3]ニ付九水独立経営ニ付調査セシ結果、将来独立ナスハ得策ニ付和田相談役ニ報告スルコトニ申合ス、九水会社員ノ宴会ニ金壱百円渡ス

午後九水ノ自働車ニ而帰別シ、直チニ山水園[4]ニ行キ（九水運転手ニ酒代遣ス）

大正永井〔長井於菟彦〕、組合会ニ関スル件ハ取消ノ通知、伊吹〔政次郎〕[5]より通知ニ接シタルニ付、京都縄手新橋下ル野口サトカタ伊藤傳右衛門へ停車場ニ待合ニ不及ト打電ス

一月十二日　木曜

村上巧二〔児〕君九水独立経営方針ニ付調査書持参アリ、打合セシモ明瞭ヲ欠キ、掛員ト尚電話ニ而打合セ明瞭トナリ、其ノ調査表持参、和田相談役ニ報告スルコトニ打合ス

一金五十円、中山[6]ニ年賀トシテ遣ス

一午後二時五十分別府駅発ニ而上京ノ途ニツク

一月二十二日　日曜

一午前九時四十分嘉穂銀行惣会ニ列ス

一月二十三日　月曜

麻生屋[7]病気ニ付見舞ニ行キタリ

野見山〔米吉〕[8]相見へ、今回創立ノ物産販売所并ニ倉庫取扱ヲ会社組織ニスルコトニ希望アリタルモ、暫ラク実際ヲ見而其上ニ而実行スルコトニシタシト打合ス

一月二十四日　火曜

午前九時ニテ直方坑業組合ノ惣会ニ列シ、十二時三十五分直方駅発ニ而帰途ニツキ、藤沢〔幹二〕[9]氏ト麻生屋ニ自働車ニ而病人ノ診察ヲ乞タリ

一月二十五日　水曜

麻生屋ニ行キ病気見舞、帰途西田〔得一〕[10]氏ニ逢ヒ、養体〔ママ〕ノ宜敷事ヲ聞取タリ

上田〔穏敬〕[11]来リ、欠落地ノ件ニ付打合

補償米中〔ママ〕裁人ニ委托スルハ炭坑カ実地踏査セザリニヨル

自作之分ハ将来モ是迄ノ通ナリ

補償米小作人ト割合ハ調査書ヲ以尚研究スルコト

1 西硯南・安達文暢＝大別府新聞社（大分県別府町）記者
2 九州重役協議会＝九州水力電気株式会社九州在住重役会
3 この年六月関西電気株式会社（名古屋市）と九州電灯鉄道株式会社（福岡市）が合併して東邦電力株式会社（東京市）成立
4 山水園＝麻生家別荘（大分県別府町）
5 伊吹政次郎＝筑豊石炭鉱業組合幹事
6 中山＝旅館（大分県別府町上ノ田湯）
7 麻生屋＝太吉弟麻生太七、株式会社麻生商店取締役、嘉穂銀行取締役、嘉穂電灯株式会社取締役
8 野見山米吉＝太吉妹婿、株式会社麻生商店常務取締役、この年十二月常務取締役を辞任して取締役、元麻生商店店長
9 藤沢幹二＝太吉四男麻生太七郎義兄、医師、市立小倉病院長
10 西田得一＝医師、株式会社麻生商店飯塚病院長
11 上田穏敬＝株式会社麻生商店庶務部長

新仮井〔井仮〕[1]ハ土盛リ、其ノ為メ被害ノ田地ノ処分ヲナスコト

〆

若松石崎敏行[2]君相見へ、若松市政友会拡張ニ付援助ノ事申入アリタリ

伊吹外一人相見へ、出炭制限申合ニ対シ貝嶋より申立ノ件ニ付調査ノ手続打合ス

警察署長〔名和朴〕[3]相見へ、坑夫取締ニ関スル懇談アリタリ

一月二十六日　木曜

自働車ニ而遠賀大隈末野〔占部スヱノ〕[4]ノ葬式ニ列ス

底井野[5]藤田次吉[6]氏ニ而休息シテ食事ヲナシタリ

欠落地ノ件ニ付下三緒・栢森[7]ノ委員相見へ、一同ト協義〔ママ〕シテ夫々小作人ニ対スルコトモ申合、地主ハ小作米ノ二割ヲ程度トスルコトニセリ、委員ニ昼食ヲナサシム

一月二十七日　金曜

在宅

麻生屋ニ両度、末野死去之事ヲ午後ニ打明ナシタリ

鬼丸平一来リ居リ、鬼丸冨士松家屋敷・山林相当直〔値〕段ナラバ買入可申旨相頼ミタリ

坑業組合川嶋〔小林英男〕[8]君来リ、貝嶋会社要求ノ件ニ付調査ヲナサシメタリ

堀君ニ電話シ、貝嶋一件ヲ内談シタシ明日出福ヲ約ス

一月二十八日　土曜

貴族院庶務課ニ市町村長より義務教育費増額建議書ヲ書留ニ而出ス、又粕屋郡〔筑紫〕堅粕町長ニ其旨通知ス

三十一日迄上京ノ件衛藤又三郎[9]君ニ電報ス

二月八日　水曜

麻生屋家火葬場ニ供シ、[10] 午後五時飯塚駅発ニ而出福ス、笹屋[11]ヲ中間駅迄同車ス

二月九日　木曜

浜の町別荘[12]村上〔巧児〕・浦田〔勇太郎〕[13]両氏相見へ、城南線[14]布設ニ付寄付金ノ件ニ付打合

午前十時自働車ニ而右両人ト一同市役所ニ行キ、弐万五千円出金ノ件協定シ、覚書ハ村上君持為〔ママ〕ス

山下〔彬磨〕[15]氏一同村上君相見へ、大分ニ移住ニ付内談アリタ、九水顧問ニツキ手当増加も希望アリタ

1 新井仮＝地名、飯塚町栢森
2 石崎敏行＝元福岡県会議員
3 名和朴＝飯塚警察署長、のち田川郡後藤寺町長
4 占部スヱノ＝太吉弟麻生太七女
5 底井野＝地名、遠賀郡底井野村
6 藤田次吉＝太吉親族、笹屋、酒造業（遠賀郡底井野村）
7 飯塚町下三緒・栢森の麻生尚敏・瓜生茂一郎・福沢善四郎など
8 小林英男＝筑豊石炭鉱業組合書記、川島義蔵書記はこの月十日に死去、小林英男の誤り
9 衛藤又三郎＝大分日日新聞社長、大分県会議員
10 麻生太七妻ミネ二月七日死去
11 笹屋＝太吉親族、藤田次吉家
12 浜の町別荘＝麻生家別邸（福岡市浜の町）
13 浦田勇太郎＝九州水力電気株式会社福岡出張所長
14 城南線＝北筑軌道起点今川橋（早良郡西新町・鳥飼村）と九州水力電気市内電車（福岡市渡辺通）を結ぶ電車線
15 山下彬磨＝弁護士（福岡市大名町）、福岡市会議員

二時二十四分鐖〔汽〕車発車跡ニ而自働車ニ而帰宅、麻生屋ニ仏参シ、十時過キ帰宅ス

二月十日　金曜

在宿

麻生屋仏前ニ参拝ス

福岡より鋳物師石橋〔卯之吉〕[1]来リ、弐千四百円ニ而駒〔狛〕犬一対注文ス

二月十四日　火曜

家内病気ニ付在宿

午後一時九分飯塚駅発ニ而吉隈坑山崎君〔誠八〕[2]葬儀ニ列シ、焼香ス

呂升〔豊竹呂昇〕[3]福岡より来リ（自働車）見舞ノ用向ナリ

ホンプ〔消防〕買入代一時操合ス可キニ付、各区長ト打合ノ件栢森区長ニ申談ス

二月十八日　土曜

吉浦東京より帰県アリ、多額納税者ノ親睦会書類調査セシモ不分ナリ

飯塚宮ノ前耕地整理ノ分ニ活堂〔動〕館建設ニ付病院前ニ建設スルニ付、発議者ニ協義ノ末、同一ノ会社ヲ以建設ノ希望アリ、飯塚荒木氏〔立太郎〕[4]ニ、半高株ヲ引受ケルハ無論百五十株ノ不足モ引受ノ旨申伝ヘタリ、敷地ハ借地ノ方可然ト上田ニ申含メタリ

三月十二日　日曜

午後十二時半博多駅ニ東京より帰途着、山内範三〔造〕[5]氏同供ニ而浜ノ町ニ着（自働車）

献納品ノ件ニ付山内氏ト打合ス

堀三太郎氏相見へ、合併問題ニ付打合ス

三月十三日　月曜

午前十一時自働車ニ而黒瀬〔元吉〕[6]同車ニ而飯塚本宅ニ帰リ、午後五時半頃浜ノ町ニ着、直チニ一方亭ニ行キタリ

三月十四日　火曜

午前九時松本氏別荘[7]ニ黒田〔長成〕[8]侯爵訪問

伊藤傳右衛門君ニ立寄、堀氏ト一同燁子一件打合ス

中野別荘[9]ニ子爵〔黒田長敬〕・男爵〔黒田長和〕[10]ノ御双方、金子〔堅太郎〕[11]子爵ヲ訪問ス

三月十五日　水曜

午前河内卯兵衛[12]君相見へ、博多国技館[13]株申込ノ相談アリ、百株承諾ス

1 石橋卯之吉＝鋳物師（福岡市千代松原崇福寺前）
2 山崎誠八＝株式会社麻生商店鉱務部長、死去
3 豊竹呂昇＝本名永田仲子、女義太夫
4 荒木立太郎＝飯塚町会議員
5 山内範造＝元衆議院議員、のち衆議院議員
6 黒瀬元吉＝古物商（福岡市上新川端町）
7 松本氏別荘＝松本健次郎別荘（福岡市大名町）
8 黒田長成＝貴族院副議長、のち枢密顧問官
9 中野別荘＝中野昇別荘、別名銀杏御殿（福岡市大名町）
10 黒田長敬＝黒田長成弟、秋月黒田家、大正天皇侍従　黒田長和＝黒田長成弟、直方黒田家、貴族院議員
11 金子堅太郎＝元農商務大臣、司法大臣
12 河内卯兵衛＝筑前参宮鉄道株式会社長、元福岡市会議員、のち福岡市長
13 株式会社博多国技館＝相撲興行及び舎屋賃貸（福岡市外千代町）、一九二二年設立（未開業）

一午前十一時松本別荘ニ試食ノ準備ヲナシ、一方亭ニ命シ持出ナサシメタリ

三月十六日　木曜

午前十一時博多駅発ニ而、宮地獄〔嶽〕[1]ニ典太一行ヲ福間駅ニ而待受参詣、夫より大宰府[2]ニ参詣、午後六時帰宅、宮地様百円・宰府ニ百円、典太神納ス

三月十七日　金曜

浜ノ町ニ於而滞在、書類整理ス

三月十八日　土曜

午前八時半博多駅発ニ而小倉ニ行キ、太賀吉ヲ迎ヒ引返ス

山中〔立木〕[3]・久世〔庸夫〕[4]ノ両氏相見へ、男爵ノ泊所ノ相談アリ、又男爵ノ御泊ヲ原氏〔庫次郎カ〕[5]ニ相談ノ内談アリタ

渡辺君相見へ、八代[6]地所買入ニ付打合

上田君相見へ、飯塚カツドウ写真館建築ノ件ニ付内談ス、及別府土地ノ買収申入ノ報告ヲナス

三月十九日　日曜

午前堀君相見へ、九水・九鉄合併、産業会社〔九州産業鉄道〕ノ件ニ付打合ス

午前十時九鉄本社ニ於而産業会社重役会ニ列ス

帰途伊藤〔傳右衛門〕宅ニ立寄、奥平〔昌恭〕[7]伯ノ書状ヲ見タリ

午後三時博多駅ニ自働車ニ而行キ、皇后陛下午後三時五十五分、南側ノオーム〔フォ〕ニテ奉迎ス

安川〔敬一郎〕[8]氏相見へ、伊藤ノ身上ニ付懇談アリタ

一午後七時黒田侯爵御一行御出アリ、午後十時四十分御帰リニナリタ

三月二十日　月曜

午前八時県庁ニ自働車ニ而裏玄関ニ行キ、皇后陛下玄関ノ西側ニテ奉迎

　午前九時四十五分広間於テ玉座ノ正面ニテ拝謁

　十時二十分御出輦ノ時東側ニテ奉送

帰途伊藤宅ニ立寄、安川氏ノ意向ニ付打合ス

安川氏相見へ、伊藤ノ意向ヲ答、和田氏ノ内意ヲ聞キ通報ヲ約ス

午後一時自働車ニ而帰ル

藤森［善平］町長相見ヘタリ

三月二十一日　火曜

書類整理ス

黒瀬ニ金五百円浜ノ町家費より仕払セシ分、外弐百四十円ノ記帳ヲ宮本［岩吉］[9]ニ命シ、領収証トモ相渡ス、右之内金弐

1　宮地嶽＝神社（宗像郡津屋崎町）
2　大宰府＝太宰府天満宮（筑紫郡太宰府町）
3　山中立木＝元福岡藩主黒田家執事、元福岡市長
4　久世庸夫＝福岡市長
5　原庫次郎＝九州電灯鉄道株式会社取締役（福岡市浜の町）、元貝島鉱業津波黒坑所長
6　八代＝地名、熊本県八代郡八代町
7　奥平昌恭＝貴族院議員
8　安川敬一郎＝第一巻解説参照
9　宮本岩吉＝株式会社麻生商店家事部、元麻生商店製工所、一九〇三年入店

百円ヲ受取、義太賀〔麻生〕・太助〔麻生太介〕[1]ノ旅行ニ付餞別ニ渡ス

四月四日　火曜

午前九時四十分下ノ関着

鵜沢惣〔総〕[2]明氏・伊丹弥太郎[3]両君同車

宮本岩吉門司駅ニ来リ、金弐千円ヲ渡シ、外ニ壱千円ヲ加ヘ、金三千円カホ〔嘉穂〕銀行ニ振込、九水大分営業所ニ送金ノコトヲ申談ス、中津より中里君〔丈太郎〕[4]ト同車ス、又別府停車場ニ而梅谷君〔清一〕[5]ニ逢フ

山水園ニ行キタリ

若松築港会社[6]重役会決議録賛成ノコトヲ中沢君〔勇雄〕[7]ニ出状ス

四月五日　水曜

直方堀氏ニ電話シ、和田氏門司川卯[8]着ニ付直接面談ノコト、并ニ伊藤君ノ一件も同様会談ヲ懇談ス（病気）

大分九水会社庶務科ニ頼ミ、間宮禅師〔英宗〕[9]ニ聞キ合セリ

棚橋君〔琢之助〕相見ヘタルニ付、大体営業方針ノ打合、又九鉄ト合併問題ニ付会談ス、五千キロ九鉄ニ売込問題ニ付異見打合ス

四月六日　木曜

棚橋君・大分万寿寺[10]禅師一同相見ヘ、金五百円寄付ス

四月九日　日曜

堀氏別荘ニ相見ヘ、九水・九鉄合併田中君〔徳次郎〕病気ニ付延期ノ旨咄サレシモ、和田氏より聞取ノ社債ナラデハ六ツケ敷ナラントノ見込ナリ

伊藤ノ件ハ門司ニ而直接柳原家[11]ト談判スルコトニナリタル旨聞キ取タリ

福村屋〔家〕[12]ニ而堀氏ノ吉原〔正隆〕[13]氏招待ニ倍〔陪〕席ス
（自働車ニ而福村〔家脱〕より停車場ニ行ク
午後四時吉原君出発ヲ見送リ、牧北〔牧田環〕[14]氏奥様〔芽枝子〕[15]ニも挨拶ヲナシタ、熊本電信局長ニ面会ス
自働車ニ而森田〔正路〕[16]・山内〔範造〕両人ト一方亭ニ自働車ニ而行キタリ

1 麻生義太賀・太介＝太吉孫
2 鵜沢総明＝衆議院議員、弁護士、のち貴族院議員
3 伊丹弥太郎＝九州電灯鉄道株式会社長、この年六月合併により東邦電力株式会社長
4 中里丈太郎＝大分紡績株式会社監査役
5 梅谷清一＝九州水力電気株式会社常務取締役
6 若松築港株式会社＝一八八九年若松築港会社設立、一八九三年株式会社、太吉取締役
7 中沢勇雄＝若松築港株式会社支配人、この年十月から取締役
8 川卯＝川卯支店、旅館、本店は下関市
9 間宮英宗＝臨済宗方広寺派管長、元鉄舟寺（静岡県）住職、のち栖賢寺（京都市）住職
10 万寿寺＝臨済宗妙心寺派寺院（大分市金池町）
11 柳原家＝柳原義光伯爵家、伊藤傳右衛門妻燁子実家
12 福村家＝料亭（福岡市東中洲）
13 吉原正隆＝衆議院議員
14 牧田環＝三井鉱山株式会社常務取締役、電気化学工業株式会社取締役、のち三井鉱山株式会社会長、三井合名会社理事
15 牧田芽枝子＝團琢磨長女
16 森田正路＝元衆議院議員、元福岡県会議員

黒田様御夫婦・栗野氏[慎一郎][1]ヲ招待、安河内知事[麻吉]・内務部長[伊東喜八郎]・市長[久世庸夫]・警[察脱]部長[2]・山中[立木]・森田・山内・小生ト主人ナリ
［欄外］午後十一時過キ渡辺貞[皐]築君来リ、石灰山ノ件打合ス

四月十日　月曜

午前荒戸[3]ニ行キ、就学生ノ件ニ付打合ス、又小野寺先生[直助][4]ニ依頼ス
黒田侯爵邸ニ訪問、長礼様[5]ニ前夜ノ挨拶ヲナシ、午前十一時四十五分自働車ニ而帰宅ス、途中内務部長と自働車ノ行違ニ而面会ス
書類整理ス

四月十四日　金曜

午後二時二十分自働車ニ而浜ノ町ニ着ス
別府山水園ニ電話ス

四月十五日　土曜

棚橋・今井[三郎][6]両氏浜ノ町ニ相見へ、九鉄売込電力料ノ件ニ付打合ス
石灯蔵[籠]実物検査ニ行キタリ
お苑[7]ニ行キ、午後八時帰宅
山水園ニ電話ス
午前十一時赤十字社支部商議員会ニ列ス、旅費ヲ受取タリ、又昼飯ヲモナス

四月十六日　日曜

松本健次郎氏[8]ニ電信ス
別府山水園ニ電話ス

村上・今井両氏ニ九鉄ニ電力売込契約ニ注意ス

四月十七日　月曜

浜ノ町別荘ニ梅谷〔清一〕君相見へ、種々九水ノ件注意ス
別府山水園ニ電話ス
買入タル石燈蔵〔籠〕、浜ノ町別荘ニ建方ヲナス（日役二名雇入タリ）
三宅〔速〕[9]先生ニ診察ヲ乞候処、上京しても指支ナカルベシトノ事ニ而、明日上京ノ手配ヲナス
石燈籠・五重塔代七百五十円ノ内百五十円ヲ黒瀬ニ渡ス

四月十八日　火曜

荒戸ニ行キタリ
堀氏相見へ、種々談話ス
黒田〔長敬〕子爵ニ電信ヲナシ、献上博多帯地十三本葉山御用邸ニ送付ス

1　栗野慎一郎＝元駐仏・露大使、のち枢密顧問官
2　警察部長＝藤山竹一福岡県警察部長
3　荒戸＝麻生家別荘（福岡市荒戸町）
4　小野寺直助＝九州帝国大学医学部教授
5　黒田長礼＝のち侯爵、鳥類学者
6　今井三郎＝九州水力電気株式会社取締役
7　お苑亭＝貸席、元馬賊芸者桑原エン経営（福岡市外西門橋）
8　松本健次郎＝明治鉱業株式会社社長、石炭鉱業聯合会副会長、筑豊石炭鉱業組合総長、若松築港株式会社会長、本巻解説参照
9　三宅速＝九州帝国大学医学部教授

四月二十五日　火曜

福岡滞在

十二時四十分文部大臣［中橋徳五郎］博多駅ニ見送リタリ

午後一時より安川氏ト一方亭ニ而会談ス

四月二十六日　水曜

午前八時自働車ニ而帰宅（飯塚青木［柳カ］[1]迎ヒナリ）

午後一時半より底井野藤田家ノ葬式ニ列ス

自働車ニ而往復ス（青木）

四月二十七日　木曜

在宅

糸田村長［伊藤基定］・庄内有志者一同、烏尾峠[2]開通ノ礼トシテ挨拶ニ見ヘタリ

四月二十八日　金曜

在宅

五月二十七日　土曜

午前在宿

三月八日二日市[3]武石理一[4]ニ金壱千円東京ニ而立替候分、今回品物買入候ニ付右受取証山内君［範造］ニ送布［ママ］ス（吉浦ニ渡ス

午後三時廿五分飯塚発ニ而出福

五月二十八日　日曜

午前八時頃伊藤傳氏［傳右衛門］相見ヘタリ

同時ニ堀氏相見へ、東京ニ而産業会社借リ入之件ニ付報告アリ、右ニ付興業銀行ニ借リ入方ヲ打合セリ、大分鉄道[5]測量ノ件、并ニ燁子夫人ノ件打合ス
九鉄・九水合併ニツキ和田氏より伝言ヲ伝ヘラレタリ
〔麻生〕五郎[6]、末広〔忠介〕[7]博士欧米視察ノ為メ海外旅行ニツキ、餞別ヲ持参、挨拶ニ出福ス
午後六時帰飯候ニ付表装紙并ニ幅物一幅本宅ニ送ル
久留米ノ〔狩野〕貞信[8]屏風注文ス

五月二十九日　月曜

午前八時三十八分博多駅発ニ而黒瀬同供、午後二時別府駅ニ着ス
堀内氏・九管[9]吉川課長・木村平右衛門[10]氏家族等同車ス

1　青柳＝青柳自動車商会（飯塚町宮ノ下）
2　烏尾峠＝飯塚町と田川郡後藤寺町を結ぶ田川郡糸田村と嘉穂郡頴田村間の峠
3　二日市＝地名、筑紫郡二日市町
4　武石理一＝元筑紫郡二日市町会議員
5　大分《だいぶ》鉄道＝大分軽便鉄道株式会社、一九一七年杉山茂丸の創意により中村定三郎等を発起人とした糟屋郡篠栗村と嘉穂郡桂川村を結ぶ鉄道計画、太吉発起人
6　麻生五郎＝太吉女婿、のち株式会社麻生商店取締役
7　末広忠介＝九州帝国大学工学部教授
8　狩野貞信＝江戸時代初期の画家
9　九管＝鉄道省門司鉄道局、元鉄道院九州鉄道管理局
10　木村平右衛門＝九州水力電気株式会社監査役

五月三十日　火曜

午後二時大分中尾〔義三郎〕[1]氏別荘ニ訪問、横溝〔万吉〕[2]氏ノ一件打合ス

田之湯[3]別荘ニ而梅谷氏ト種々打合ス、横溝氏ノ件モ内談ス

横溝君相見へ、一件ノ事情聞取、廉書ス

五月三十一日　水曜

山水園ニ伊藤〔傳右衛門〕君相見ヘタリ

田中徳次郎氏相見へ、合併ノ事ニ付種々懇談アリタリ

梅谷・村上〔巧児〕・今井ノ三氏、伊藤相見へ、昼食ヲナシ、午後四時帰ラル

六月一日　木曜

午前七時廿五分別府駅発ニ而帰途ニツク

松本健次郎氏ト大貞駅[4]迄同車ス、欧米視察ノ模様、并ニ聯合会ニ関スル件打合ス

吉田良春[5]氏ト折尾より同車ス

六月二日　金曜

瓜生〔長右衛門〕・麻生尚敬〔敏〕[6]・瓜生茂一郎ノ三氏相見へ、区持[7]買上ケ呉レ候様申入アリタリ

藤森町長相見へ、飯塚浦[8]ノ地所製鉄所より買収ノ相談申入アリ

野見山来リ、豆田坑区買入申入アリタリ

六月三日　土曜

武田〔星輝〕[9]土地掛リ来リ、別府地所顛末并ニ瓜生与九郎地所交換ノ件ニ付聞取、取扱方不注意ヲ責リタリ

久原[10]地所整理上ニ付上田〔穏敬〕・石川〔広成〕[11]来リ、方針打合、調査尚協定ノ事ヲ申談ス

六月九日　金曜

午前七時廿九分飯塚駅発ニ而別府ニ向ケ出発ス
飯塚駅より大里・麻尚〔麻生尚敏〕・木田〔貴田猷一カ〕[12]・足白[13]松岡、小竹駅より野見山・許斐氏等同車、折尾迄行キ乗替、小倉ニ而待合セ、
午後二時廿分別府駅着
停車場ニ而自働車ニ電話シ、約一時間余待合セ、山水園別荘ニ自働車ニ而行ク
直方本宅堀氏〔三太郎〕より電話アリ、九鉄・九水ノ訴訟[14]日延ノ件ナリ

1　中尾義三郎＝大分紡績株式会社取締役
2　横溝万吉＝大分紡績株式会社専務取締役
3　田之湯別荘＝麻生家別府別荘（大分県別府町田の湯）、元久保貢別荘五六庵
4　大貞駅＝豊州本線（大分県下毛郡大幡村）、のち東中津駅
5　吉田良春＝住友若松炭業所長、若松築港株式会社取締役、のち住友理事
6　麻生尚敏＝福岡県会議員、元飯塚町会議員
7　栢森区（飯塚町）共有地
8　飯塚浦＝地名、飯塚町
9　武田星輝＝株式会社麻生商店家事部
10　久原＝地名、佐賀県西松浦郡西山代村
11　石川広成＝株式会社麻生商店麻生病院、元久原鉱業所長心得
12　貴田猷一＝嘉穂郡会議員、元飯塚町収入役、元飯塚町助役
13　足白＝嘉穂郡足白村
14　九州水力電気株式会社が九州電灯鉄道株式会社に対し福岡市地下線敷設区域電気営業権の譲渡を要求して提起した訴訟

六月十日　土曜

一棚橋氏病気ニ付電話ニ而見舞タリ

一伊藤傳右衛門君相見へ、折柄梅谷・村上・今井ノ諸氏も相見へ、種々会社ノ件ニ付懇談、昼飯ヲナス、事業拡張ニ付調査書ヲ貰ヒタリ

一午後七時山下〔彬磨〕弁護士相見へ、九鉄訴訟一件ニ付原〔嘉道〕[1]氏ト打合ノ結果ヲ聞キ取リタリ

一産業会社中村武〔文〕夫君相見へ、手形裏書ノ相談アリ、承諾ス

六月十一日　日曜

堀氏ニ電話セシモ間ニ合兼、松丸〔勝太郎〕[2]ニ頼ミ、棚橋氏病気ヲ見舞タリ

梅谷・山下両人相見へ、九鉄訴訟延期ノ件打合セシモ、出来兼、本社ノ返電ヲ待チ返答スルコトニ協定ス

堀氏福岡別荘[3]ニ前段ノ意味電話ス

衛藤又三郎君相見へ、温泉鉄道[4]ノ件ニ付有志者集会ノ内談アり、昼食ヲナシ帰ラル

一植田〔和作〕主任、現今大分〔紡脱〕[5]績現場監督相見へタリ

六月十二日　月曜

麻生観八[6]・梅谷両氏相見へ、麻生氏ハ大分〔紡脱〕績解散手当処分案ノ件ニ付十三日九水営業所ニ而打合ノ件ヲ打合ス

棚橋氏相見へ、持田書記同供、決算ノ模様聞キ取タリ

嘉穂預金引出ニ付懇談アリ、野見山ニ電報して別府ニ呼ヒタリ

棚橋氏より本社ノ電信ニ延期相成兼タル旨申来リ、其旨堀氏ニ電話ス

一井上一郎ニ金弐十円遣ス（上海有坦路三三号ト名刺ニ記セシゴロツキナリ）

一須藤〔首藤三作〕[7]来リ、野口[8]所有地分割ノ相談ス

六月十三日　火曜

神沢又三郎〔市〕[9]・衛藤又三郎ノ両人、温泉鉄道再起シタキニ付尽力方相談シタシトノ意味懇談中、梅谷・麻観〔麻生観八〕ノ両氏自働車ニ而大分行ニ相見へ、咄ヲ打切リ、神沢氏ニ分カレ、梅谷・麻生観ノ両氏ト大分営業〔所脱〕ニ着ク

中尾・麻生〔観八〕両人ト打合、和田〔豊治〕氏ノ同意ヲ得而横溝氏ニ懇談スルコトニシ、梅谷君ニも内話、同意ヲ得タリ

十二時電車ニ而帰リタリ

六月十四日　水曜

川波〔川波半三郎〕・篠原〔孫六〕・麻惣〔麻生惣兵衛〕[10]ノ一行八名入湯中ニ而、山水園ニ而昼食ヲ出シ、野見山〔米吉〕君も相見へ、自働車ニ而宿所ニ送ル

棚橋氏ト電話ニ而嘉穂〔銀行〕ノ利子引下ケノ打合ヲナシ、前期決算ノモノ引下ケアルコトニ打合、約一銭六厘位

和田豊治氏ニ大分〔紡脱〕績解散手当分配案ノ件ニ付書留ニ而出状ス（別紙ニ分〔配脱〕案アリ）

1 原嘉道＝弁護士（東京）、のち枢密院議長、司法大臣
2 松丸勝太郎＝麻生家別荘山水園（大分県別府町）管理人
3 福岡別荘＝堀三太郎別荘（福岡市住吉町春吉）
4 温泉鉄道＝別府温泉回遊鉄道株式会社（未開業）、元別府温泉鉄道株式会社、太吉元大株主
5 大分紡績株式会社＝一九一二年設立（大分市）、太吉取締役、この年一月富士瓦斯紡績株式会社に合併
6 麻生観八＝大分紡績株式会社監査役、九州水力電気株式会社監査役、酒造業（大分県玖珠郡東飯田）、本巻解説参照
7 首藤三作＝麻生家田の湯別荘（別府町）管理人
8 野口＝地名、大分県速見郡別府町
9 神沢又市郎＝元大分県別府町会議員、のち別府市長
10 川波半三郎＝嘉穂銀行監査役　篠原孫六・麻生惣兵衛＝嘉穂銀行取締役

長野〔善五郎〕[1]社長ニも出状セシモ、宿所誤記ノ為メ配達不能ザリシ
野見山・花村〔徳右衛門〕[2]一同自働車ニ而野口ノ地所ヲ見而帰リタリ
境界不明ノ廉山番〔幸三郎〕ノ不法ノ行為ニ付責リタリ

六月十五日　木曜

自由通信〔社〕者伊藤浩逸、小久保喜七君[3]ノ紹介状ヲ持チ援助ノ相談ニ参リタリ
藤沢良吉[4]君来リ、湯〔温〕泉鉄道再起ノ件ニ付懇談アリタリ
田中〔千里〕[5]知事自働車ニ而相見へ、例之湯泉鉄道再起ノ件ニ付内談アリタ
石垣村長帆足〔蔵太〕[6]君相見へ、右鉄道ノ懇談アリ

六月十六日　金曜

山番幸三郎、断リナク境界ニ立会セシヲ断ニ参リタリ
衛藤又三郎君相見へ、湯泉鉄道再起ノ懇談アリ、又地元有志者一同会合スルコトヲモ咄サレシモ、田之湯館[7]ニ集会アリ、他日会合スルコトニシテ散会ノ電話アリタリ
降雨ス
本店[8]より上野〔美満〕[9]測量方ヲ呼ヒ、〔麻生〕彦三郎[10]も電話ニ而呼ヒ、土地整理上ニ関シ打合ス
吉浦〔勝熊〕ヲ電信ニ而呼ビタリ

六月十七日　土曜

衛藤又三郎君温泉鉄道ノ件ニ付懇談アリタ
田中知事ノ内意ヲ聞キ打合アリタリ
吉浦君来リタリ

亀川[11]土地満鉄会社[12]買入ニ付出別セシモ、既ニ満鉄ノ人ハ前日実地ヲ踏査セリ
野口所有地分割譲与ノ希望相談セリ

六月十八日　日曜

神沢又三〔市〕郎氏温泉鉄道再起ノ件ニ付地元有志者ノ会合ノ模様談話、及布設ノ希望申込アリ
中西四郎平[13]外三人相見へ、樋〔井脱〕川坑区[14]買収ノ申込アリ、調査ノ上返事スルコトニナシタリ、昼飯ヲナシ帰宅セラル、
上田ニ右調査ノコトヲ伝達ス

1 長野善五郎＝大分紡績株式会社長、九州水力電気株式会社取締役、二十三銀行頭取
2 花村徳右衛門＝太吉親族、株式会社麻生商店家事部
3 小久保喜七＝衆議院議員、のち貴族院議員
4 藤沢良吉＝元別府温泉鉄道株式会社（未開業）専務取締役、のち別府市会議員
5 田中千里＝大分県知事
6 帆足蔵太＝大分県速見郡石垣村長
7 田の湯館＝旅館（大分県別府町田の湯）、元松永万八別荘
8 本店＝株式会社麻生商店本店（飯塚町立岩）
9 上野美満＝株式会社麻生商店本店測量係
10 麻生彦三郎＝太吉親族、株式会社麻生商店測量係
11 亀川＝地名、大分県速見郡御越町
12 満鉄会社＝南満洲鉄道株式会社、一九〇六年設立（大連市）、太吉設立委員
13 中西四郎平＝太吉親族、坑区斡旋業、遠賀郡芦屋町会議員
14 樋井川坑区＝株式会社麻生商店所有坑区（早良郡樋井川村）

福原〔例〕君夫人〔鶴〕[1]ニ書留ニ而縫子〔麻生〕[2]上京許サザリシ理由ヲ書状ス
海軍大佐神代護次・大尉橋本愛次外一人相見ヘ、入湯帰宅アリタ

六月十九日　月曜

花村〔徳右衛門〕・上野〔美満〕・番人ト野口境界ニ臨ミタリ
吉浦午前九時ニ帰宅ス
須藤〔首藤三作〕・彦三郎両人大分県庁ニ行キ、県道ノ件并ニ引水埋管手順ニ付打合ス、上田君も来リ其ノ模様ヲ聞キ取タリ

六月二十日　火曜

大分商業銀行支店長藤井[3]・別府銀行支店長片山[4]・甲斐豊[5]ノ三氏相見ヘ、雨傘寄付ノ件懇談アリタリ
稲升安太郎も来リ
県道ノ実測ニ上野ハ行キタリ

六月二十一日　水曜

帆足〔蔵太〕村長〔石垣〕相見ヘ、朝日村[6]払下地ノ件ニ付相見ヘタリ、鉄道布設決定迄其侭ニナサル方得策ノ旨申向ケタリ

六月二十二日　木曜

午前七時廿九分別府駅発ニ而帰途ニツキ、太七郎〔麻生〕[7]方ニ見舞ニ行ク

六月二十三日　金曜

午前太七郎方ヲ見舞タリ
麻生屋ニ祝義[8]ニ行キ、太三郎〔麻生〕[9]就学ノ件打合ス
午後十二時半自働車ニ而家内ト一同浜ノ町ニ行ク
午後四時一方亭ニ安川〔敬一郎〕男ヲ訪問シ、尚友会[10]島津隼彦[11]氏推挙ノ懇談セシモ、先キニ黒田〔長和〕男之申込アリ、申込断リア

リタ
青木信光氏[12]ニ、安川男ニ申込ノ希望不能と打電ス
　六月二十四日　土曜
一午前十一時政友会支部ニ自働車ニ而行キ、森田〔正路〕・山内〔範造〕ノ両氏ヲ福村屋〔家〕ニ、又猪股〔猪俣為治〕[13]君も一同会食ス
一午後三時一方亭ニテ安川男ト会合ス、午後八時帰宅ス
　六月二十五日　日曜
浜ノ町滞在ノ筈ナリシモ大分電話不通ニ付、午後四時ヨリ自働車ニ而帰宅

1　福原鶴＝故麻生八郎妻縫妹
2　麻生縫＝太吉弟故麻生八郎妻
3　大分商業銀行＝一九二〇年設立（大分市）
4　別府銀行＝一八九七年設立（大分県別府町）
5　甲斐豊＝呉服太物商（大分県別府町）、元大分県北海部郡会議員
6　朝日村＝大分県速見郡
7　麻生太七郎＝太吉四男、のち株式会社麻生商店監査役
8　太吉弟麻生太七再婚
9　麻生太三郎＝太吉甥、のち麻生産業株式会社専務取締役
10　尚友会＝貴族院院内会派研究会の選挙組織、一八九二年結成
11　島津隼彦＝元貴族院議員
12　青木信光＝貴族院議員
13　猪俣為治＝福岡日日新聞副社長

野田勢次郎[1]君相見へ、大森新築并ニ人吉石灰山[2]買収ニ付打合、其他ニハ大分越電車[3]ノ測量ノ件打合ス

六月二十六日　月曜

午前在宅、書類整理ス

六月二十七日　火曜

午前在宿

午後飯塚浦地所并ニ油田[4]付近ノ地況ヲ視察ス

〔麻生〕邦郎君仏参アリ

六月二十八日　水曜

午前藤森町長・警察署長〔山田小一郎〕[5]相見ヘタリ、藤森氏ハ製鉄所入用ノ土地ノ件ナリ

午後一時本店ニ出務、飯塚浦土地ニツキ製鉄所ニ売渡可キ区域ヲ調査シ決定、其旨藤森氏ニ返事スルコトヲ打合ス

午後六時、新築起工ノ式[6]ヲナス為メ、大工一同ニ進族〔親〕ノ向ニ臨席ヲ乞タリ

六月二十九日　木曜

午前八時自働車ニ而出福

〔九州産業鉄道〕産業会社重役会ニ出席

六月三十日　金曜

安河内〔麻吉〕知事ニ県庁ニ而面会、飯塚警察署ニ警視設立ノ懇談、同意アリシモ、何時より実行カ兼而内務省ニ進達アリ由ナリ、産業会社重役撰定ニ付人物ノ聞キ合セヲナシタリ

堀氏相見へ、産業会社ノ打合、又伊藤君〔傳右衛門〕之件ニ付懇談アリタリ

一方亭ニ於テ中根〔寿〕[7]・堀氏ト会合シ、晩食ヲナス

七月一日　土曜

工学生森早苗君相見ヘ、大分越電車測量ニツキ打合ス、来十日頃上京ノ由ナリ

堀氏より電話アリ、産業鉄道ノ方ハ暫時只今之侭ニ而凌キ呉レ候様トノ事ナリシ、同意ス

午後一時自働車（飯塚より迎ヒ来リタリ）ニ而帰宅ス

七月二日　日曜

藤森町長・木村〔順太郎〕・和田〔和田六太郎〕屋・瓜生〔長右衛門〕ノ四名相見ヘ、家庭〔政〕女学校[8]建築ノ件ニ付打合、午後再会ノ事ニ打合（君嶋〔八郎〕[9]博士相見候為メ帰宅アリタ）

梅谷氏ニ電話セシモ帰宅ナカリシ

横溝〔万吉〕氏ニ打電ス

1　野田勢次郎＝株式会社麻生商店常務取締役、のち専務取締役
2　人吉＝地名、熊本県球磨郡人吉町、人吉石灰山は球磨郡一勝地村石灰坑区カ
3　大分越電車＝大分《だいぶ》軽便鉄道、糟屋郡篠栗村と嘉穂郡桂川村を結ぶ鉄道計画
4　油田＝地名、飯塚町飯塚
5　山田小一郎＝飯塚警察署長
6　第一新宅手斧始
7　中根寿＝元貝島鉱業株式会社取締役
8　家政女学校＝飯塚家政女学校（飯塚町吉原町）、この年三月創立、四月開校、校長大里広次郎
9　君島八郎＝九州帝国大学工学部教授

七月三日　月曜

午後十二時四十分飯塚駅発ニ而別府ニ向ケ辰子〔麻生〕[1]召連行ク
飯塚駅より幸太郎〔木村〕[2]君折尾迄同車ス
午後六時別府ニ着、直チニ自働車ニ而山水園ニ着ス

七月四日　火曜

廿三銀行[3]階上ニ而長野〔善五郎〕・中尾〔義三郎〕両氏ト打合セ、来ル六日元重役会[4]ヲ開キ進行ノ事ニ打合ス
共楽亭[5]ニテ長野氏より昼食ノ饗応アリリ〔ママ〕、電車ニ而帰リタリ
伊藤別荘[6]ニ立寄懇話ス、堀君より咄ノ燁子〔伊藤〕夫人ノ件及産業会社ノ件ナリ

七月五日　水曜

長野善五郎君相見へ、横溝ニ対スル打合ヲナシ、宿所等ノコトヲ明瞭ニシテ帰宅アリタ
伊藤傳右衛門君・一方亭ノ主婦モ来リ、晩食ヲナス
堀氏ニ電話セシモ不通ナリ

七月六日　木曜

廿三銀行階上ニ而元大分〔紡績〕重役会ヲ開キ、解散慰労金分配方法ヲ協定シ（決議録成リ調印ス）、共楽亭ニ而昼食ヲナシ電車ニ而帰宅
別府停留所より自働車ニ而麻生観八・中里〔丈太郎〕ノ両氏ヲ送リ、帰宅ス
午後七時伊藤別荘ヲ伺ヒ、午後九時帰ル

七月七日　金曜

麻生観八氏相見へ、二宮某より借リ入ノ相談アリタ

又九水八十一年十二月惣会ニ増資ヲ決定、四月ノ現株ニ割宛、六月二十二円五十銭ヲ払入ル内定ノ由和田〔豊治〕氏より聞キ、内話アリタ、資本金三千八百四十万円ヲ四千円増資シ、一株ノ外ハ重役・職員ニ分与スル内意アル由ナリ
松田源治[7]氏相見へ、又大分〔県脱〕知事モ松田君迎ニ自働車ニ而相見ヘタリ
棚橋君より、燁子出産ノ件ニ付先キニ堀氏ニ頼ミ置キタルモ、尚尽力スル様依頼候由電話アリタリ

七月八日　土曜

村上巧児・麻生観八ノ両氏相見ヘタリ
小野寺〔直助〕一行相見へ、晩食ヲ響〔饗〕シタリ（自働車ニ而送迎セリ）
藤原〔兵六〕[8]警察署長代堤真一外二人相見へ、尚武会ノ寄付相談アリ、百円寄付ス
川口譲〔ママ〕涛君ニ金三十円遣ス、大分共進会[9]ノ編集ニ従事シ、外ニ百円ハ前以渡セリ
麻生屋より電話アリシモ、十二、三日頃用件片付帰宅シ、又用向急ナルトキハ一泊掛ケニ帰宅ノ旨出状ス

1　麻生辰子＝太吉孫
2　木村幸太郎＝麻生太七女婿、森崎屋（飯塚町）
3　二十三銀行＝一八七七年設立（大分市）、頭取長野善五郎
4　元重役会＝元大分紡績株式会社重役会
5　共楽亭＝料亭（大分市北新地）
6　伊藤別荘＝伊藤傳右衛門家別荘（別府町）、別名銅御殿、のち海軍水交社に献納
7　松田源治＝衆議院議員、のち拓務大臣、文部大臣
8　藤原兵六＝大分県別府警察署長
9　大分共進会＝第十四回九州沖縄八県聯合共進会、前年六月大分県庁を主会場に開催

七月九日　日曜

横溝氏ニ電信ス
長野氏ニ横溝氏より来リタル通帳ヲ為持遣ス
又交際費ニ取替金有之旨通知アリ、其旨ヲモ長野氏ニ通知ス
横溝氏ニ交際費取替アラバ急キ通告ノ電信ヲ発ス
棚橋氏ヲ訪問ス
長野善五郎氏・御徳正行寺[1]住職相見ヘタリ
松田源治氏ヲ別府駅出発ニ付見送リタリ

七月十日　月曜

長野氏ニ横溝氏ノ電報封込送布〔ママ〕及電話ス
中山〔旅館〕主婦・馬関山口館主婦来リ、昼食ス

七月十一日　火曜

速見郡長〔羽田野正〕并ニ衛藤又三郎氏相見ヘ、鉄道問題[2]ニ付懇談アリタ
　地元ニ而大体必要トスルカノ事ヲ決定シ、次ニ資金ニ移ル順序ノ方宜カラント具体的ニ申向ケ置キタリ
午後七時小野寺博士〔直助〕相見ヘ、家内并ニいめ〔水富ウメ〕[3]ノ診察ヲ乞、晩食ヲ響〔饗〕シ、帰宅アリタ（迎送トモ自働車）

七月十二日　水曜

山林実地踏査ス
カホキンコウ〔嘉穂銀行〕ニ電報ス
森早苗氏ニ十三日午後一時会合ノ打電ス

金百円、いめ療養費ニ遣ス

七月十三日　木曜

午前七時別府駅発ニ而福岡ニ向ケ、浜ノ町ニ着ス（十二時四十分自働車）

小倉より古賀春三〔一カ〕[4]氏、折尾駅より吉原学士〔政道カ〕[5]（元安川坑山[6]従事、現在本田某〔一郎祐〕[7]ノ雇人トナレリ）

野田勢次郎君折尾駅より浜ノ町迄同供、商店ノ事ニ付打合、及大分越鉄道ノ打合ス

古賀・吉原ノ両人ト筑後炭田ノ件ニ付懇話ス

午後五時伊藤氏宅ニ而燁子夫人ノ件ニ関シ懇談ス

七時より一方亭ニ行キ打合ス

七月十四日　金曜

産業会社〔九州産業鉄道〕ノ件ニ付一方亭ニ伊藤・堀ノ三氏ト集会打合セ、結果、田中徳次郎君[8]ノ意見ヲ聞キ其上ニ而整理ノ事ニ打合ス、晩食して午後九時帰宅

1　正行寺＝浄土真宗本願寺派寺院（鞍手郡勝野村御徳）
2　別府温泉廻遊鉄道敷設問題
3　永富ウメ＝太吉長姉（嘉穂郡稲築村口春）
4　古賀春一＝大日本炭礦株式会社（一九一六年設立、東京市）会長、元古賀炭鉱合資会社長
5　吉原政道＝炭鉱技術者、元官営三池鉱山、元牟田部炭鉱経営者
6　安川坑山＝明治鉱業
7　本田一郎祐＝第一上目尾炭坑（嘉穂郡幸袋町）経営者
8　田中徳次郎＝九州産業鉄道株式会社長、東邦電力株式会社専務取締役

七月十五日　土曜
麻生屋より電話アリ、十六日帰宅ノ懇談セシニ付、午後帰宅ヲ承諾ス
午後六時半小野寺博士浜ノ町ニ相見へ、晩食ヲ饗応ス
七月十六日　日曜
午前六時博多駅急行ニ而下ノ関ニ行キ、典太《[麻生]》一行ヲ迎ニ行キ、辰子《[麻生]》小倉より同車、浜ノ町ニ帰戻ス
七月十七日　月曜
午前六時二十二分ニ而博多駅発、帰宅ス
中西《[四郎平]》・麻生屋両人相見へ、森崎屋[1]ノ件ニ付打合ス
久保《[猪之吉]》[2]博士、口春姉[3]ノ診察ヲ乞、手術ヲシテ、午後十一時半自働車ニ而帰福アリタ
七月十八日　火曜
麻生屋及中西ノ両人相見へ、森崎屋ノ事ニツキ打合セ、法律上ニツキ研究ノ必要アリ、十九日出福ノ事ニ打合ス
銀行《[倉智伊之助]》支配人[4]来リ、行務上ニ付打合ス、貯蓄《[嘉穂]》銀行[5]重役報洲《[酬]》ノ件ナリシ
七月十九日　水曜
在宅
七月二十日　木曜
午前八時木村《[森崎屋]》氏邸ニ行キ、同家整理方ニ付親族一同ト打合ス
十一時半より嘉穂銀行重役会・博済会社[6]物会ニ出席、午後四時再ヒ木村家ニ立寄、整理方打合ス
藤森町長靏三緒[7]所有地土取場承諾之義申込アリ、福間久一郎[8]ニ談シ相当調査ノ上返答方托シ置キタリ

七月二十一日　金曜

和田〔豊治〕氏ニ書留ニ而煒子婦人ノ件ニ付出状ス

七月二十二日　土曜

在宿

七月二十三日　日曜

午前九時嘉穂銀行惣会ニ出席

松月ニ而昼食後午後四時帰宅

七月二十四日　月曜

野見山〔米吉〕相見へ、若松支店[9]ノ不始末并ニ現状ノ役員待遇ニ付異見ヲ聞キ取タリ

産業会社中村武文君相見へ、将来方針ニ付社長・専務ノ異見ヲ発表セラレ候様申談シタリ

1　森崎屋＝木村順太郎、株式会社麻生商店監査役、酒造業（飯塚町本町）、飯塚町会議員
2　久保猪之吉＝九州帝国大学医学部教授
3　口春＝地名、嘉穂郡稲築村、太吉姉永冨ウメ家所在地
4　倉智伊之助＝嘉穂銀行本店支配人
5　嘉穂貯蓄銀行＝貯蓄銀行法制定により一九二〇年十一月設立（飯塚町）、太吉頭取
6　博済会社＝博済無尽株式会社（飯塚町）、太吉社長、博済貯金株式会社として一九一三年設立（嘉穂郡大隈町）、一九一四年改称
7　靍三緒＝地名、飯塚町下三緒
8　福間久一郎＝株式会社麻生商店本店庶務部
9　若松支店＝株式会社麻生商店若松支店（若松市海岸通）

小野〔英二郎〕[1]副惣裁・秘書官古市氏ノ両人ニ出状ス
東□屋〔安田憲太郎〕[2]ト酒屋[3]ト挨拶ニ見ヘタリ
午後十一時間宮〔英宗〕禅師相見ヘ、二曲ノ口演アリタ

七月二十五日　火曜

午前九時自働車ニ而、間宮禅師ヲ岩崎[4]農業組合ノ催シニ係ル口演ヲ乞為メ、同禅師ニ同車ス
午後三時二十分飯塚駅発ニ而帰寺セラレタリ
麻生屋・中西ノ両氏相見ヘ、森崎屋ノ整理之件ニ付打合ス

七月二十六日　水曜

午前十二時、先年無実ノ罪名[5]ヲ蒙リ、満期トナリ、慰労ノ為メ招待ス

七月二十七日　木曜

在宿
典太一行別府行キ
食堂ノ取崩ヲ指図ス

七月二十八日　金曜

森崎屋ニ而同家ノ整理ノ方法ヲ設ケ、同家ニ而駒山〔伴蔵〕[6]・麻生屋・中西ノ三氏立会、孝太郎〔木村幸太郎〕兄弟及御家族ニモ親シク順序ヲ懇談ス
昼飯ハ渡辺〔皐築〕・臼杵弥七[7]・麻生屋・中西等ニテナシ、森崎屋ノ草案ヲ製ス
午後三時半より自働車ニ而出福ス
午後五時一方亭ニ行キタリ

七月二十九日　土曜

浜ノ町滞在

午後二時一方亭ニテ産業会社ノ件打合ス、堀・伊藤ノ両氏ト一同ナリ、中村[武文]帰県ノ上ニ而取計フニセリ

七月三十日　日曜

浜ノ町ニ而黒瀬[元吉]立会、漆器師等打合セタリ

午後四時半自働車ニ而帰宅（飯塚自働車、青木[柳カ]迎ニ来リタリ）

名和[朴][8]警務課長相見ヘタリ

七月三十一日　月曜

手勘定ヲナシタリ、六月三十日弐百円黒瀬買物代仕払セシ分、其侭トナリ居レリ、其ノ分及四百十五円黒瀬へ相渡候分等、合計七百七十八円ヲ銀行預ケトシ、此外二千円モ同様吉浦ニ渡シ預ケ入ナサシム

午後十二時四十分ニ而別府ニ向ケ出発ス、午後六時四十分別[府脱]駅着（自働車ニ而典太ト同車、山水園ニ着ク）中山旅

1　小野英二郎＝日本興業銀行副総裁、のち総裁、元日本銀行
2　安田憲太郎＝筑豊劇場（栄座、飯塚町西町）経営者
3　酒屋＝麻生惣兵衛、株式会社飯塚栄座取締役、嘉穂銀行取締役、元飯塚町会議員
4　岩崎＝地名、嘉穂郡稲築村
5　一九一七年麻生商店長野見山米吉外四名九州鉄道管理局員に対する汚職嫌疑で起訴
6　駒山伴蔵＝中島鉱業株式会社取締役、旅館綿惣（飯塚町）経営者、飯塚町会議員
7　臼杵弥七＝株式会社麻生商店芳雄製工所
8　名和朴＝この年六月まで飯塚警察署長、のち田川郡後藤寺町長

館ニ行キ一泊ス
小倉より曽根駅[1]迄中村［清造］代議士ト同車ス

八月一日　火曜

山水園滞在
安川男爵ニ営［ママ］養研究書返付ス（書留）
麻生観八氏より二日出別ノ打電アリ、返電ス
村上［巧児］取締役ニ麻生観八氏ノ二日出分ノ電話ス

八月二日　水曜

電車ニ而大分営業所ニ行キ、九水会社ノ営業予算ニ付調査ノ凡例成案協定ス（棚橋氏ハ病気、九洲重役不残出席ナリ）、昼食ヲナス
午後四時半自働車ニ而帰宅

八月三日　木曜

午前七時廿九分別府駅発ニ而帰途ニツク
久原・大久保・別府ノ神沢［又市郎］・事務官柳井［義男］[2]氏等同車ス
折尾駅より野見山・渡辺両君ト同車、帰宅ス
三菱ノ村上［伸雄］[3]君小倉より折尾迄同車ス
麻生観八氏ニ出状ス

八月四日　金曜

麻生屋相見へ、森崎屋整理ノ問題ニツキ金八百円貸渡ノ懇談アリ、承諾ス

野田〔勢次郎〕君相見へ、廃川地問題[4]内務省ノ不法処分ノ報告アリタ、尚続而岡松〔直〕[5]ヲ呼ヒ事情相確カメタリ
午後二時半より自働車ニ而福岡ニ行キ、浜ノ町ニ着ス
八月五日　土曜

伊藤〔伊東喜八郎〕[6]内務部長訪問、廃川問題ニ付内務省不当手続ニ付懇談ス
午後一時県庁ニ行キ、古賀属ニ面会、詳細手順ヲ聞キ取タリ

八月六日　日曜

午前六時博多駅発ニ而太賀吉迎ニ下ノ関ニ行キタリ
渡辺〔皐築〕君帰県ニ付面会ス
川卯ニ而昼食ヲナシ、津屋崎[7]ニ一行ヲ見送リ、午後六時浜ノ町ニ帰ル

八月七日　月曜

知事官舎ニ訪問、廃川問題内務省ノ不法ノ手順ヲ申入タリ

1　曽根駅＝豊州本線（企救郡曽根村）、のち下曽根駅
2　柳井義男＝大分県理事官カ
3　村上伸雄＝三菱鉱業株式会社鯰田炭礦長、この年十月転出
4　飯塚川埋立（翌年着工）による廃川埋立地払下問題
5　岡松直＝株式会社麻生商店本店庶務部
6　伊東喜八郎＝福岡県内務部長
7　津屋崎＝麻生家別荘（宗像郡津屋崎町渡）

午後県庁ニ再訪セシニ、西大寺〔吉光〕[1]子爵出福中ニ而面会、同爵ハ四時ニ而帰京アリ
知事ハ一任ノ得策ナルコトヲ懇談アリタリ
岡松ヲ二瀬川[2]須藤[3]ノ処ニ遣ス

八月八日　火曜

政友会森田〔正路〕氏ヲ訪問、廃川問題ニ付懇談ス、又庄野〔金十郎〕[4]氏ニモ打合ヲ乞タリ
野見山・野田両人ヲ呼ヒ、廃川問題ニ付知事ノ厚意ニ一任ノ件ニ付打合ス
須藤・浦田両氏ト大分越鉄道予算ニ付打合ス（昼喰ヲナス）

八月九日　水曜

進藤喜平太[5]氏献納ノ件ニ付懇談アリタ
石橋〔愛太郎〕[6]助役外三人相見へ、耕地整理組合ヲ代表シ挨拶アリタ
午後四時一方亭ニ行キ、堀氏ト会合ス

八月十日　木曜

川原茂輔[7]氏北九洲鉄道[8]ヲ九水合併ノ問題内話アリタ
県庁ニ行キ、伊藤〔東〕内務部長・五月女課長ニ面会、廃川地問題知事ノ厚意ニ一任スルコトヲ申向ケ、将来解決ヲ申入タリ
石橋〔卯之吉〕駒〔狛〕犬受負人来リタリ

八月十一日　金曜

西田先生ト面談ス
午後五時より一方亭ニ行キ、安川男ト会談ス

森崎屋謙三郎〔木村〕[9]家族ノ件ニ付、藤田次吉・中西四郎平・麻生屋三人会合
　借リ入金約千五百円ハ一時本家より取替ルコト
　生活費一ケ年約壱千三百円ノ半額ヲ出金シ、半額ハ森崎屋より出金セラル、コト
午後二時より自働車ニ而、浜ノ町ニ四時着ス
須藤技手出福、大分越鉄道予算十三日ニ三井君〔米松カ〕[10]一同会合ニ約ス
大分営業所ニ三井君出福ヲ電話相談ス

　八月十二日　土曜

午前十一時一方亭ニ行キ、安川翁〔敬一郎〕ト会合ス
博多焼物会社[11]株申込ノ内談アリ、承諾ス

1　西大路吉光＝貴族院議員
2　二瀬川＝地名、糟屋郡篠栗村
3　須藤＝大分軽便鉄道株式会社技手
4　庄野金十郎＝福岡日日新聞社長、弁護士
5　進藤喜平太＝玄洋社長、元衆議院議員
6　石橋愛太郎＝福岡市助役
7　川原茂輔＝衆議院議員、元佐賀県会議員
8　北九州鉄道＝博多・東唐津間の鉄道（一九一六年出願、一九二五年佐賀県虹の松原・福岡県姪の浜間開通）
9　木村謙三郎＝麻生太七女婿、株式会社麻生商店商務部、元嘉穂銀行
10　三井米松＝福岡鉱務署長
11　博多焼物会社＝博多陶磁器株式会社（福岡市中奥堂町）、この年十二月設立

午後八時半帰ル

八月十三日　日曜

浜ノ町滞在

一山水園花村〔徳右衛門〕より電話、県道布設ノ時ハ何等交渉ノコトナシトノ事ナリ

一外務省ニ、十五日ニハ間ニ合不申モ近日上京ノ旨打電ス

一三井・須藤両氏相見へ、大分鉄道ノ予算書ヲ調成ス

一午後四時自働車ニ而帰宅ス

八月二十四日　木曜

午前九時口春ニ仏参[1]、午後八時過キ帰宅ス

川嶋〔淵明〕[2]郡長相見へ、寄付ノ懇談アリタ

八月二十五日　金曜

午前九時口春ニ行キ姉ノ葬儀ニ列ス

八月二十六日　土曜

一中村武夫〔文〕氏相見ヘタリ、廿九日重役会ノ打合ス

一藤森町長相見へ、水道ノ件ニ付懇談アリ、注意ス

一午後一時半自働車ニ而出福ス、本店より須藤・岡松両君ト同車ス（二瀬川迄同車、大分鉄道跡始打〔末〕打合ス）

一午後五時半県庁ニ而知事ニ面会、廃川下付問題方針一変セシコトヲ聞キ取タリ

八月二十七日　日曜

午前七時浜ノ町より自働車ニ而帰宅ス（飯塚より迎ノ自働車）

一野田・野見山両君相見へ、廃川地処分問題ニツキ県庁ノ方針一変セシニ付、内務省ニ電信ニ而相願タリ

八月二十八日　月曜

食堂仕上済[3]ニ付開宴ス

八月二十九日　火曜

在宅

午後二時家政女学校ノ件ニ付町長ノ電話ニ而町役場ニ出頭セシモ、従来ノ手続不充分ニ而明瞭ナラザルコトヲ発見ス、右ニ付一先ツ交渉ヲ中止ス

八月三十日　水曜

在宿

大分鉄道一段落片付タルニ付、浦田〔勇太郎〕氏ニ電話、又村上〔巧児〕氏へ出状ス

八月三十一日　木曜

午前在宅

拝賀式[4]ヲナス

午前十一時三十分飯塚駅発ニ而出福（産業会社ノ件堀氏より電話ニツキ）

1　太吉姉永富ウメ（嘉穂郡稲築村口春）八月二十三日死去
2　川島淵明＝嘉穂郡長、翌年鞍手郡長
3　麻生本家食堂寄木張仕上完成
4　拝賀式＝大正天皇天長節

金三十円　吉浦より受取、黒瀬ノ銅器代ノ分

九月一日　金曜

浜ノ町滞在

九月二日　土曜

午前十一時帰宿

九月三日　日曜

藤田次吉・中西四郎平相見へ、木村謙三郎ノ身上ニ付協義ヲナシ、寺ノ下[1]ノ居宅ニ居住スルコトニセリ

九月四日　月曜

旧盆祭ニ而在宿

九月五日　火曜

旧盆ニ而在宅

九月六日　水曜

藤森町長并ニ田中保蔵[2]相見へ、家政学校ノ件打合、書面ヲ調成、田中ニ一任ス

九月七日　木曜

福間久市[3]翁ノ墓参ス

在宿

廃川地ノ件ニ付県庁ニ出頭、内務省上伸之件聞合ノ為メ岡松ニ申談ス

九月八日　金曜

在宿

九月九日　土曜

廃川地ノ件ニ付山口〔恒太郎〕[4]・吉原〔正隆〕ノ両氏ニ出状ス

九月十日　日曜

午前十二時飯塚駅発ニ而別府ニ向ケ出発ス

午後六時四十分別府駅着、自働車ニ而山水園ニ着ス

九月十一日　月曜

午前十一時人力ニ而電車乗場ニ行キ、電車ニ而営業所ニ行キ協義会〔ママ〕ニ列ス、其ノ結果相談役〔和田豊治〕ニ回答ス

午後五時半梅谷・麻観〔麻生観八〕・渡辺〔綱三郎〕[5]ノ三氏ト電車ニ而帰別ス

別府電車停留所より自働車ニ而渡辺・梅谷両氏ヲ送リ帰リタリ

九月十二日　火曜

別府郵便局長ニ長離〔距離〕里ノ電話申込、金十円予納ス

九月十三日　水曜

堀氏ニ電話シ、東京ニ而廃川問題并ニ産鉄[6]補助ノ件相頼ミタリ

1　寺ノ下＝地名、嘉穂郡穂波村楽市カ
2　田中保蔵＝飯塚報知新聞（一九一四年創刊、飯塚町）社主
3　福間久市＝元嘉穂郡笠松村会議員、元飯塚町会議員
4　山口恒太郎＝この年六月より東邦電力株式会社取締役、元九州電灯鉄道株式会社取締役、元衆議院議員、のち衆議院議員
5　麻生観八・渡辺綱三郎＝九州水力電気株式会社監査役
6　産鉄＝九州産業鉄道株式会社（田川郡後藤寺町）、一九一九年設立、太吉取締役、この年十月社長

梅谷・渡辺両氏相見へ、博多現在ノ築港臨時船入場計画ニツキ内談アリ、取調ナスニ同意ス
速見郡々長〔羽田野正〕・衛藤又三郎ノ両氏相見へ、郡長ハ公式ニ温泉鉄道布設ニ関シ尽力ノ件申入アリ、九水会社ニ援助ノ申入アル様申向ケタリ

九月十四日　木曜

一大分セメン〔ママ〕[1]増株申込曽木〔晋〕[2]氏より電話ニ而懇談、取引上ノ関係ニ而内諾ス（千五百株）
須〔首〕藤三作来リ、地元ノ条例ニ而組合ノ縁故ニ而内談アリ、金十円補助ス
大民社[3]員二人来リ、金十五円遣ス
堀氏東京旅宿ニ留置キノ書留書状ヲ出ス

九月十五日　金曜

野見山ニ大分セメン〔ト脱〕増株、取引上ノ関係ニ而千五百株申込ノ書状ス
別府滞在

九月十六日　土曜

午後三時四十分別府駅発ニ而帰途ニツキ、八時四十八分飯塚駅着ニ而帰宅ス

九月十七日　日曜

野田勢次郎・麻生義ノ介ト別府軽〔経〕営ニ付打合ス
川〔十〕[4]田君ヲ呼ヒ、別府軽営ニ付打合、同人舎弟〔川田紀夫〕[5]ヲ出張ノ件打合ス
麻生屋・中西ノ両氏相見へ、木村孝〔幸〕太郎君ノ件ニ付別家生活ノ打合ヲナシタリ

九月十八日　月曜

野見山米吉相見へ打合ス

中西・麻生屋両人相見へ、木村孝太郎氏ノ別家問題協義ノ末、本人考案時間ヲ与へ呉レトノ事ニ而、甚疑敷ニ至レリ

別府軽営ニ付川田《〔十〕》君ノ方適任ナリト野見山ノ異見ニ而、川田君ニ承諾ノ内談ス

九月十九日　火曜

午後三時廿分飯塚駅発ニ而別府ニ向ケ行キタリ、伊田[6]廻リ

直方駅より金田駅[7]迄三菱村松《〔ママ〕》氏ト同車ス

中西・麻生屋、木村孝《〔幸〕》太郎君ノ別家ハ断然中止、本人ニ一家生活ニ付厳重申談セリ（木村順太郎氏モ相見ヘタリ）

九月二十日　水曜

帆足蔵太氏及須藤《〔首藤三作〕》来リ、貸金片付ノ相談アリ、承諾ス（別記アリ）

一所有地界境《〔ママ〕》ニ臨ミ、観海寺[8]ニ行キタリ

1　大分セメント株式会社＝一九一八年設立（大分市）、社長小野駿一
2　曽木晋＝大分セメント株式会社取締役支配人、元大分紡績株式会社事務長
3　大民社＝国士舘の前身、一九一三年設立（東京市麻布笄町）
4　川田十＝株式会社麻生商店山内農場主任、この月より療養を兼ね別府山水園管理責任者、のち麻生別府農園（別府町南立石）主任
5　川田紀夫＝川田十弟、この年より株式会社麻生商店山内農場主任
6　伊田＝地名、田川郡伊田町
7　金田駅＝伊田線（田川郡金田町）
8　観海寺＝地名、大分県速見郡石垣村

九月二十一日　木曜

棚橋・村上・梅谷ノ三氏相見へ、送電[九州]会社[1]ノ件ニツキ打合、和田[豊治]委員長ニ電信ヲ発ス（別記アリ）

九月二十二日　金曜

須[首]藤・麻彦[麻生彦三郎]外一人相見へ、屋敷上ノ松屋田地買入ノ約ヲナス、別記ス

一梅谷君相見へ、会社ノ事情申入アリタリ

九月二十三日　土曜

田中[千里]大分県知事相見へ、温泉鉄道布設ノ件ニ付申向ケアリタリ

衛藤又三郎君ニ電話シ、廿四日来訪ヲ約ス

　金壱百円　川田君ニ渡ス

　同壱百円　おいし[江崎カ][2]渡ス

九月二十四日　日曜

渡辺阜築君ト電灯会社合併ノ打合ヲナス

江[衛]藤又三郎君相見へ、温鉄ノ件ニ付打合ス

大分セメン曽木支配人相見へ、同社ノ配当率ノ異条[常]ナキ旨ノ証言アリタリ

堀氏ニ電話シ、廿五日福岡ニ而会見ノ打合ヲナス

九月二十五日　月曜

午前七時廿九分別府駅発ニ而福岡浜ノ町ニ向ケ出発ス

小倉駅より長崎控訴院手塚[太郎]院長・犬塚三郎、折尾駅より福岡才判所々長ト同車ス

福岡駅より直チニ自働車ニ而浜ノ町ニ行ク

午後二時堀氏相見へ、上京ノ用向ノ模様聞キ取リタリ、又中村武文君ヲ聞合セ、重役会《九州産業鉄道》ノ開催ノコトヲ打合ス
午後四時より一方亭ニ行キ、午後八時過キ帰ル

九月二十六日　火曜
午前十二時中村武夫《文》君相見へ、産鉄《九州産業鉄道》ノ打合ヲナシ、堀氏モ相見へ、伊藤君ニ電信シ廿九日帰県ノ返電アリ、廿九日重役会ノ電報ス（中村武文君ニ）
午後三時自働車ニ而安川・堀ノ両氏ト一方亭ニ行キ会合ス

九月二十七日　水曜
午前九時自働車ニ而浜ノ町より帰宅ス（白行《雪》屋自働車）
書類整理ス

九月二十八日　木曜
嶋田氏《吉右衛門》[3]不幸ニ付悔ミニ行ク

九月二十九日　金曜
午前十一時半（自働車）出福
一方亭ニ産業会社《九州産業鉄道》重役会ニ列ス、田中《徳次郎》・中村《武文》ノ両氏より社長・専務ノ辞任ノ申出アリ、更ニ開会スルコトニナリタ

1　九州送電株式会社＝宮崎県五ケ瀬川水力開発のために九州水力電気・九州電灯鉄道（東邦）・住友・電気化学・九州電気軌道によって計画された共同会社、九州電気軌道を除く四社によって一九二五年設立
2　江崎いし＝お石茶屋経営（太宰府天満宮境内）
3　島田吉右衛門＝肥料商（飯塚町本町）、吉右衛門妻死去

九月三十日　土曜

浜ノ町在宅

十月一日　日曜

棚橋氏ヲ訪問シ、停電問題ニツキ打合

午後一方亭ニ行キタリ

十月二日　月曜

内〔務脱〕部長伊藤〔伊東喜八郎〕氏訪問ス[1]

一方亭ニ而産業会社重役会ニ列ス、社長辞任ニ付跡引受ケタリ[2]

十月三日　火曜

午前八時半自働車ニ而浜ノ町より自働車ニ而八木山越[3]ニ而帰宅シ、午後三時廿九分飯塚駅発ニ而上京ノ途ニツク

十月十三日　金曜

浜ノ町別荘滞在

午前〇〔時脱〕三拾分博多駅ニ上京より帰着、自働車ニ而浜ノ町ニ着ス

午前九時森田正路君相見へ、高橋〔是清〕前物理大臣一行招待ニ付懇談ス

堀氏相見ヘタリ

博多駅ニ高橋前物理大臣一行見送ニ行キ、十五日ノ招待ノ挨拶ヲ尚ナセリ

栄屋[4]野田〔卯太郎〕前逓相訪問シ、常盤館[5]ニ会場トシ五十五人ノ予定ニ而直チニ電話注文ス

東公園一方亭ニ行キ、安川・伊藤・堀ノ三氏ト会合、十五日朝八時半松本〔健次郎〕氏別荘ニ而会合ヲ打合ス

午後八時半人力車ニ而帰ル

十月十四日　土曜

熊本政友会支部ニ祝電ス[6]
森田氏ノ来客ノ打電ニ対シ返電ス
午後一時より自働車ニ而本宅ニ帰リ、午後六時半浜ノ町ニ引返ス
本宅ニ而産業会社ノ件調査ノ模様聞取、事務上ニツキ打合ス
伊吹政次郎君来リ、常盤館ニ而招待ノ打合ヲナス

十月十五日　日曜

午前八時半松本別荘ニ而、牧野子爵〔忠篤〕より蜜談ノ燁子私生子ノ件ニ付、松本・堀両氏ト安川男ト立会、伊藤〔傳右衛門〕ハ秀三郎〔伊藤〕[7]・金次〔伊藤〕[8]ノ両君相連レ、数刻ニ渡リ懇談セシモ、決局〔ママ〕手段ナキ旨答伸スルコトニ決ス
十二時半高橋前首相一行ヲ迎ニ博多駅ニ行キ、常盤館ニ而招待ノ件ニ付手配ヲナシタリ
午後四時博多駅ニ一行ヲ見送リタリ

1　伊東喜八郎福岡県内務部長九月退任
2　太吉、九州産業鉄道株式会社社長就任（五日付）、田中徳次郎社長辞任
3　八木山越＝飯塚町から嘉穂郡鎮西村八木山、糟屋郡篠栗村を経て福岡市に至る峠道
4　栄屋＝旅館（福岡市橋口町）
5　常盤館＝料亭（福岡市外水茶屋）
6　熊本県知事に岡田忠彦就任（十六日付）
7　伊藤秀三郎＝伊藤傳右衛門養子、大正鉱業株式会社監査役
8　伊藤金次＝伊藤傳右衛門養子、大正鉱業株式会社取締役

一方亭ニ安川・堀氏等会合ス

十月十六日　月曜

午前八時半安川男相見へ、伊藤一件ニ付尚打合セシモ、前日ノ懇談ノ通外道ナキニヨリ、其旨相答ヘルニ打合ス

相羽〔虎雄〕[1]君相見ヘタリ、負債片付ノ事ヲ忠告ス

箱崎宮司[2]芦津〔耕次郎〕氏外四氏相見へ、寄付金ノ懇談アリタリ

伊藤君来リタリ

午後二時発博多駅ニ乗車、帰宅ス

十月十七日　火曜

午前六時芳雄駅軌道ニ而赤坂駅ニ而下車シ、山〔入〕水越[3]ニて産業会社ニ行キ、社員一同ニ親シク懇談ス

午後七時廿八分赤坂駅軌道ニ而帰宅ス

十月十八日　水曜

〔上野〕甚四郎[4]・籾井〔政太郎〕[5]両人連レ山越往復猟ヲナシタリ

一満鉄社長ノ件、政友会望月〔圭介〕[6]・室田〔義文〕[7]・團〔琢磨〕[8]ノ三氏ニ電報ス

一飯塚埋立地借地料及別府満鉄売却問題ニ付上田〔穏敬〕ト申合ス

午後三時自働車ニ而浜ノ町ニ着ス

和田豊治氏ニ満鉄社長引受ノ打電ス

十月十九日　木曜

午前六時博多駅発ニ而下ノ関駅ニ向ケ乗車ス

下ノ関駅ニ而早川〔千吉郎〕[9]氏遺骸ヲ見送、門司駅十一時半ニ而別府向ケ出発ス（伊藤傳君ト同車）

山水園ニ行キ（自働車）

十月二十日　金曜

藤沢良吉君来リ、社殿建築寄付ノ懇談アリ

引続キ社司神喜久男[10]・神沢［又市郎］外二人相見へ、相談アリ、伊藤［傳右衛門］中合返事スルコトニ答ヘタリ

十月二十一日　土曜

社殿建築費ハ三百円ト弐百円寄付スル旨ヲ神沢氏ニ申答ヘタリ

おゑん［桑原］[11]より奥平［昌恭］伯来博ノ電話セリ、九時九分別府駅発ニ而博多駅ニ向ケ出発ス

午後六時おゑんニ而奥平伯ヲ招待ス

二十円　女中

1 相羽虎雄＝堀川（団吉）炭坑、元麻生商店上三緒鉱業所長、一九二三年株式会社麻生商店鉱務部長

2 筥崎宮＝筥崎八幡宮とも（糟屋郡箱崎町）

3 入水越＝嘉穂郡庄内村入水と田川郡後藤寺町を結ぶ峠

4 上野甚四郎＝順四郎とも、麻生家猟師兼雑務

5 籾井政太郎＝麻生家雑務

6 望月圭介＝衆議院議員、のち逓信大臣、内務大臣

7 室田義文＝貴族院議員、元北海道炭礦汽船株式会社社長、元百十銀行頭取

8 團琢磨＝三井合名会社理事長、北海道炭礦汽船株式会社社長

9 早川千吉郎＝南満洲鉄道株式会社社長、三井合名会社副理事長、貴族院議員、十月十四日死去

10 神喜久男＝八幡朝見神社宮司（大分県別府町）

11 桑原エン＝貸席お苑亭（福岡市外西門橋）経営

三十円　芸者

十月二十二日　日曜

安河内〔麻吉〕[1]知事及藤山〔竹一〕[2]警察部長訪問ス

午後五時半福村楼ニ而知事送別会ヲ催シタリ、森田・庄野等諸氏一同ナリ

十月二十三日　月曜

午後三時自働車ニ而帰宅ス

十月二十四日　火曜

午前九時半本店ニ出頭ス

別府地所満鉄売却ニ付出張員ト協義ス、一旦ハ断リタルモ承諾ナキニ付、予定ノ坪数外ヲ除地シ他日直〔値〕段ノ交渉スルコトニセリ

豆田[3]排水質ノ件ニ付打合ス

午後一時半より自働車ニ而出福ス、午後四時半着

浜ノ町ニ而安河内知事相見ヘタリ

十月二十五日　水曜

産業会社ノ重役会開会、浜ノ町別荘

十月二十六日　木曜

午後四時安河内知事博多駅ニ見送リタリ

野田〔卯太郎〕前逓相一方亭ニ招待ス

坑山監督署[4]ニ出頭、米井〔三井米松〕署長ニ面会、別府地内坑区願ニ付反対ノ書面呈出ス

十月二十七日　金曜
午前栄屋旅館野田氏訪問ス
一方亭ニ而昼食ヲ案内ス、堀・伊藤・山口・仲根《〔中根寿〕》氏等会食ス
午後七時過キ帰宅ス

十月二十八日　土曜
午前八時半博多駅《〔発脱〕》ニ乗車シ、野田前逓相同車、直方貝嶋太介《〔助〕》[5]翁ノ募《〔墓〕》参シ、貝嶋嘉造君[6]へ自働車ニ而行キ、同所より人力車ニ而十二時半ニ而帰宅ス
三好《〔徳松〕》[7]君より停電ノ件ニ付注意アリ、従来各坑山カ約定ノ電力ヨリ超過スル事ノ原由ニ而、停電ノ事詳細申向ケタリ
支那人楊草仙[8]外三人相見へ、食堂ノ脇《〔ママ〕》張ニ付研究ヲ乞、異見ナカリシ
郡長ト同車シ、坑山ノ懇談アリタリ
午後一時半帰ル

1　安河内麻吉＝福岡県知事から神奈川県知事に転任、元製鉄所次長
2　藤山竹一＝福岡県警察部長から山口県内務部長に転任
3　豆田＝株式会社麻生商店豆田鉱業所（嘉穂郡桂川村）
4　坑山監督署＝福岡鉱務署、元福岡鉱山監督署
5　貝島太助＝第一巻解説参照
6　貝島嘉造＝貝島太助末弟、元貝島鉱業株式会社監査役（鞍手郡頓野村西尾）
7　三好徳松＝三好鉱業株式会社（遠賀郡折尾町）長
8　楊草仙＝中日美術協会

豆田坑水質問題ニ付野見山・野田・上田等相見ヘタリ

十月二十九日　日曜

義太〔麻生〕賀召連山猟ニ行キ、午後四時半鍊〔軌〕道車ニ而上三緒より帰リタリ
藤森町長相見ヘ打合ス、飯塚駅拡張及家政女学校・芳雄駅拡張等ナリ
産業会社ノ件ニ付渡辺〔皐築〕君相見ヘ、廉書ニ而同君ニ留主中ノ事相頼置キタリ

十月三十日　月曜

在宿
書類整理ス
産業会社ノ金融上ニ付嘉穂銀行支配人ニ電話ス
野田〔勢次郎〕氏ニ不幸ノ悔ミニ行キタリ

十一月十一日　土曜

鳥越[1]新築棟上ス
和田〔豊治〕君鯰田火力発電所[2]検査ニ付鯰田駅ニ行キ、自働車待受、同所より本家ニ相見ヘ、昼食ノ上実地ニ臨ミ、八木山越ニ而博多宴会ニ出席アリタ
川嶋橋[3]ニ而相分レ帰宅、棟上式[4]ヲ済マシ、午後八時より自働車ニ而浜ノ町別荘ニ着ス

十一月十二日　日曜

牛嶋幸太郎君外一人訪問、民生協会発会ニツキ援助ノ相談アリ、出京ノ上ニ而挨拶スルコトニ咄ヲナシタリ
和田氏一行相見ヘ、重役会ヲ開催、合併問題[5]打合、昼食ヲ饗応ス
午後四時博多駅ニ見送リタリ

相羽君訪問、負債ノ件打合ス筈ナリシモ、来客ニ而面会ヲナサズ帰宅ス

十一月十三日　月曜

午前九時知事〔沢田牛麿〕[6]ヲ訪問ス

午前九時半一方亭ニ行キ、午後四時半福村屋〔家〕ニ知事招待会ニ列ス（自働車、山口君一同）

午後六時福村屋ニ而知事一行ヲ招待ス

十一月十四日　火曜

三好[7]店員笹原丈助・後藤清一外一人相見へ、滞納五万三千九百七十九円余、七月より十月迄ノ分払入、外ニ八万円口壱万円未納ノ事ヲ談合シ、打合ノ為メ帰ラレ、十五日出福ヲ約ス

岸本重任[8]相見へ、自動車会社創立ニ関株引受ノ申入アリ、上京ノ上返スルコトニ答ヘタリ

棚橋・今井・梅谷相見へ、合併問題ニツキ研究シ、重役会合ノ事ニナリタ

1　鳥越＝太吉四男麻生太七郎家
2　鯰田火力発電所＝九州水力電気火力発電所（飯塚町鯰田）、この年二月工事着手、十二月落成
3　川島橋＝遠賀川に架かる橋（飯塚町川島）
4　大浦（太吉長男太右衛門家）引続き建増による祝宴
5　九州水力電気株式会社と元九州電灯鉄道株式会社（東邦電力）合併問題
6　沢田牛麿＝福岡県知事
7　三好＝三好鉱業株式会社（遠賀郡折尾町）、一九一九年創立、社長三好徳松
8　岸本重任＝大阪小型タクシー自動車会社専務取締役、政治団体黒竜会理事

十一月十五日　水曜

岡村六次郎君相見へ、種々世上ノ談話ヲナシ、又産業会社ノ件ニ付内話ス
九水重役連相見へ、昼食ヲナシ、合併問題ニツキ懇談セシモ、麻観《[麻生観八]》君異見アリ、打合書ハ先方ノ報告書手ニ入タル上送付スルコトニナリタ
午後三時お福《[ふく]》[1]ニ而吉原《[正隆]》・森田・山口ノ諸氏ニ面談シ、四時吉原君出発ヲ見送リ（自働車）、一方亭ニ行キ午後十時帰宅（自働車）
一三好店員二名相見へ、電力料未納分七月より十月迄ト外ニ壱万円ヲ払入、停電見合スコトニナリタ、棚橋君ト立会約ス（中《[仲]》裁セリ）

十一月十六日　木曜

午前八時三十五分博多駅発ニ而帰途ニツク、中西四郎平君ト同車帰宅、赤坂不毛《[フケ]》坑区[2]買収呉レル様申入アリタリ
折尾駅ニ而松本健次郎氏待受アリ、十七日出発上京ノ事ヲ打合ス
赤松（貝嶋店員）博多より折尾迄同車ス
野見山待受、会社合併問題研究ス
棚橋氏ニ電話、十七日出発、又書類ハ東京ニ送付ノ打電ス
赤坂不毛坑区調査恒久《[清彦]》[3]君ニ聞キ合セシモ、調査中ナリニ依リ其旨麻生屋ニ電話、中西四郎平君ニ通知ス

十二月二十一日　[二十三日に誤記載]

午前浦地《[裏地正生]》[4]産業主任相見へ、業務上ノ打合ヲナシ、昼食ヲナシ帰社ス、渡辺皐築[5]君一同ナリシ、産業ノ打合ヲナシ、又産業会社十八万円借リ入金ノ件打合ス
一時ヨリ嘉穂銀行重役会ニ出席

二百円博済・三百円銀行手当金受取、外ニ五円九十銭十一月十日重役会日当

十二月二十二日　金曜

本店ニ出務
綱分坑区買収問題ニ付打合之結果、相見合セ、壱万円会社より融通ナスコトニセリ
栢森区割ノ件ニ付親シク区長ニ申含メタリ
午後七時十分自働車ニ而夏子〔麻生〕・辰子〔麻生〕同車出福ス

十二月二十三日　〔二十一日に誤記載〕

浜ノ町別荘ニ而〔以下空白〕
午前九時中村武文君相見へ、産業会社ノ不始末、又年末賞与、辞職者ノ処分、其他東京ニ而重役ニ懇談セシ事柄、親シク懇談ス
天野寸[6]来リ、受負掘相談アリシモ断リタリ
一中西四郎平君貸金ノ懇談アリ、麻生屋ト電話シ断リタリ

1　おふく＝料理屋（福岡市南新地）
2　フケ坑区＝断層や深部等採掘困難な石炭層鉱区、斤先掘（請負採掘）が行われた
3　恒久清彦＝株式会社麻生商店赤坂鉱業所長
4　裏地正生＝九州産業鉄道株式会社技術主任、のち工務部長
5　渡辺皐築＝この年十月より九州産業鉄道株式会社専務取締役、株式会社麻生商店会計部長
6　天野寸＝坑区斡旋業

十二月二十七日　水曜

午後二時別府駅着、直チニ自働車ニ而山水園別荘ニ行キタリ

長野〔善五郎〕氏ト電話ニ而音次氏〔長野音治〕[1]より伝言ノ大旨意ヲ通シ、廿八日訪問ヲ約ス

棚橋氏ニ電話シ、廿八日大分営業所ニ而打合ノ事ヲ協義ナス

金三百円　松丸〔勝太郎〕ニ貸渡ス

大分銀行[2]ニ四千五百円預ケノ分仕払停止ニ而困リ入タリ

十二月二十八日　木曜

午前九時廿三銀行ニ訪問シ、長野・中尾ノ両氏ニ見舞ヲナシ、東京ノ音次氏〔長野音治〕伝達ヲナス

九水営業所ニ行キ、増資及杖立[3]許可ノトキハ減資シテ合併等ノコトヲ調査セラル、様打合、来月十日頃九洲重役

協義会ヲ開催ノ事ヲ約ス

金九十五円　二十八日現在

九水ノ自働車ニ而帰宅ス（金五円遣ス）

十二月二十九日　金曜

衛藤又三郎君相見へ、温泉鉄道ノ件相談アリシモ、九水援助如何聞取相成様申向ケタリ

新聞社員六七名来リタルモ、新年ニ面会スルトテ面会ヲ断リタリ

十二月三十日　土曜

午後二時五十二分別府発ニ而帰途ニツク

折尾駅より貝嶋栄四郎[4]・林田晋[5]ノ両氏ト同車ス

十二月三十一日　日曜

書類ヲ整理ス

野見山〔米吉〕君相見へ、常務辞任シ取締役ハ在任之侭、各位ニ通知スルコトヲ約ス

六十円　懐中

三十五円　取合金

金九百円別封アリ、三百円松丸〔勝太郎〕貸、弐百円夏子渡、壱百円切符代、三百円卅一日現金アリ懐中ス

金銭出納録

十一年一月二十日

金弐百円　十年下半期博済〔無尽〕会社手当

同三百円　同嘉穂銀行手当

同千六百四十四円四十銭　同期賞与金

1 長野音治＝大分セメント株式会社取締役、大分製紙株式会社長
2 大分銀行＝一八九三年設立（大分市）
3 杖立＝杖立川水力電気株式会社、一九二三年設立
4 貝島栄四郎＝貝島鉱業株式会社長
5 林田晋＝株式会社麻生商店商務部長

〆二千百四十四円四十銭

内

金弐百円　有田[広][1]監事

同三十円　吉原[哲造][2]支配人

同五十円　西園伊[猪]之吉[3]

同弐十五円　山内繁夫[4]

同八十円　村田卯次郎

弐十二円　荒井マサキ

〆四百七円　病気引ニ付特別賞与補助ス

三十円　小使

三十円　松月女中

〆四百六十七円

外ニ三円　昼費行員費用

残而千六百七十四円四十銭　現在

[欄外] 二十九日　山内□□　三十七円七十銭

十一年冬

三千五百円

内

金五百円　太七郎
同五百円　広畑〔麻生縫〕
同五十円　君生〔麻生きみを〕[5]
同十円　たきよ〔麻生多喜子〕[6]
同百五十円　安子〔麻生ヤス〕[7]
同百円　太右衛門〔麻生〕[8]
同五十円　操〔麻生ミサヲ〕
同三百円　五郎
同五十円　冨代〔麻生フヨ〕[9]
同十円　摂郎〔麻生〕[10]

1　有田広＝嘉穂銀行取締役監事、株式会社麻生商店監査役
2　吉原哲造＝嘉穂銀行長尾支店支配人
3　西園猪之吉＝嘉穂銀行本店貯蓄係
4　山内繁夫＝嘉穂銀行長尾支店書記
5　麻生きみを＝太吉四男麻生太七郎妻
6　麻生多喜子＝太吉孫
7　麻生ヤス＝太吉妻
8　麻生太右衛門＝太吉長男
9　麻生フヨ＝太吉末女、麻生五郎妻
10　麻生摂郎＝太吉孫

同五十円　米〔麻生ヨネ〕[1]
同二十円　義太賀・太介
同五十円　夏子
同四十円　太賀吉・典〔典太〕・つや〔ツヤ子〕[2]・たつ
〆千八百八十円
残而千六百弐十円
内
百円　十一年一月廿七日吉浦上京ニツキ相渡ス
十一年四月十八日　浜ノ町滞在
金百九十円　懐中
同十五円
〆　上京ノ筈ナリシモ病気ニ而見合ス
十一年七月三日別府行
金壱千円　家費外預金より
内
金壱百円　別府警察署武徳会寄付
同百円　いめ〔永富ウメ〕治療費救助

同三十円　新聞屋ニ遣ス
同百円　家費、別府ニ而大谷《〔ひさき〕》へ渡ス
同六十円　黒瀬買物、五十三円ノ処故七円かしナリ
百円　典太等臨時費
百円　懐中
〆五百九十円
三百六十円　現在
〆九百五十円
五十円　不足
門司行鏃〔汽〕車費等アリ

金壱百十二円　十年下半期賞与金、博済
同弐百円　十一年上半期手当、十一年一月より六月迄ノ分
同百四十三円二十銭　十一年上半期賞与金
同三百円　かホ《〔嘉穂〕》銀行頭取給、十一年一月より六月迄
同十八円四十八銭　発起人会旅費

1　麻生ヨネ＝太吉三女、麻生義之介妻
2　麻生ツヤ子＝太吉孫

同五円九十銭　　重役会日当
〆七百七十九円五十八銭
　内
十円　　七月廿日博済会宴会女中祝義
残而七百六十九円五十八銭　　七百七十円封中セリ

十一年七月廿三日
金壱千七百十三円三十銭　　十一年上半期かホ〔嘉穂銀行〕賞与金
同百四十八円九十六銭　　貯蓄〔嘉穂貯蓄銀行〕賞与金
同五円九十銭　　貯蓄重役会日当
同弐百七十円九十銭　　春ノトキ賞与金不足ノ方々ニ補助セシモ、違算ニ而、実際ノ補給過金有田〔広〕氏より
　受取タリ
〆弐千百三十九円〇六銭
　内
金三十円　　給仕補助
同三十円　　松月補助
〆
残而二千七十九円六銭

七月卅一日
金弐千七十九円
同七百七十円
同三百六十円
同百円　懐中
〆金三千三百九円
内
百円　二百円ノ黒瀬買物内、三十日浜ノ町ニ而操子〔ミサヲ〕渡
百五十円　黒瀬ニ幅物三品預リ渡ス
八十円　〔頼〕[1]山陽、逢□民ノ幅、黒瀬
八十五円　唐画右幅外
〆四百十五円
〔欄外〕此外
七百七十八円黒瀬買物
四百十五円ノ外ノ数口アリ
同弐千円　銀行預金

1　頼山陽＝江戸時代後期の詩人、文人画家

〔欄外〕此分ハ銀行ニ預ケル分

七月三十日買物帳ニ目六アリ

〆

残而八百九十四円

八百四十八円　現在

四十六円　雑用、運転手等心付、おちよ見舞

晦ノ乞ニ見ヘタリ

進藤甲兵[1]　九鉄ノ主任

嘉麻川受持　古賀重一

大分理〔マヽ〕事官　柳井義男

別府持参金ハ

四百円ト三百円ト二通、此内より百円ハ夏子、五十円ハ家内ニ渡シ

残而五百五十円

内

百円　川田〔工〕

百円　おいし〔江崎カ〕渡

残而三百五十円

廿四日夕
三百五十円　現在
四十五円　懐中
五円
〆

十一年八月十五日　上京日誌より移ス
金五千円八月十五日出発ノトキ受取、壱千五百円ハ謙〔木村〕三郎ノ負債ニ中西四郎平渡、五百円ハ吉浦ニ、壱千五百円ハ義之介ニ渡ス
五百五十円　太七郎・きみよ〔を〕
二十円　タキよ・〔麻生〕金市[2]
百五十円　安子
五十円　夏子
四十円　太賀吉・典太・つや子・辰子
百円　太右衛門
五十円　米

1　進藤甲兵＝のち九州鉄道株式会社（筑紫電気軌道の後身）社長
2　麻生金市＝太吉孫

五十円　　　　　　　操
二十円　　　　　　　義太賀・太助
三百円　　　　　　　五郎
五十円　　　　　　　ふよ
十円　　　　　　　　摂郎
〆千四百四十円
　　　　　　　　　　六十円現金アリタリ
［欄外］
（九十八円
　四十八円
〆
十一年十二月三十一日　十一年七月より十二月迄
　金五千円　　　　　　義之介より卅日吉浦受取分領収ス
　　内
　壱千五百円　　　　　義之介
　五百円　　　　　　　太七郎
　三百円　　　　　　　五郎
〆
　五十円　　　　　　　夏子

四十円	太賀吉・典太・つや・たつ
百円	太右衛門
五十円	操
百五十円	安子
五十円	米
二十円	義太賀・太助
五十円	君生
二十円	たきよ・金市
五十円	冨代
二十円	摂郎・忠二〔麻生〕[1]
〆二千九百円	
残而二千百十円〔ママ〕	残在

1　麻生忠二＝太吉孫

解説

麻生太吉関係人物紹介

松本健次郎（一八七〇年十月四日～一九六三年十月十七日）

松本健次郎は一八七〇年（明治三）旧暦十月四日、現在の福岡市中央区警固において、福岡藩士安川敬一郎・峯子の次男として生まれた（敬一郎に関しては第一巻解説参照）。七七年には父に従い遠賀郡芦屋に転居、八七年に福岡県立福岡中学校を卒業し、父が経営していた石炭販売を手がける安川商店に入店、神戸支店に配属された。八九年には志願兵として入隊（翌年除隊）、翌九〇年には、敬一郎の兄松本潜の一人娘静子に婿養子として入り松本姓に改姓した。九一年（明治二十四）からアメリカに留学するも、家業である石炭経営の苦境により九三年には帰国、引き続き石炭販売に取り組んだ。この時期は香港などで営業活動を行っている。九七年に妻静子が死去、健次郎は九九年には井上良馨の長女秀子と再婚した。一九〇一年から〇八年にかけての安川・松本商店の炭鉱経営は、基盤を築く苦闘の時期であった。〇一年、安川敬一郎は赤池炭鉱の経営者であった盟友の平岡浩太郎から四〇万円で同炭鉱を譲受した。また、同年、明治炭坑株式会社の共同出資者であった関西在住者の持株分を全額買収すると共に、本社を大阪市から同炭鉱所在の嘉穂郡頴田村へ移した。ところが、一九〇三年十一月、赤池炭鉱で坑内火災が発生、死者三八名の大事故となった。さらに、〇六年十月、豊国炭鉱の経営者であった平岡浩太郎が死去、翌〇七年七月には豊国炭鉱でガス爆発事故が発生、死者三六五人を含む死傷者四一九人を出す大惨事となった。

敬一郎は、平岡家救済のため東奔西走、とくに債権者である三井鉱山への譲渡を画策するも失敗。結局、豊国炭鉱は、安川・松本商店が引き受けるが、そのための資金調達に難渋する。〇八年一月、明治、赤池、豊国の各炭鉱を統合して明治鉱業株式合資会社を設立（社長安川敬一郎）、健次郎は副社長に就任した。健次郎はこの時期も引き続き父敬一郎の事業を輔佐する立場にあり、明治鉱業および安川・松本商店での炭鉱経営・石炭販売の傍ら、明治紡績合資会社（一九〇八年設立）、明治専門学校（〇九年開校、健次郎は初代校長）、合資会社安川電機製作所（一五年設立）、九州製鋼株式会社（一七年設立）、黒崎窯業株式会社（一八年設立、取締役社長）、朝鮮半島での鉱区開発、対中国合弁事業など諸事業の運営にあたった。なお健次郎は〇九年には若松築港取締役に、一九年には同社会長に就任している。一八年（大正七）に敬一郎が七十歳を機に事業から引退することを受け、健次郎は炭鉱経営その他諸事業全般を、弟である安川清三郎とともに引き継ぎ、安川・松本家事業を統轄した。明治鉱業を一九年に株式会社に改組するとともに二六年には、かつて安川・松本家と関係の深かった中野家と共同で嘉穂鉱業株式会社（取締役社長）を、三一年（昭和六）には海老津炭礦株式会社より平山炭鉱を譲り受けて平山鉱業株式会社を、三九年には長崎県で長崎鉱業株式会社を、それぞれ設立した。また大正中期以降は北海道地方でも雨竜鉱区の開発を行い、昭和炭鉱を開坑した。なお二九年に健次郎は明治鉱業社長を清三郎に譲り、同社相談役に就任している。敬一郎が三四年に、清三郎が三六年に相次いで死去するが、三五年、健次郎は資産保全を目的に安川・松本合名会社を設立して事業継続体制をより強固なものとした。

同業組合関連では筑豊石炭鉱業組合常議員として参与し、一九一九年には同組合総長に就任した。二一年には、全国各地の同業組合および主要炭鉱経営者により設立された石炭鉱業聯合会の副会長に選任され、送炭制限問題を中心に同会会長である麻生太吉を補佐しながら取り組んだ。なおこの送炭制限は同会設立以前、筑豊地場の中小鉱業主であり石炭商でもあった佐藤慶太郎が、松本や麻生に働きかけたのがきっかけであった。この三者は、二四年末にいったん撤廃された送炭制限を再開に向けて連係を密にしている。松本は三二年には、三井、三菱、住友、古河、貝島、安川・松本、麻生など国内主要石炭商により設立された、石炭のシンジケートである昭和石炭株式会社社長に就任した。三三年には麻生太吉が石炭鉱業聯合会会長職を辞任したことに伴い会長を継ぐや、送炭制限と販売調節の両面を総覧する立場から、炭況の維持に尽力した。四〇年（昭和十五）には、石炭配給統制法（四〇年四月制定）にもとづき、同年六月設立の日本石炭株式会社社長に、翌四一年には重要産業団体令にもとづき設立された石炭統制会の会長（石炭鉱業聯合会は解散）をそれぞれ歴任し、戦時経済体制における石炭配給の面で指導的な役割を果たした。その後も日満支石炭連盟会長（四二年）、東条英機内閣顧問（四三年）、軍需省顧問（四五年）などの要職に就き戦時経済を石炭の側面から支えたが、敗戦により四六年に公職追放となった。

石炭鉱業以外では、松本自身のアメリカ留学経験、石炭関係の同業団体での活動、および中央財界との人的関係により、財界組織や政府関連での活動も顕著であった。一九一七年から一八年にかけては、目賀田経済使節団員としてアメリカを、二一年から二二年には米英訪問実業団員としてアメリカおよびヨーロッパを、それぞれ視察している。二九年には日本工業倶楽部理事、また戦時経済下でも政府関連の委員を歴任しており、戦前期の財界人として影響力を有していた。四五年には日本経済連盟会の会長にも推挙されている。その他の事業関連では、三井信託株式会社取締役（一九二四年）、日本団体生命保険株式会社取締役（三三年）、日本製鉄株式会社取締役（三四年）などに就いている。三六年、健次郎は、麻生太吉なき後、九州水力電気の事業を継承すべく取締役社長に就任した。

麻生太吉との関係の始まりは、もともと安川敬一郎・松本潜が明治十年代半ばから麻生炭を取り扱ったことからである。それに加え、健次郎は明治三十年代初期、麻生炭を極東アジア市場に販路開拓していた。また、短期間ではあるが、太吉は明治炭坑取締役（一八九九年四月～一九〇一年十二月）を務めた。同業組合関連では、安川敬一郎が一九一一年に筑豊石炭鉱業組合総長を辞任して以降、時々松本が安川の代理として麻生と筑豊地方の利害調整にあたったころから付き合いが深まった。合資会社幸袋工作所時代は二人とも一八九九年以降、業務担当社員を兼務しており、若松築港においても両人は長期にわたって取締役を務めた。また一七年頃には、若松港石炭積込機問題や戸畑漁業組合補償問題に共同で対処している。麻生は当時、戸畑で工場建設に取りかかっていた東洋製鉄関連で、和田豊治を松本に紹介している。二一年には前記したように麻生、佐藤慶太郎とともに送炭制限の実現のため、三井、三菱両社の説得にあたり、実現に漕ぎつけた。同年の石炭鉱業聯合会発足以後、麻生会長と松本副会長は、筑豊地場の有力鉱業主として、全国的な送炭制限や筑豊炭の統制に協力した。たとえば二七年の貝島太市の同会理事への推薦や、筑豊中小鉱業主対策などはその一例である。

貝島太市（一八八一年十一月三日～一九六六年八月二十八日）

貝島太市は一八八一（明治十四）年十一月三日、筑豊地場鉱業主であった貝島太助・イノの五男として福岡県遠賀郡香月炭坑地域内の茶屋の原（通称、現在の北九州市八幡西区）に生まれた（貝島太助に関しては第一巻解説参照）。九五年、福岡県立尋常中学修猷館に入学するも一九〇一年退学。その後、東京商工学校を経て一九〇二年に東京高等商業学校（現在の一橋大学）に入学。井上馨の時習舎より通学するも翌年病気のため中途退学。〇四年には井上馨の遠縁にあたる鮎川弥八の三女フシと結婚。〇五年に三井物産に入社するも、〇七年には兄健次とともに欧米に遊学し〇九年帰国。〇九年、貝島鉱業合名会社は株式会社に改組、太市は翌一〇年同社の総務部長に就く。一六年（大正五）、父太助の死去を受けて貝島鉱業の常務取締役に就任する。一九年には貝島合名会社が設立され、太市は同社代表業務執行社員・副会長に就任し、同時に創立された貝島商業株式会社取締役社長にも就いている（貝島鉱業では監査役となる）。二〇年には父太助の時代から続いていた三井物産との委託販売契約を解除し、貝島商業を通じ本格的に石炭販売の自立化を進めた。三一年（昭和六）に貝島鉱業、貝島商業、大辻岩屋炭礦の三社が合併して貝島炭礦株式会社が設立されると取締役社長に選任され、四三年に会長に就任するまでその職にあった。なお戦後の四九年には定款改正に伴い代表取締役となり、六三年の社長辞任まで引き続き貝島炭礦の経営で中心的な役割を果たした。

同業組合での活動としては、一九二七年には麻生太吉の推薦により、石炭鉱業聯合会理事に選任された。主力炭鉱のあった筑豊地方での同業組合活動は、太市自身が大正期に山口県豊浦郡長府町に移住していたためか、三一年の筑豊石炭鉱業組合常議員への就任が初めてである。その後、三三年には同組合総長に就任し、また九州地方の同業者団体として発足した九州石炭鉱業懇話会会長に推されるなど、有力鉱業主として確固たる地位を築いた。石炭販売面では、カルテル組織である甲子会の創立に尽力したり（一九二五年結成）、麻生商店を同会に勧誘するなど、主導的な役割を果たした。太市は昭和石炭株式会社の設立や、麻生太吉後任の石炭鉱業聯合会会長選紛糾問題に奔走するなど、石炭鉱業界内で調整者的立場で活躍した。昭和石炭では相談役に、日本石炭株式会社では参与に就いている。第二次大戦後の五二年には日本石炭鉱業会会長となり、エネルギー革命前の石炭鉱業の戦後復興に取り組んだ。

石炭鉱業以外では、大正後期以降の貝島における化学工業や練炭製造その他小規模な多角的事業展開を、社長ないし役員のひとりとして担当した。営利事業以外では、各方面への寄付行為をさかんに行っている。また後進育成のため一九二四年に貝島育英会を設立するなど、太助同様教育への配慮を怠らなかった。財界人としての活動は、第二次大戦前は日本工業倶楽部評議員や日本経済連盟評議員、西部産業団体連合会常任委員等々、戦後は経済団体連合会評議員などを歴任した。

麻生太吉との関係は、父太助の時代から家族ぐるみで交際していたため、親交を有していた。それは兄栄三郎が一九一三年に死去して以降、太市が貝島家の渉外担当者的立場となってから目立つようになった。たとえば一七年に麻生と貝島が三井物産の石炭プール販売から離脱するにあたって、太吉と太市は緊密に会談している。また一八年に貝島が若松築港の重役職を所望した折、太吉は貝島鉱業の峠延吉と折衝しながら、太市が同社役員となるよう尽力している。二四年には、三井家より要請された三井信託株式会社株式の所有に際し、太市は太吉に相談し指示を仰いでいる。二七年には前述したように、石炭鉱業聯合会理事に太吉らの推薦により太市が選任されている。三二年には福岡県糟屋郡の宇美八幡宮鳥居建設に際し、同地域の資産家小林作五郎や、かつて同地域で炭鉱を経営していた中野家とともに、その建立に向け尽力している。年齢的に太吉と太市は、親子ほど離れていたため、太吉の教示に太市が従うということが多かった。

佐藤慶太郎（一八六八年十月九日～一九四〇年一月十三日）

佐藤慶太郎は一八六八年（明治元）旧暦十月九日、筑前国遠賀郡陣原村（現在の北九州市八幡西区陣原）にて父孔作・母なをの長男として生まれた。両親は慶太郎の幼少時代には、川艜船頭へ醬油や酒、草履などを販売していた。慶太郎は一八八七年（明治二十）に福岡県立英語専修修猷館に入学するも翌八八年には退学、同年明治法律学校（現在の明治大学）に入学した。九〇年に明治法律学校を卒業し法律家を目指すが挫折、九二年には郷里の遠賀郡若松町にて、地元の有力石炭商である山本周太郎商店に入店し店員となった。同年には山本の妻の妹俊子と結婚した。佐藤は同店での石炭販売を通じ、正直一貫を体得した。一九〇〇年には山本商店から独立し佐藤商店を設立。〇八年に佐藤は、貝島太助が所有し仰木豊太郎らが採掘していた緑炭鉱（遠賀郡香月村）を、石炭販売の行きがかりから所有した。これを契機に佐藤は炭鉱経営にも乗り出し、一〇年には緑炭鉱と同じく貝島が所有していた高江炭鉱を買収、経営した。高江炭鉱は年産二〇万トン規模であり、三井、三菱、貝島、明治などよりは小さいものの、それに次ぐ規模の炭鉱であった。大正初期には筑豊石炭鉱業組合常議員を務めた。一八年（大正七）には若松市会議員に立候補し当選、市会議長にも就任した。また二〇年には三菱鉱業監査役に就任するなど、佐藤商店以外での活動も目立った。しかし同年に佐藤は、持病であった胃腸病の悪化により経営の第一線から退くことを決意した。二一年に佐藤は、筑豊石炭鉱業組合の前総長である麻生太吉、その後任の松本健次郎とともに、石炭鉱業界の不況対策として送炭制限を主唱し、三井、三菱両社などを説得しその実現に傾注した。この三者は二五年にも、二四年末でいったん廃止されていた石炭鉱業聯合会による送炭制限の再開に向け尽力した。なお佐藤は聯合会理事に、個人資格として選任されている。一方で佐藤商店の経営は一九二七年（昭和二）までには整理を行い、石炭鉱業での活動はこの時期に終止符が打たれた。しかし佐藤は昭和恐慌期においても、麻生と連絡を取り、送炭制限の維持に骨を折った。

佐藤の活躍はその人生の後半期、寄付行為や生活改善事業において目立っている。佐藤には、石炭で得られた富を寄付行為などを通じて社会にお返しするという理念があった。寄付行為としては、一九二一年、東京府知事阿部浩に対し美術館建設費用として一〇〇万円の寄付を申し出ている（東京府美術館として二六年に開館）。二二年には自身が診療を受けていた医者野口雄三郎のために、大分県速見郡別府町において一六万円の病院建設費用を寄付した。また、福岡農士学校（福岡県早良郡脇山村）を設立するべく奔走し、三一年七月開校された。佐藤自身も五万円を寄付している。三四年には別府への移住に伴い、それまで起居していた福岡県若松市の邸宅を同市に寄付している。生活改善事業は、自身の胃腸病の経験をもとに食生活に関心を抱いたことがきっかけで取り組むようになった。三五年には東京において生活文化改善を目的とする佐藤新興生活館の仮事務所を、翌三六年には静岡県田方郡函南村にて、同館農村部として農村中堅青年練成を目的とする聖農学園を開設した。三七年には佐藤新興生活館が東京市神田区駿河台にて竣功している。

麻生太吉との関係は、前述の送炭制限の際において筑豊石炭鉱業主として一致協力したほか、農士学校設立に関する支援が顕著である。三一年四月、太吉の寄付金十万円を基金に日本農士学校（埼玉県比企郡菅谷村）が設立された。さらに大正期に佐藤、麻生両者とも大分県別府に別荘を持つに至ったため、その点を通じても親交があった。

和田豊治（一八六一年十一月十八日～一九二四年三月四日）

和田豊治は一八六一年（文久元）旧暦十一月十八日、豊前国下毛郡中津に中津藩士和田薫六・こう子の長男として生まれた。十七歳の時に中津藩医である村上田長家に寄寓し、医学および薬学を学んだ。なお田長は後に九州水力電気（九水）常務、九州電気軌道（九軌）専務・社長となった村上巧児の父である。その後和田は上京して医学を志すも挫折、慶應義塾に入学し日比翁助、浜口吉右衛門らの知遇を得た。一八八五年（明治十八）、二四歳の時に渡米しサンフランシスコの甲斐商店に武藤山治らと寄宿、さらに和田は同店に入店し日本雑貨の卸売業務に従事した。この際取引関係を通じて森村市左衛門と邂逅している。九一年に帰国して日本郵船に入社するも翌年辞職、三井銀行に入行、さらに九三年には鐘淵紡績に入社し支配人となる。一九〇〇年には鐘紡支配人を解かれ、三井呉服店の要務を帯び渡米するも、同年には三井を辞した。翌〇一年、富士紡績（のち富士瓦斯紡績）専務取締役となる（一九一六年、富士瓦斯紡績社長）。和田の富士紡績入社は、森村から同社経営の立て直しを依頼された日比谷平右衛門と、森村とともに設立に係わった浜口らの慫慂によるものである。和田は水力電気を導入して生産費の削減に努め、また労使協調に留意し、かつ同業他社との合併等を進め経営の立て直しを図った。この時期に形成された和田、森村、日比谷、浜口の富士紡績人脈は、明治末期には大分県内での水力電気起業のため、水利権獲得の運動を行うようになる。和田らは中津派と呼ばれ、芝浦製作所を背景とする大田黒重五郎らの東京派、博多電灯の山口恒太郎や筑豊鉱業主の中野徳次郎ら福岡派との間で、筑後川の水利権獲得をめぐり競願状態となった。その後、大分県知事の勧奨により三派は合同、一九一一年には九水が設立された。和田は相談役に就任し、同社の資金調達や中央財界人との交渉などで尽力するとともに、富士瓦斯紡績時代に配下にあった棚橋琢之助（九水専務）や上野山重太夫（同常務）らを通じて会社を総覧し、実質的に経営を指揮する立場にあった。なお、かつて寄寓していた村上田長の四男巧児も和田の関係で入社している。和田は明治末年には大分紡績を、第一次大戦前後には、大分県内で中津絹糸紡織や大分セメントなどの設立に関与、電気需要先の開拓を図ることを通じて、郷里である大分県地域における工業化に貢献した。また同時期に和田は日本工業倶楽部や日本経済連盟、理化学研究所の設立に奔走するなど、財界人としての活動も活発であった。日本工業倶楽部では専務理事に就任している。さらに国産奨励会評議員（一九一四年）、米価調節調査会委員（一五年）、明治神宮奉賛会理事（同年）、東亜同文書院監事（一六年）、同仁会理事（二一年）、帝都復興審議会委員（二三年）などを歴任する。政治的には一九二二年（大正十一）には貴族院議員に勅選されている。しかし関東大震災以後に体調を崩し、二四年死去した。

麻生太吉との関係は、一九一二年における福岡市内の電気軌道会社合併問題をきっかけとして知己となったようである。麻生が一三年に九水取締役に就任して以降、さらに交誼を重ねるようになり、単に同社関連での付き合いのみならず、和田が関係する会社株式の所有や寄付行為などを通じて、関係を密なものにした。九水関連では一五年の大分水力電気合併問題、一八年の筑後川上流大山川水利権問題などで密接に連絡を取っている。その他の企業関連としては大分紡績、中津絹糸紡織、日華絹綿紡績、大分セメント、東洋製鉄、九州送電などで行動を共にしている。また、国産奨励会、明治神宮奉賛会、連合国傷病兵慰問会、理化学研究所、東亜同文書院、皇典講究所などにおいて、和田は委員を務める一方で、麻生は寄付を行っている。なお麻生は大分県人脈を中心とした和田を囲む鴎会、陶磁器蒐集家の集まりである彩壺会にも加入するなど、私的範囲に至るまで交流を図っていた。

麻生観八（一八六五年一月十日～一九二八年八月二日）

麻生観八は一八六五年（慶応元）旧暦一月十日、豊後国日田郡日田で酒造業者兼掛屋であった草野丈右衛門・トモの五男として生まれた。草野家は日田屈指の富豪であったが相場に失敗、観八は十二歳の時に玖珠郡内の酒造家麻生家に出仕し、同家当主麻生東江に見込まれ、その子豊助娘ミツと結婚し女婿となった。しかし麻生家も家勢が傾いたため、観八は八五年（明治十八）、酒造経営再興を企てる（現在の八鹿酒造株式会社に至る）。その後、米相場で成功したこともあり、観八は有力資産家となった。明治末期には、九州水力電気（九水）から地方事務処理のため、同社創設委員を委嘱された。一九一一年の九水会社設立とともに観八は監査役に就任し、二八年（昭和三）の死去まで在職していた。九水では九州地方在住の重役（九州重役）のひとりとして、後述する大山川の利水をめぐり会社と対立しがちな地元民との交渉を、麻生太吉らとともに根気強く行っている。二七年には大分県庁による水利利用税賦課問題に関し、県政友会の重鎮としてこの阻止に尽力した。その他では森水力電気（一九一二年設立、相談役）、玖珠実業銀行（一〇年設立、頭取）などを、地元有力者と共同で立ち上げている。酒造関連では、大分県酒造組合連合会副会長に就いている（会長は九水取締役でもあった長野善五郎）。政治関係では政友会に所属し玖珠郡会議員、同会議長など歴任した。一九二七年には、政友本党大分県支部の政友会同県支部への復党に際し、仲介の労を執っている。その他に観八は畜産振興、久大本線（久留米―大分）敷設運動、電話線架設、高等女学校開設、道路敷設、玖珠郡奨学育英会設立などに心血を注ぎ、地元民の尊敬を受ける名望家としても名を馳せた。特に久大線敷設運動に関しては、明治末期から中央政界あるいは地元民の取りまとめに、高等女学校建設問題に関しては九水から寄付を引き出すべく、それぞれ奔走した。

麻生太吉との関係は、太吉が九水に取締役として入社した一九一三年（大正二）以降、観八の死去する二八年まで続いた。観八は持ち前の正直な性格、事業に対する至誠一貫の姿勢、それに太吉、観八両者とも九州地方の在郷出身であるという共通認識があった。九水事業に関しては、一七年から一八年にかけて問題となった筑後川上流大山川水利権問題と、一八年以降の植林経営に関し目立っている。前者に関し観八と太吉は共同しながら地元日田郡民の説得にあたり、在郷の機微を熟知しながら、自己の資金を寄付してまで最善を尽くし、成功に導いた。後者は大山川水利権問題が一段落して以降における地元対策の一環として計画されたが、太吉と観八は、志を同じくしてこれを促進するべく意志の疎通を図った。また、ともに出資していた大分紡績や大分セメントの経営問題などでも意見を交わすなどしており、九水の枠を越えた関係を有していた。晩年の観八は九州重役として太吉とともに東邦電力九州区域合併問題に取り組み、二八年の死去直前まで奮闘した。三一年に太吉は、観八の遺徳を偲ぶ地元の要望に応える形で、観八の子息益良を九水監査役に推挙している。

村上巧児（一八七九年八月二十四日～一九六三年十月二十一日）

村上巧児は一八七九年（明治十二）八月二十四日、村上田長・述子の四男として大分県下毛郡中津で生まれた。父は代々中津藩医の家柄であり、それに加え玖珠郡長や新聞刊行など多方面で活躍していた。巧児は大分中学を経て一九〇三年、早稲田大学政治経済学科を卒業した。大阪毎日新聞社、三越百貨店を経て、一二年（大正元）郷里大分県内を事業基盤のひとつとする九州水力電気（九水）に入社した。この入社は、かつて田長のもとで医学を学んだことのある和田豊治同社相談役の勧誘によるものだった。巧児は営業部長などを経て二一年に同社取締役、二三年には常務に昇進し、麻生太吉、麻生観八、梅谷清一などとともに九州重役のひとりとして活躍した。三〇年（昭和五）には九水による九州電気軌道（九軌）の経営統制確立に伴い九軌専務に就任した。その直後、同社前専務による不正手形事件が九水幹部に露見したが、村上は麻生太吉九水社長や大田黒重五郎九軌社長と共に秘密裏に処理することに成功している。三五年に村上は、大田黒の後継として九軌社長に就任。三六年小倉商工会議所会頭、三七年井筒屋百貨店取締役（一九四〇年社長、五六年会長）、四二年西日本鉄道社長、四六年九州経営者協会会長など、電力業界のみならず九州財界でも要職を歴任した。四六年には、短期間ではあるが貴族院議員に選出されている。五八年には小倉市特別功労者として表彰された。

麻生太吉と村上は、村上の九水取締役就任前後から大分・熊本両県の河川利水問題等を通じて関係が深まった。村上の取締役就任は、太吉の推薦による。常務就任後も村上は麻生太吉や麻生観八とともに、東邦電力の九州区域を九水に合併させるべく尽力した。この三者、それに梅谷清一が、九州重役のなかでは特に、現場重視の経営感覚を有していたと思われる。それゆえに村上や麻生観八は、専務棚橋琢之助の経営方針に異を唱えることがあった。一九二三年に太吉が杖立川水力電気社長に就任した際、村上は同社専務となり、より一層両者の関係が深まった。村上と太吉は、大正末期から昭和初年における東邦電力九州区域合併問題、杖立川水電の経営問題、九軌と九水との顧客争奪をめぐっての電力戦問題などで、書簡などを通じ多くの情報を交換している。二七年に九水東京重役側が主導して、村上を合併問題から実質的に外した常任重役職掌改正を行った際、太吉と観八はそれに強く異を唱えるなど、彼らの信頼関係は厚かった。二八年の観八死去、三三年の太吉逝去に際しては、村上はそのそばに侍するなど、会社役員を越えた関係を築いていた。なお太吉弟太七の孫木村重吉（西日本鉄道社長）は、村上巧児娘菊子と結婚、縁戚関係が結ばれている。

（新鞍拓生、田中直樹、草野真樹）

飯塚町之景（1919年）

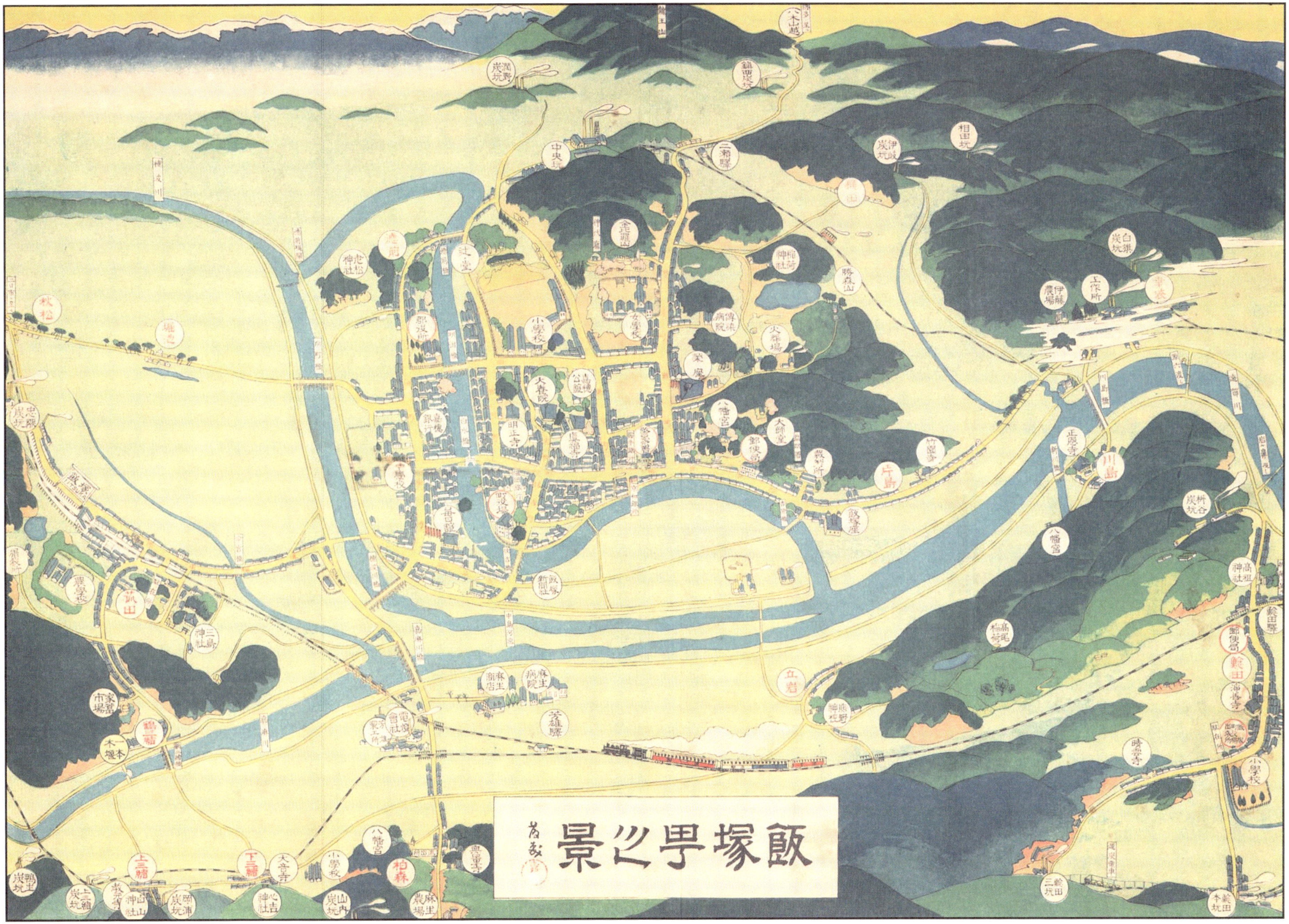

飯塚市歴史資料館所蔵

九州水力電気株式会社供給区域及び電気系統図
（大正12年末現在）

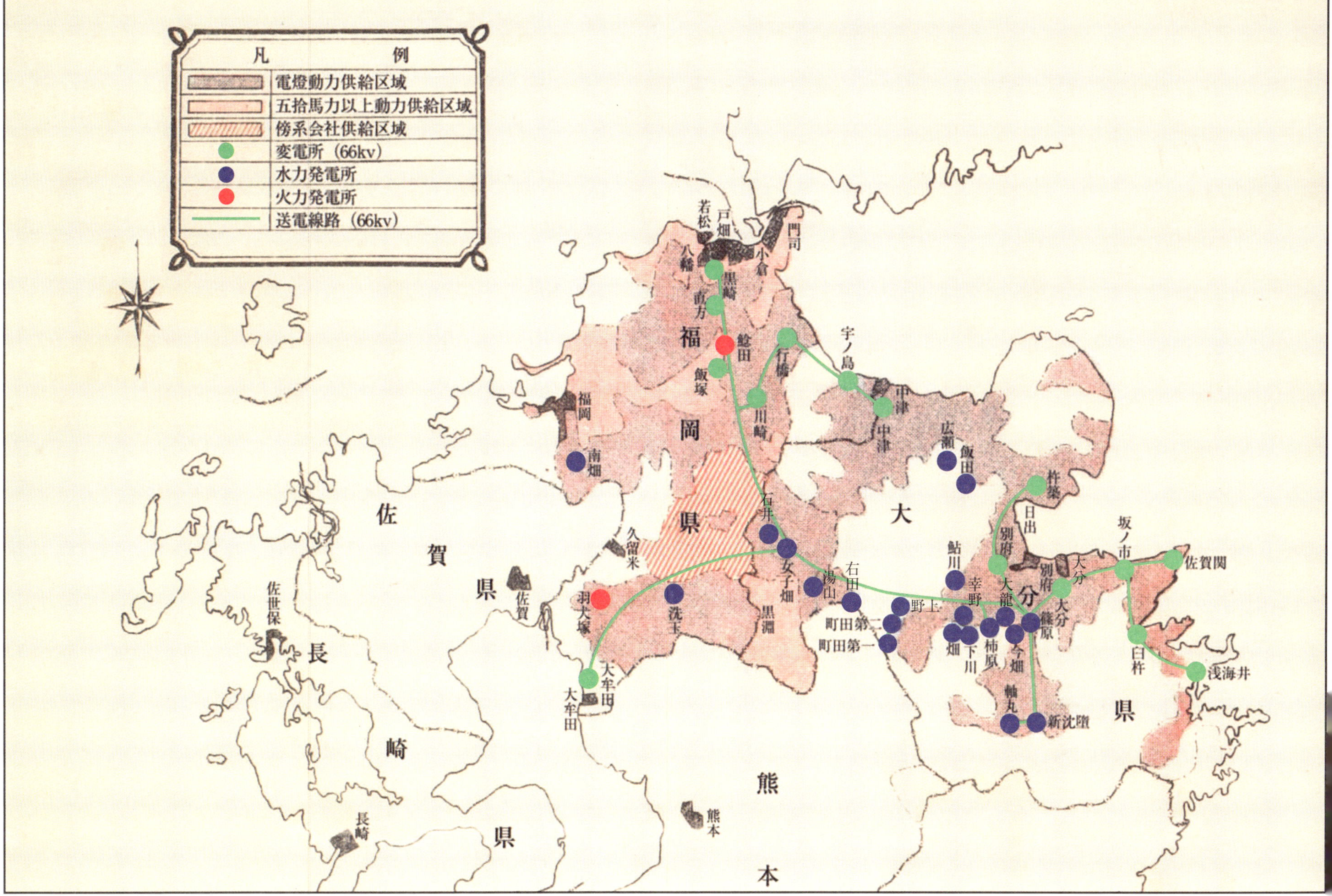

出典）『九州水力電気株式会社二十年沿革史』（1933年）

麻生太吉日記編纂委員会

編纂顧問

秀村選三（九州大学名誉教授）

深町純亮（株式会社麻生社史資料室顧問）

編纂代表

田中直樹（日本大学名誉教授）

東定宣昌（九州大学名誉教授）

編纂委員

藤本　昭（株式会社麻生経営支援本部総務人事部グループ人事室室長）

三輪宗弘（九州大学記録資料館教授）

香月靖晴（九州大学附属図書館付設記録資料館学外研究員）

今野　孝（福岡大学商学部教授）

永江眞夫（福岡大学経済学部教授）

吉木智栄（多久古文書の村村民）

新鞍拓生（元九州大学石炭研究資料センター助手）

草野真樹（財団法人西日本文化協会）

山根良夫（九州大学附属図書館付設記録資料館学外研究員）

麻生《あそう》太吉《たきち》日記《にっき》 第二巻

2012年11月5日　初版発行

編　者　麻生太吉日記編纂委員会

発行者　五十川　直　行

発行所　(財)九州大学出版会
〒812-0053 福岡市東区箱崎7-1-146
九州大学構内
電話　092-641-0515(直通)
振替　01710-6-3677
印刷　城島印刷㈱／製本　篠原製本㈱

ISBN 978-4-7985-0086-7